I0534512

www.ingramcontent.com/pod-product-compliance
Lightning Source LLC
Chambersburg PA
CBHW081205170626
46813CB00010B/3324
9786001759673

بسم الله الرحمن الرحيم

اللهم صل على محمد وآل محمد

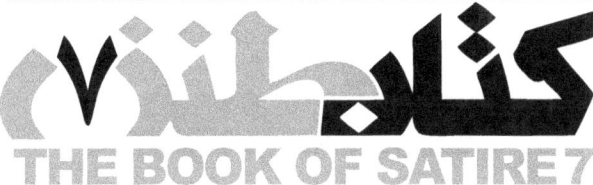

کتاب طنز ۷

THE BOOK OF SATIRE 7

به اهتمام:
سید عبدالجواد موسوی

انتشارات سوره مهر (وابسته به حوزه هنری)
دفتر طنز

کتاب طنز (۷)

به اهتمام سید عبدالجواد موسوی

طراح جلد: ابراهیم کاشانی

اچ انداس مدیا: تحت امتیاز انتشارات سوره مهر
چاپ بر اساس تقاضا: ۱۳۹٤

شابک: ۳-۹۶۷-۱۷۵-۶۰۰-۹۷۸

نقل و چاپ نوشته‌ها منوط به اجازهٔ رسمی از ناشر است.

سرشناسه: موسوی، سیدعبدالجواد، ۱۳۵۳ -
عنوان و نام پدیدآور: کتاب طنز (۷)= The book of SATIRE 7 / به اهتمام سیدعبدالجواد موسوی؛ [برای] دفتر طنز [سازمان تبلیغات اسلامی].
مشخصات نشر: تهران: شرکت انتشارات سوره مهر، ۱۳۹۱.
مشخصات ظاهری: ۱۸۰ ص.
شابک: ۱-۴۱۱-۱۷۵-۶۰۰-۹۷۸
وضعیت فهرست نویسی: فیپا
موضوع: طنز
موضوع: طنز -- تاریخ و نقد
موضوع: طنزنویسان
شناسه افزوده: شرکت انتشارات سوره مهر
شناسه افزوده: سازمان تبلیغات اسلامی. حوزه هنری. دفتر طنز
رده بندی کنگره: ۱۳۹۱ ۷۹م۹ط/ PN٦١٤٩
رده بندی دیویی: ۸۰۹/۷
شماره کتابشناسی ملی: ۲۸٦٤٢٤٧

نشانی: تهران، خیابان حافظ، خیابان رشت، پلاک ۲۳
صندوق پستی: ۱۱۴۴-۱۵۸۱۵
تلفن: ۶۱۹۴۲ سامانه پیامک: ۳۰۰۰۵۳۱۹
تلفن مرکز پخش: (پنج خط) ۶۶۴۶۰۹۹۳ فکس ۶۶۴۶۹۹۵۱
www.sooremehr.ir

فهرست

بای باسمه

بای بسم الله

۱– شماره پیشین که به یادنامه زنده‌یاد منوچهر احترامی اختصاص داشت زمان زیادی را از سفارش مطلب تا انتشار طی کرد. وقفه‌ای دو ساله در انتشار کتاب طنز بسیاری از دوستان علاقه‌مند به این مقوله را نگران ساخت. با این حال آنچه منتشر شد ظاهرا از آن میزان کیفیت و پختگی برخوردار بوده که دوستان را راضی کند و آن تأخیر را به این کیفیت ببخشند. دیگر بهانه‌ای در کار نیست. دوستان سوره‌مهر هم عهد کرده‌اند بیش از این با ما بر سر مهر باشند. اگر ما در آنچه قصد کرده‌ایم پایدار باشیم و دوستان به آنچه عهد کرده‌اند وفادار، چه کارهای بزرگی که می‌توان به سرانجام رساند. آری به اتفاق جهان می‌توان گرفت.

۲– خوب، اندک اندک باید خودمان را برای کارهای مهم‌تری آماده کنیم. گمان می‌کنم در همین شش– هفت شماره از تعریف طنز و انواع و اقسام آن به قدر کافی سخن گفته‌ایم و من این روزها کمتر می‌بینم کسی را که بگوید در تعریف طنز و هجو و فکاهه به اندازه کافی نمی‌داند و یا درباره تفاوت‌های آنها چیزی به گوشش نخورده. نمی‌خواهم از خودمان تعریف کنم اما در همین سال‌ها کم نبوده‌اند پایان‌نامه‌هایی که به طنز اختصاص یافته‌اند و در فهرست منابع و مآخذ خود نام کتاب‌های طنز و چند کتاب تئوریک دیگر را که دفتر طنز منتشر کرده است به کرّات ذکر کرده‌اند. می‌خواهم بگویم الحمدلله خشت نخست را کج ننهاده‌ایم که لاجرم مابقی خشت‌ها تا ثریا بر همین نهج بروند. چیزی را طنز نام نهادیم که نه پهلو به پهلو بل هم‌سنگ و شأن حکمت برین باشد. البته در این میان سهم فکاهه و هزل و دیگر اقسام سرگرمی را خوار و خفیف نشمرده‌ایم اما به حکم «گر حفظ مراتب نکنی زندیقی» خواستیم هر هنری بر جایگاه و پایگاهی که ورا سزاوار است تکیه زند و به همان اندازه که شأن و

کرامت اوست قدر بیند و بر صدر نشیند. گمان می‌کنم زمان آن رسیده است که نمونه‌هایی از آنچه را در ذهن داریم بیشتر به میدان آوریم تا زمره منکران نگویند- آن هم از سر طعن و تسخر- که: شمایان که در کار و بار بسیاری نامیان به دیده انکار می‌نگرید و طنز برین را چندان کار دشواری می‌خوانید که فقط ممتازان و برانگیختگان حضرت رحمان و یا ممتازان و زبدگان جناب شیطان می‌توانند به چنین مقام بی‌بدیلی دست یابند، بیارید هر آنچه دارید تا صدق و کذب دعوی‌تان آشکار شود. درست هم می‌گویند اگر بگویند. تقاضای معقولی است که هر سلیم‌النفسی به عادلانه بودنش گواهی می‌دهد.

می‌دانم که با نوشتن این چند خط، دشواری کار را برای خود و دوستان افزایش دادم اما حقیقت ماجرا این است که در سرزمینی که هیچ‌کس بابت کم‌کاری و ندانم‌کاری و گاه حتی زبانم لال خیانت‌کاری محاکمه و مؤاخذه نمی‌شود اگر ما خود برای خود مسئولیت‌تراشی نکنیم که واویلا! در چنین هنگامه‌ای همان به که قلندران و دیوانگان و رندان خود حساب‌کش کارهایشان باشند که از ما بهتران چندان سرگرم امور مهم و حیاتی دین و دنیای خلق‌الله‌اند که نمی‌توانند کاری به کار فرهنگ و هنر داشته باشند؟ آن هم به مقوله پرت و بی‌ربطی به نام «طنز» که هم از ابتدا مشکوک بوده و در پوشش اصلاح کژی‌ها قصد تخریب و براندازی دارد! پس بهتر است تا دگران به کار خود مشغولند ما نیز به کار خود مشغول باشیم و اگر هم هیچ‌کس پیدا نشد به ما گیر بدهد که چرا کار درست و حسابی نمی‌کنید خودمان به خودمان گیر بدهیم و حال همدیگر را حسابی جا بیاوریم. فوقش می‌گویند اینها دیوانه‌اند. ها! بی‌ربط که نمی‌گویند؟

یا علی مدد. سید عبدالجواد موسوی

خنده چیست؟

چند نکته درباره خنده و خنده درمانی

■ گردآوری و ترجمه: حمیرا رحمانی

خداوند برای غلبهٔ انسان بر دشواری‌ها سه روش در اختیار او قرار داده است: خواب، امید و خنده (پروفسور امانوئل). انسان خندیدن را دوست دارد و این امری فطری است. هر انسان بالغ به طور متوسط در روز ۱۷ بار می‌خندد و همین علاقهٔ انسان به خندیدن است که باعث پدید آمدن جوک، طنز و حتی نمایش‌های کمدی شده است. باید به خاطر داشت که توالی تنش و چاشنی خنده در طنز، اساسا مسئله‌ای جسمانی است، یعنی لطیفه در ما نوعی واکنش جسمی پدید می‌آورد؛ از خنده نخودی گرفته تا کرکر کردن و قهقهه زدن. خنده پدیده‌ای عضلانی است، شامل انقباض و انبساط متناوب عضلات صورت، به همراه حرکات متقابل دیافراگم. انقباضات مرتبط حنجره و دریچه‌های نای، الگوی منظم تنفس را به هم می‌ریزند و صدای خنده تولید می‌شود. خنده ابتدایی‌ترین جلوه تجربهٔ فکاهی است که با حالت هیجانی لذت‌بخشی همراه است. از دیدگاه روانشناختی، خنده مستلزم جنبه‌های شناختی، هیجانی، رفتاری و اجتماعی است و به عنوان محرکی در جهت ایجاد حس شادی به انسان کمک می‌کند.

شوخ طبعی، خصوصیتی روانشناختی است که به روش‌های گوناگونی بررسی شده و به افراد کمک می‌کند به شکل‌های مختلفی به محرک‌های خنده پاسخ دهند. تا کنون پژوهش‌هایی در این زمینه صورت گرفته که آیا بین حس خنده (ابزار آن) و سلامت شخصی (پیامدهای آن) ارتباط معناداری وجود دارد یا خیر؟ بر اساس تجزیه و تحلیل‌ها در فرایند خنده می‌توان دریافت که یک محرک خنده (برای مثال یک فیلم کمدی) بر روی افراد مختلف به میزان متفاوتی تأثیر خواهد داشت چرا که در این میان تفاوت‌های فردی نقش مؤثری ایفا می‌کنند.

خنده به مرور مهارت ارتباطی مطلوبی را به وجود می‌آورد، مهارتی که کاربرد و آموزش آن نیازی به صرف زمان و هزینهٔ هنگفتی ندارد و چنانچه کسانی در ابراز این حس شادی‌بخش ضعیف هستند می‌توانند به کمک افراد شوخ‌طبع و کاربرد راهکارهایی، خنده را در وجود خود تقویت کنند.

از دیدگاه روانشناسی، خنده واکنشی است که به منظور تخیلهٔ هیجانات به کار می‌رود. به عبارت دیگر روانشناسان معتقدند مقدار زیاد انرژی و هیجانات منفی که به دلیل اتفاقات و حوادث بیرونی و بازداری از تجلی آنها متراکم می‌شوند و ناراحتی‌های روحی و روانی را به دنبال می‌آورند، از طریق خنده از ذهن و بدن تخلیه می‌شوند و در پی آن در انسان احساس آرامش و آسودگی خاطر به وجود می‌آید.

زیگموند فروید روانپزشک و بنیانگذار روانکاوی نیز از خنده به عنوان تخلیه‌کنندهٔ هیجانات منفی و روشی برای رهاسازی انرژی‌های مخرب یاد می‌کند. به همین دلیل خنده از نظر علم روانشناسی دارای جایگاه ویژه و پرارزشی است که می‌تواند به برقراری تعادل روانی در انسان کمک کند و زمینهٔ سلامت روانی او را فراهم آورد. نقش ویژه‌ای که خنده در تخلیه فشـــارهای روانی بر عهده دارد باعث شـــده که روانشناسان به متولیان امر توصیه کنند محیط‌های کاری، آموزشی و خانوادگی را به محیطهایی شاد و مفرح تبدیل کنند.

پروفسور جان مورال معتقد است اولین خندهٔ انسان احتمالا پس از آسودگی و آرامشی رخ داده که در پی گذر از یک خطر و تهدید صورت گرفته است. بسیاری از محققان معتقدند هدف خنده ایجاد ارتباطات انسانی است و زمانی اتفاق می‌افتد که انسان‌ها در روابط با دیگران از لحاظ روانی احساس ایمنی داشته باشند. از نظر پروفسور ماریلند بالتیمور خنده عملکرد اجتماعی افراد را نیز بهبود می‌بخشد و موجب می‌شود در موقعیت‌های اجتماعی مختلف مهارت‌های کارآمدتری از خود به نمایش بگذارند.

قبل از اینکه انســـان از توانایی سخن گفتن برخوردار باشـــد از این روش سادهٔ ارتباطی یعنی خنده اســـتفاده کرده و هر یک از ما از این حس منحصر به فرد برخورداریم. ارسطو نخستین شخصی بود که خنده را وجه تمایز انســـان و حیوان می‌دانست. احتمالا خنده در میان اولین گروه‌های انسان‌ها حدود دو میلیون سال پیش پیدا شده باشد. البته خندهٔ آنها به دلیل عدم تکامل دستگاه صوتی‌شان، به خندهٔ انسان امروزی شباهتی نداشته و بیشتر به واکنشی صوتی مانند صدای شامپانزه‌های امروزی شبیه بوده است. خنده تحکیم و تثبیت روابط کلیدی بین انسان‌ها و روشی برای شاد کردن و فراهم آوردن محیطی برای بهتر دیدن و زندگی کردن است.

یکی از بزرگترین مســـائل روش‌مندانه در تحقیق بر روی خنده، تمایز بین خنده و شوخی است. در بسیاری از زبان‌ها لبخندزدن نوعی خندهٔ کوچک محسوب می‌شود و از این لحاظ با خنده تفاوت دارد چرا که فاقد حالت انفجاری است. لبخند، خاموش و مهار شده است. لبخند گویی حرف می‌زند اما نه با صدای بلند و در عین فصاحت، کم‌گوست. در لبخند، ماهیت فیزیکی پرقیل و قال خنده جای خود را به حرکات ظریف چهره می‌دهد.

لبخند چاشنی خنده‌ای است که موجب آرامش چهره می‌شود. شوخی یک ساختار است در حالی‌که خنده یک رویداد روانشـــناختی اســـت. تأثیرات شناختی شوخی شـــامل افزایش کنترل ادراک و کنترل ناهماهنگی شناختی است. از طرف دیگر تأثیر جسمی خنده شامل افزایش گردش خون، جنبش عضلات

اسکلتی و غیره است. شوخی یک محرک است و ابزار خنده محسوب می‌شود ولی خنده یکی از چندین پاسخ رفتاری احتمالی در مقابل یک محرک است. زمانی که این دو از هم متمایز می‌شوند تفاوت خنده و شوخی را آسان‌تر می‌توان دریافت.

خنده در کودکان

از آنجا که خنده در انســان امری فطری است، نوزادان در هفته‌های اول تولد، نخستین لبخندهای خود را به مادر و صدای او معطوف می‌کنند. آنها در پاسخ به محرک‌هایی مانند تحریکات لمسی و بصری مانند بازی‌های دالی و قلقلک واکنش چشمگیری نشان می‌دهند. کودک به مرور زمان و متناسب با رشد جسمی و روانی‌اش شکل خنده را تغییر می‌دهد و برای او محرک‌های خنده نیز شکل پیشرفته‌تری به خود می‌گیرند. به طور مثال در ابتدا محرک‌های لمسی مانند قلقلک و به تدریج محرک‌های بصری مثل شکلک درآوردن، شوخی‌ها و جوک‌ها باعث برانگیختن خنده در کودکان می‌شوند. در ۳ سالگی با میل قوی به گفتن شوخی در این احساس شادی با دیگران سهیم می‌شوند و به این صورت عضویت در گروه را شکل می‌دهند. در هشت سالگی کودکان بیشتر از معانی واژگان و لطیفه‌ها لذت می‌برند. محققان نشان داده‌اند که درک شوخی و خنده در کودکان به عواملی مانند هوش، محیط (مهد کودک، مدرسه، خانه) و توانایی آنان در برقراری ارتباط و عزت‌نفس‌شان بستگی دارد.

کودکان پیش‌دبســتانی و نوجوانان اغلب از خنده به عنوان ابزار حفاظت از خود یا احســاس نبوغ و برتری‌شان استفاده می‌کنند و همان‌طور که محیط اطرافشان را بیشتر کشف می‌کنند این مهارت ارتباطی مفید را نیز بیشتر به کار می‌برند. تحقیقات نشان داده کودکانی که فیلم‌ها و کارتون‌های کمدی می‌بینند، ناراحتی و غم خود را فراموش می‌کنند.

خنده در زنان و مردان

مطالعات بســیاری در زمینهٔ شــیوه‌های ظهور خنده در زنان و مردان انجام شده است. موضوع این مطالعات بررســی خنده در دو جنس زنان و مردان اســت و اینکه آنها لطایف و شوخی‌ها را به شیوه‌ای متفاوت تجزیه و تحلیل می‌کنند. طی این تحقیقات مشخص شده که زنان نه تنها تمایل دارند بیشتر از مردان بخندند بلکه می‌خواهند مدت زمان بیشتری بخندند. دیدگاه زیستی دربارهٔ اینکه چرا زنان بیشتر از مردان به خنده گرایش دارند، نظریه‌ای ارائه داده است. گزارش‌های علمی ارائه شده این تمایز را نتیجهٔ تفاوت‌های ژنتیکی در دو جنس می‌دانند. محققان دانشگاه استنفورد نشان داده‌اند که جنسیت می‌تواند بر چگونگی پاسخ مغز انسان به خنده مؤثر باشد. بر اساس این تحقیقات تفاوت در درک و احساس خنده در زنان مربوط به مکانیسم مغزی آنان است. زنان فعالیت بیشتری در ناحیه جلو پیشانی مغزشان نسبت به مردان دارند و مرکز پاداش مغز در زنان نسبت به محرک‌ها و هیجانات حساسیت بیشتری نشان می‌دهد.

آیا طنز صفتی انسانی است؟

طنز صفتی انسانی است. چرا؟ چون ارسطوی فیلسوف این‌طور گفته؟ او در باب جوارح حیوانات نوشته است: «جز انسان، هیچ حیوانی نمی‌خندد.» اگر این سخن را بپذیریم، باید گفت خنده جزیی از ذات انسان است بنابراین انسانی که نمی‌خندد در مظان اتهام انسان نبودن قرار می‌گیرد یا دست کم می‌توان به انسان بودنش شک کرد. اما نکته اینجاست که بزرگان بسیاری اهل خندیدن نبوده‌اند. فیثاغورس و آناکساگوراس هرگز نمی‌خندیدند و سقراط نیز به ندرت می‌خندید.

نظریه‌هایی که در تقابل با نگاه انسان‌شناختی به مقولهٔ خنده قرار می‌گیرند، هرگونه تضمین فلسفی و اعتقادی را مبنی بر اینکه خنده خاص انسان است لغو و باطل می‌شمارند. فقط کافی است به رفتار شامپانزه‌ها و سگ‌ها دقت کنیم تا متوجه شویم که حیوانات بدون شک بازی می‌کنند و نشاط و شادی خاص خود را دارند اما سوال اصلی این است که آیا حیوانات نیز می‌خندند؟ مسلما به لطیفه‌های ما که نمی‌خندند. مری داگلاس سال ۱۹۷۱ در مقاله‌ای تحت عنوان «آیا سگ‌ها می‌خندند؟» این فرض را مطرح کرد که می‌توان انسان و حیوان را بر اساس پدیدهٔ خنده از هم متمایز کرد. او از ملاقات انسان و سگ اثر کنراد و یک مرد و سگش، اثر توماس مان نقل قول‌هایی آورده تا نشان دهد نفس‌نفس زدن و فک نیمه‌باز سگ، شبیه لبخند انسان است و بیشتر شبیه خندیدن است. اما این مثال‌ها داستانی‌اند و به نظر متقاعدکننده نمی‌آیند. تفسیر خندهٔ سگ به نظر تشبیهی است و می‌توان آن را عکس‌العمل اکتسابی سگ در برابر انسان دانست. به‌خصوص به این دلیل که کنراد این حالت چهرهٔ سگ را که به نظر دال بر خندیدن اوست، نشانگر آغاز تحریک جنسی یا در هر حال ذوق و هیجان حیوان می‌داند. نمی‌توان در این مورد تصمیمی قطعی گرفت و به هر حال، رفتار حیوانات نیز پر از مسائل و پدیده‌های شگفت‌انگیز و پیش‌بینی نشده است. بنابراین در عین اینکه نمی‌توان گفت سگ‌ها می‌خندند یا نه، باید گفت طنز خصیصهٔ ثابت و لایتغیر انسان‌شناختی و جهانشمول و در تمامی فرهنگ‌ها مشترک است. تا کنون هیچ جامعه‌ای کشف نشده که به نوعی طنز نداشته باشد؛ چه طنزی که در قالب شادی و سرور ناخودآگاه و جسمانی نمود می‌یابد و چه طنزی که به شکل لبخندی مختصر و کوتاه بیان می‌شود. بنابراین خنده خط تمایز مهم انسان از حیوان است. طنز نتیجهٔ فرهنگ و تمدن است. اگر همان‌گونه که کردارشناسان می‌گویند، خنده زاییدهٔ کارکرد حیوانی خشم و پرخاشگری باشد، تغییر معنای اجتماعی این کنش فیزیولوژیکی، گواهی است بر فاصلهٔ فرهنگ بشر از زندگی حیوان.

مکانیسم عصبی خنده در انسان

مرکز خنده در مغز انسان ناشناخته است. مسیرهای عصبی خنده در حیطهٔ تحقیقات پزشکی مربوط به تفکر در حال بررسی است. به نظر می‌رسد سیستم لیمبیک در این فرایند درگیر است. از این نظر که خنده هیجان مثبت ایجاد می‌کند و این سیستم مرکز پاسخ‌دهی به هیجانات در انسان می‌شود.

اساسا باید بتوانیم مراحل عصب‌شناختی خنده را در یک چارچوب که مستلزم تأثیرات خنده بر استرس و عملکرد سیستم ایمنی بدن است ترسیم کنیم اما متاسفانه دانش امروزی هنوز به آن مرحلهٔ مطلوب نرسیده است. در واقع ما می‌دانیم دانشی که در مورد چگونگی عملکرد مغز در پاسخ به یک محرک خنده وجود دارد ناچیز است. گفتار و خنده هر دو مختص انسان‌اند. البته در مقولهٔ گفتاری اطلاعات مهمی در زمینه مکانیسم‌های مغزی ارائه شده اما در مورد مکانیسم مغزی خنده آن هم به‌طور دقیق دانش کافی در دسترس نداریم.

فواید خنده

انسان دو نوع نیاز دارد:۱- نیازجسمانی (بیولوژیکی) ۲- نیاز روحی و عاطفی

نیاز به توجه و شادی زیرمجموعهٔ نیازهای روحی و عاطفی است. اگر ما از انسان نیاز به شادی را بگیریم و به او توجه نکنیم، خودبه‌خود سبب ایجاد انزوا در او خواهیم شد. ارتباط انسانی امری متقابل است؛ در این فرایند ما احساس شادی بی‌قید و شرط به یکدیگر می‌دهیم. حتی می‌توان از این احساسات خوشایند در هنگام تنهایی و در موقعیت‌های مختلف استفاده کرد و احساس خوبی داشت. به صورتی دیگر نیز می‌توان این قضیه را بررسی کرد. افرادی که با دیگران رابطه برقرار نمی‌کنند، انسان‌هایی افسرده و منزوی هستند چرا که در محیط اطراف خود شادی ندیده‌اند. وقتی انسان شادی را درک نمی‌کند، خودبه‌خود احساس افسردگی به او دست می‌دهد. شادی زبان بسیار نافذ و عالم‌گیری است؛ زبانی که برای فهم آن به ابزار خاصی نیاز نداریم. در حالی که صنعتی شدن جوامع باعث فراموش شدن شادی شده است.

فرض را بر این می‌گذاریم که من و شما زبان یکدیگر را نمی‌دانیم، چرا که کدهای ارتباطی ما با یکدیگر همخوانی ندارد. پس کلام برای برقراری ارتباط به تنهایی مؤثر نیست. در چنین شرایطی می‌توانیم از زبان غیرکلامی یا رفتاری استفاده کنیم. خنده می‌تواند یکی از راه‌های ارتباط حسی و رفتاری

باشد. بیشتر محققان معتقدند خنده باعث ایجاد کشش و رابطه نزدیک میان انسان‌ها می‌شود. وقتی شما با کسی احساس راحتی می‌کنید با او می‌خندید و این احساس را نشان می‌دهید. اگر شما بخواهید در یک گروه دچار احساس تنهایی نشوید، وقتی آنها می‌خندند، با آنها همراهی می‌کنید، به همین دلیل است که خنده را مسری می‌دانند.

مهم‌ترین جنبه در توضیح و تبیین فواید خنده، وجه اجتماعی آن است زیرا خنده بیشتر رفتاری اجتماعی است که در حضور مخاطب معنا و مفهوم پیدا می‌کند و بروز می‌یابد. خنده در جمع و موقعیت‌های اجتماعی سی برابر بیشتر از مواقعی که تنها هستیم روی می‌دهد. در تنهایی ممکن است افراد احساس شادی کنند یا لبخند بزنند ولی کمتر پیش می‌آید بخندند. در حقیقت خنده پیام یا نشانه‌ای است که برای دیگران ارسال می‌کنیم و وقتی مخاطبی نباشد ناپدید می‌شود. بنابراین خنده یکی از بهترین راه‌ها برای ایجاد استحکام و گرمی یک رابطه است و سبکباری ناشی از آن اضطراب و خشم را فرو می‌نشاند.

فواید فیزیولوژیکی خنده

مطالعات تخصصی بسیاری در زمینهٔ خنده و پیامدهای سلامتی آن منتشر شده است. در این میان پرسش این است که ذهن چگونه می‌تواند بر بدن تأثیر بگذارد؟ در مقاله‌ای در این زمینه از تمایل بیماران در استفاده از خنده به عنوان یک درمان مکمل سخن رفته است. به عبارتی شواهدی وجود دارد دال بر اینکه خنده می‌تواند یکی از مکمل‌های درمانی محسوب شود. در این پژوهش مسائلی مربوط به اینکه بیماران چگونه با محرک‌های خنده مواجه می‌شوند و به آنها پاسخ می‌دهند مطرح شده است.

چارلز دلروین در سال ۱۸۷۲ مطالعاتی در این زمینه ارائه داده و بیان کرده که در طول خنده تغییرات جسمی و روان‌شناختی متعددی رخ می‌دهد. خنده یک پاسخ فیزیولوژیکی به شوخ‌طبعی است و اتفاقاتی که در این فرایند رخ می‌دهند از این قرار است: لب فوقانی به طرف بالا می‌رود و قسمتی از دندان‌ها ظاهر می‌شود، چین‌هایی در گوشهٔ چشم‌ها پدید می‌آید، گونه‌ها برآمده شده و چشم‌ها دستخوش تغییر کلی می‌شوند، از طریق استنشاق عمیق هوا به دنبال یک وقفهٔ کوتاه و بر اثر انقباضات سینه به‌خصوص دیافراگم که منجر به بازدم هوا و تولید صدا می‌شود، صورت ما تغییر می‌کند و به تدریج کنترل عضلات بدن از دست ما خارج شده و بدن شل می‌شود. گاهی در خنده‌های شدید، مجراهای اشکی وارد عمل می‌شوند و در حالی‌که از شدت خنده دهان خود را برای گرفتن اکسیژن بیشتر باز و بسته می‌کنیم، صورتمان از اشک خیس می‌شود و حتی رنگ چهره‌مان قرمز می‌شود. به این ترتیب خنده یک عکس‌العمل کاملا خودبه‌خودی و ناخودآگاه است.

مهم‌ترین جنبه در توضیح و تبیین فواید خنده، وجه اجتماعی آن است زیرا خنده بیشتر رفتاری اجتماعی است که در حضور مخاطب معنا و مفهوم پیدا می‌کند و بروز می‌یابد. خنده در جمع و موقعیت‌های اجتماعی سی برابر بیشتر از مواقعی که تنها هستیم روی می‌دهد. در تنهایی ممکن است افراد احساس شادی کنند یا لبخند بزنند ولی کمتر پیش می‌آید بخندند. در حقیقت خنده پیام یا نشانه‌ای است که برای دیگران ارسال می‌کنیم و وقتی مخاطبی نباشد ناپدید می‌شود.

ضد اســترس: خنده یکی از بهترین روش‌های درمانی است که مقرون به صرفه و آسان نیز هست. خنده باعث انبساط رگ‌های خونی می‌شــود و جریان خون بیشتری به اندام‌ها و ماهیچه‌های سرتاسر بدن منتقل می‌کند. ویلیام فرای اســتاد دانشگاه استنفورد و یکی از پیشگامان تحقیقات مربوط به خنده اعتقاد دارد خندیدن به عنوان یک عمل فیزیکی فواید بسیاری برای سلامتی دارد چرا که در این حالت ماهیچه‌های بدن و صورت حرکت می‌کنند، ضربان قلب بالا می‌رود و قلب با افزایش مبادلهٔ اکســیژن تقویت می‌شود و همهٔ اینها برای بدن ما بسیار مفید است.

تقویت سیستم ایمنی بدن: خنده باعث ترشح و افزایش آنتی‌بادی‌هایی در بدن می‌شود که انسان را در مقابل بیماری‌های جسمی و روحی مصون می‌کند. سیستم ایمنی بدن نقش مهمی در حفظ سلامتی، اجتناب از عفونت‌ها، آلرژی‌ها و ســرطان‌ها دارد. در مطالعه‌ای که بر روی بیمارانی انجام شــد که بعد از جراحی‌های دردناک و قبل از اقدامات پزشکی، لطیفه‌هایی می‌شنیدند، مشخص شد سطح استرس آنها تا حد زیادی پایین می‌آید. دربارهٔ کاهش درد از طریق فرایند خنده این استدلال وجود دارد که خنده باعث افزایش آندورفین‌ها می‌شود که یکی از مهارکننده‌های طبیعی درد هستند.

بهترین تمرین هوازی: اگر فردی ۱۵ دقیقه بخندد احساس خوبی به او دست می‌دهد. به گفتهٔ دکتر ویلیام فرای یک دقیقه خندیدن معادل ۶ دقیقه ورزش ایروبیک اســت. به عبارتی خنده ورزش بســیار مناسبی است که در هنگام این عمل تمام عضلات بدن به‌خصوص عضلات شکم و دیافراگم به جنبش می‌افتد. همچنین خنده یکی از بهترین تمرین‌ها برای کسانی است که مبتلا به آسم و برونشیت هستند چرا که باعث افزایش حجم ریه‌ها شده و به عنوان پاک‌کنندهٔ مخاطی برونشیت عمل می‌کند و نیز استرس را که یکی از عوامل آسم است کاهش می‌دهد.

کاهش فشارخون: خنده باعث بهبود گردش خون و اکسیژن‌رسانی به قلب و سراسر بدن می‌شود و به همین دلیل به کنترل فشار خون کمک می‌کند. نتایج مطالعه‌ای در دانشگاه پزشکی مریلند نشان می‌دهد که ۹۵ درصد از داوطلبان در آزمایش پس از دیدن فیلم‌های کمدی، فشــارخون متعادلی داشتند و نکتهٔ قابل توجه این است که این تأثیر مثبت از ۱۲ تا ۲۴ ساعت به طول انجامید. البته عمل خنده‌درمانی در بیماران قلبی باید با مشاورهٔ پزشک و با احتیاط صورت بگیرد چون این فرایند، به عنوان فرایندی مکمل انجام می‌شود.

مهارکنندهٔ طبیعی درد: خنده میزان آندورفین را در بدن افزایش می‌دهد. همان‌طور که نورمن کازینز با استفاده از روش خنده‌درمانی برای درمان بیماری و مقابله با دردهای مزمنش دریافت، هیچ مسکنی به این اندازه نمی‌تواند مفید و مؤثر باشد.

خنده نگاه ما را جوان می‌کند؛ افرادی که همیشــه می‌خندند به تقویت عضلات صورتشان کمک می‌کنند. خنده ورزشی عالی برای چهره است زیرا خون‌رسانی به سطح پوست را افزایش می‌دهد و در پی آن تغذیهٔ پوست صورت باعث شادابی و درخشش آن می‌شود. افرادی که همیشه می‌خندند نگاهی شاد و درخشان و نافذ دارند.

فواید روانشناختی خنده

در دنیای امروز مردم با این عقیده که خنده بهترین درمان است موافق‌اند. مشاوران با استفاده از طنز به مثابهٔ ابزاری مدیریتی- مرکز بین‌المللی ارائهٔ راه حل از طریق طنز را مجسم کنید- سعی دارند ثابت کنند به وسیلهٔ طنز می‌توان به نیروی کار، انسجام بیشتری داد و از این راه، کارآیی و بهروزی را بالا برد. این باور به خوبی در شعار تبلیغاتی معروفی که می‌گوید: «خنده عاشق شرکت است و شرکت عاشق خنده» مشهود و محسوس است. بعضی از مشاوران مدیریت از این‌گونه فعالیت‌ها با عنوان «تفریح ساختمند» یاد می‌کنند. «روزِ پشت و روپوشی که در آن تمام کارمندان، لباس خود را پشت و رو می‌پوشند یا روز کلاه مضحک» که عنوانش بسیار گویاست، نمونه‌هایی از این نوع نوآوری‌های سرگرم کننده‌اند. به‌رغم اینکه این نوع تفریح موجد صداقتی تحسین‌برانگیز است، نمی‌توان نسبت به این‌گونه فعالیت‌ها کاملا خوشبین بود. سوالی که در ارتباط با «تفریح ساختمند» در ذهن مخاطب ایجاد می‌شود این است که چه کسی و با چه هدفی این تفریح را ساختمند می‌کند؟ این تفریح تحمیلی نوعی شادی اجباری است و در نگاه نخست ممکن است یکی دیگر از شیوه‌های کنترل روزافزون زندگی خصوصی کارمندان بر مبنای منافع کارفرمایان به نظر آید.

مطالعات علمی بی‌شماری در خصوص فواید روانشناختی خنده صورت گرفته که در این زمینه حائز اهمیت است. به نظر می‌رسد خنده عاملی شفادهنده است اما در عین حال کافی نیست. به هر روی شواهدی مبنی بر تأثیر مثبت خنده بر سلامت روان در دسترس است که از آن جمله می‌توان به این موارد اشاره کرد:

۱- وقتی انسان‌ها در یک گروه با همدیگر می‌خندند انرژی مثبت گروهی که از تفکر و احساسات و هیجانات مثبت ناشی می‌شود در آن فضا منتشر می‌شود.

۲- خنده احساسات و هیجانات منفی را بر طرف می‌کند و باعث افزایش روحیه و احساس خوب نسبت به خود و دیگران می‌شود.

۳- خندهٔ درونی، فضایی مثبت ایجاد می‌کند که منجر به حالت مثبت ذهنی می‌شود.

۴- غیرشرطی، آزاد و بدون قضاوت بودن خنده گویای پذیرش و تعاملات مثبت است.

۵- در گروه خنده‌درمانی، فضایی از انرژی معنوی در نتیجهٔ تفکر باز و تعالی‌بخش به وجود می‌آید. زمانی‌که فرد می‌خندد در تعارض با خود و دیگران باقی نمی‌ماند. خنده احساس ایمنی و صمیمیت را به دنبال دارد، باعث خلاقیت و ابراز وجود می‌شود، اعتماد به نفس را تقویت می‌کند و از طریق تجزیه و تحلیل و قضاوت با همدیگر به روش شوخ‌طبعی، گذرگاهی برای ابراز عشق غیرشرطی خلق می‌کند.

خنده موجب می‌شود فرد احساس ناراحتی و غمگینی خود را فراموش کند و همان‌گونه که بسیاری از روان‌شناسان عقیده دارند، خنده‌درمانی تکنیک مؤثری برای درمان افراد مضطرب و افسرده است به طوری که پس از طی مراحل درمانی، حتی در بیمارانی که افسردگی شدیدی دارند نتایج چشمگیری در

این فرایند مشاهده شده است.

اگر موارد زیر را به کار بگیریم قادر خواهیم بود حس شوخ‌طبعی و خنده را در خود تقویت کنیم.

– به حس خوش‌بینی خود توجه داشته باشید تا بر دیدگاه‌های شما تأثیر مثبت بگذارد.

– خنده در تنهایی اتفاق نمی‌افتد پس باید به فکر راهکارهایی برای حضور در جمع بود.

– نگران تجزیه و تحلیل مردم دربارهٔ خنده‌تان نباشید، فقط در خنده سهیم شوید.

– در هر موقعیتی در جست‌وجوی خنده باشید.

– در آموزش خنده به دیگران و کاربرد آن در ناسازگاری‌های زندگی تلاش کنید.

– یک دفترچه به همراه داشته باشید و از مطالب طنزی که در طول روز می‌شنوید و می‌بینید، یادداشت بردارید. این کار را همیشه انجام دهید.

– از هر منبعی می‌توان به عنوان منبع خنده استفاده کرد. اگر فکر می‌کنید هیچ موضوع خنده‌داری در زندگی‌تان رخ نمی‌دهد در خصوصیات اخلاقی خود تغییراتی ایجاد کنید.

– همهٔ ما روزانه کارهای احمقانه‌ای انجام می‌دهیم. اگر به اشتباهاتمان بخندیم به همان اندازه نسبت به مشکلات زندگی خوشبین‌تر می‌شویم و قدرت مواجهه با آنها در وجود ما بیشتر می‌شود.

عوامل مؤثر در ایجاد خنده

سلامتی: سلامتی اساس خنده است. محققان در مطالعات خود نشان داده‌اند کودکانی که به لحاظ ناتوانی جسمی و کم‌تحرکی دچار بیماری افسردگی و غمزدگی می‌شوند، حس شادی‌بخش خنده به آنها دست نمی‌دهد. همچنین بزرگسالان بیمار در خندیدن دچار مشکل می‌شوند. به عبارتی بیماری و درد، مانع تمایل به خنده و شوخ‌طبعی می‌شود و خنده بیشتر تحت تأثیر شرایط مساعد جسمی و روحی و در نهایت در صحت و سلامتی اتفاق می‌افتد.

ایمنی و آرامش: استرس یا آشفتگی بیرونی و درونی، مجالی به شادمانه خندیدن نمی‌دهد. در خانه‌ای که اعضای آن همیشه خشمگین‌اند، با هم مجادله می‌کنند و یکدیگر را به دردسر می‌اندازند، بعید است که خنده اتفاق بیفتد. موانعی مانند ویژگی‌های درونی، شخصیت افراد و عوامل بیرونی در چنین وضعیتی دخیل‌اند. والدین الکلی و معتاد، بیماری‌های روحی و روانی و سایر مشکلات، شرایطی در خانواده به وجود می‌آورد که شادی و خوشحالی را از بین می‌برد. کودکان خانواده‌های تک فرزندی، در صورتی کودکان شادابی خواهند بود که والدینشان احساس ایمنی و اجتناب از ترس را برای آنها تامین کنند و آنها را از احساسات دوسوگرایانه و ناهمسان و محیط غیرقابل پیش‌بینی محافظت کنند.

به قول پیتر برگر محدودیت‌های شرایط انسان به نحوی معجزه‌آسا برطرف می‌شوند، طنز برای یک لحظه چشم‌انداز جهانی دیگر را بر ما آشکار می‌سازد. ماهیت تسلی‌بخش طنز در اقرار و اذعان به این واقعیت نهفته است که این جهان تنها جهان موجود است و تنها در این جهان ناقص و ناکامل است که ما موجودات ناکامل می‌توانیم منشأ تغییر و تحول باشیم.

کنترل: بیشتر انسان‌ها تمایل دارند از توانایی عمل یا تسلط بر اوضاع و

شرایط زندگی برخوردار باشند. انسان‌های افسرده به دلیل ویژگی درونگرایانهٔ آنها و عدم تسلط بر محیط بیرونی‌شان همیشه احساس سرخوردگی و ناراحتی کرده و احساس می‌کنند قربانی شرایط و وضعیت‌شان هستند و در این حالت تمایل کمتری به خندیدن نشان می‌دهند.

طنز چیست؟

لطیفه، رشتهٔ توقعات معمول ما را از جهان تجربی می‌گسلد. شاید بتوان گفت طنز نتیجهٔ گسستگی میان موجودیت معمول اشیا و نحوهٔ باز نمود آنها در لطیفه، میان توقع ما و واقعیت است. طنز از طریق ایجاد واقعیتی بدیع و تغییر شـــرایط ما، بر توقعات و انتظارات معمول ما خط بطلان می‌کشد. سیسرون در فن خطابه می‌نویسد: رایج‌ترین نوع لطیفه این است که ما برخلاف انتظارمان، جمله‌ای غافلگیرکننده بشـــنویم. آنچه در اینجا باعث خنده می‌شـــود این است که آنچه انتظارش را داشته‌ایم نقش بر آب شده است. جهان کمیک یا جهان باژگونه، جهانی فسلفی نیست بلکه جهانی است که زنجیرهٔ علّی‌اش گسسته، آیین‌های اجتماعی‌اش وارونه و بخردانگی عرف و معمولش محو و نابود شده است. قطعا در رابطهٔ میان موضوعات گوناگون طنز و شـــرح نظری آن نیز تنش مشابهی میان توقع ما و واقعیت وجود دارد. با این تفاوت که نظریهٔ طنز، خود، طنزآمیز نیست. لطیفه‌ای که توضیح داده شود، لطیفه‌ای است که به درستی درک نشده است. در این مورد، آنچه ممکن است باعث خنده شود -گرچه به عنوان طنز نمایشی- جسارت یا خودبینی نهفته در تلاش برای نوشـــتن فلسفهٔ طنز است. برای مثال اشخاصی عادی که البته خود را کارشـــناس فراروانشناسی یا روح باوری نمی‌دانند، با اطمینان خاطر نظریهٔ فروید را دربارهٔ لطیفه یا شرح برگسون را در مورد خنده رد می‌کنند، چون از نظر آنها یا خنده‌دار نیستند یا واقعا ربطی به لطیفه و خنده ندارند. وقتی پای مسائلی که ما را سرگرم می‌کنند در میان باشد، ما همه صاحب‌نظر و خبره‌ایم و می‌دانیم چه چیزهایی خنده‌دارند. به هر حال این واقعیت همچنان به قوت خود باقی است که طنز برای فیلسوف موضوعی عجیب و جالب است. اما جذابیت مقاومت‌ناپذیر طنز نیز در همین جا نهفته است.

سه نظریه دربارهٔ طنز

جان موریال توضیحات متعدد موجود دربارهٔ طنز را به سه گروه عمده تقسیم می‌کند:

۱- نظریهٔ تفوق: بر اساس این نظریه که افلاطون، ارسطو، کوینتیلیان و در طلیعهٔ عصر مدرن، هابز آن را مطرح کرده‌اند، ما به دلیل احساس تفوق بر دیگران می‌خندیم، به دلیل «شکوه ناگهانی حاصل از درک ناگهانی برتری خویش، در قیاس با پستی و فرودستی دیگران یا پستی و فرودستی پیشین خودمان.» خنده آن «شوری است که هیچ نامی ندارد»؛ احساسی که برای پاسداران پرهیزگار شهر فلسفی و خیالی افلاطون ممنوع است. همین نظریهٔ تفوق تا قرن هجدهم بر سنت فلسفی غرب حاکم بود.

۲- نظریهٔ آرامش: این نظریه در قرن نوزدهم در آرای هربرت اسپنسر مطرح شد. او معتقد بود خنده، آزاد شدن انرژی عصبی پس رانده شده است. این نظریه در قالب کتاب لطیفه‌ها و رابطهٔ آنها با ناخودآگاه،

اثر فروید در سـال ۱۹۰۵ شـرح و بسط بیشتری یافته است. فروید در این اثر شرح داد که انرژی آزاد یا تخلیه‌شـده در خنده به این دلیل لذت‌بخش است که از میزان انرژی که در مواقع معمول برای مهار یا سرکوب فعالیت روانی به کار می‌رود، می‌کاهد.

۳- نظریۀ ناهماهنگی: ریشـۀ این نظریه به تعمقاتی در باب خنده، اثر فرانسیس هاچسون در سال ۱۷۵۰ برمی‌گردد اما این نظریه در آرای کانت، شوپنهاور و کی‌یرکه‌گور به شکلی مرتبط و در عین حال متمایز شرح داده شد و بسط یافت. همان‌گونه که جیمز راسل لوول در سال ۱۸۷۰ می‌نویسد: طنز در تحلیل نخست، درک ناهماهنگی است؛ طنز حاصل تجربۀ ناهماهنگی‌ای محسوس میان دانسته‌ها یا توقعات ما از یک سو و اتفاقات رخ داده در لطیفه، خوشمزگی، لودگی یا مزاح از دیگر سوست.

خنده و رستگاری

انفجارات کوچک طنز که ما آنها را لطیفه می‌نامیم، ما را به جهان همگانی و آشنای عادات مشترک باز می‌گردانند؛ عاداتی که معانی ضمنی‌شان در فرهنگ اقوام گوناگون مستتر است. لطیفه‌ها به ما نشان می‌دهند که چگونه می‌توان عادات مشترک را تغییر داد یا به کمال رساند و همه چیز را دگرگون ساخت. طنز در عین اینکه شـرایط ما را آشکار و عیان می‌کند، راه تغییر این شرایط را نیز بر ما معلوم می‌سازد. منظور این است که خنده دارای نوعی قدرت رستگاری‌بخش و رهایی‌بخش است. اما آیا این مسئله بدین معناست که طنز حقیقی ضرورتا باید مذهبی باشد؟

استدلالی که طنز را به مذهب پیوند می‌زند بسیار بی‌نقص و عالی است و باید توجه داشت بسیاری از آثار بزرگ کمیک، مسیحایی هستند، به خصوص وقتی نویسندگانی چون پوپ، سـویفت و استرن را مد نظر داشته باشیم. با نگاهی کوتاه به خنده در پای صلیب، اثر ای ام اسکریچ، اهمیت خنده در انجیل و درک مسیحیت از خویشـتن در طول اعصار متمادی روشن و آشکار می‌شود. از دیدگاه کسی که تفکر و عقل این جهانی دارد، مسیح به نظر دیوانه می‌آید، از آنجا که جهان، پول و قدرت و موفقیت را تجلیل می‌کند، بی‌اعتنایی مسیحایی به این ارزش‌ها، جهان مادی را زیر و رو می‌کند. مسیحیت، جهانی واژگون به ما ارائه می‌دهد که ارزش‌های دنیوی را زیر و رو می‌کند. بنابراین دابلیو اچ. آودن در بیان مطالب ذیل کاملا برحق است:

عالم خنده رابطۀ بسیار تنگاتنگی با عالم دعا دارد و این هر دو، از جهان مـادی و هرروزۀ کار فاصله دارند، چون هم در عالم خنده و هم در جهان دعــا، همۀ ما برابریم. در عالم خنده به مثابۀ فردی از گونه و نژاد خویش، و در عالم دعا به عنوان اشخاصی یکه و منحصر به فرد. از دیگرسو ما در جهان کار نه برابریم و نه می‌توانیم برابر باشیم، بلکه صرفا گونه‌گون و به

عالم خنده رابطۀ بسیار تنگاتنگی با عالم دعا دارد و این هر دو، از جهان مادی و هرروزۀ کار فاصله دارند، چون هم در عالم خنده و هم در جهان دعا، همۀ ما برابریم. در عالم خنده به مثابۀ فردی از گونه و نژاد خویش، و در عالم دعا به عنوان اشخاصی یکه و منحصر به فرد. از دیگرسو ما در جهان کار نه برابریم و نه می‌توانیم برابر باشیم، بلکه صرفا گونه‌گون و به هم وابسته‌ایم. کسانی که سعی دارند فقط و فقط با کار زندگی کنند و هیچ توجهی به خنده یا دعا ندارند، به قدرت پرستانی دیوانه تبدیل می‌شوند

هم وابسته‌ایم. کسانی که سعی دارند فقط و فقط با کار زندگی کنند و هیچ توجهی به خنده یا دعا ندارند، به قدرت‌پرستانی دیوانه تبدیل می‌شوند؛ بیدادگرانی که طبیعت را به خاطر ارضای مستقیم نفسانیات به غل و زنجیر می‌کشند؛ کاری که در نهایت به فاجعه و مصیبتی تلخ خواهد انجامید؛ کشتی شکسته‌ای بر کرانۀ جزیرۀ سیرن‌ها.

اگر خنده این امکان را به ما بدهد که به منظور تجسم جهانی بهتر، حماقت نهفته در جهان کنونی را ببینیم و بتوانیم شرایط موجودمان را تغییر دهیم، در آن صورت نمی‌توان با تفسیر مذهبی از طنز مخالفت داشت. بنابراین لطیفۀ حقیقی در حکم دعایی مشترک است. این بحث حول این محور می‌گردد که اگر نگرش مذهبی، ما را بر آن می‌دارد تا از این دنیا نگاه برگیریم و چشم به عالم دیگری بدوزیم که در آن به قول پیتر برگر محدودیت‌های شــرایط انسان به نحوی معجزه‌آسا برطرف می‌شوند، طنز برای یک لحظه چشــم‌انداز جهانی دیگر را بر ما آشکار می‌سازد. ماهیت تسلی‌بخش طنز در اقرار و اذعان به این واقعیت نهفته است که این جهان تنها جهان موجود است و تنها در این جهان ناقص و ناکامل است که ما موجودات ناکامل می‌توانیم منشأ تغییر و تحول باشیم. بنابراین قدرت رستگاری‌بخش طنز، برعکس آنچه در آرا و نظریات کی‌یرکه‌گور مطرح شده، گذر از دیدگاه قومی به نظرگاه مذهبی- جایی که در آن طنز آخرین مرحله از آگاهی اگزیستانسیالیسمی در برابر ایمان است-نیست. طنز نه انتزاعی که پدیداری است. نه مربوط به الهیات که مرتبط با انسان‌شناسی است و نه ربانی که روشنایی‌بخش است. طنز با نشان دادن حماقت نهفته در جهان، از طریق منحرف ساختن توجه ما از این جهان به جایی دیگر- مانند آنچه در طنز مسیحایی و با شکوه اراسموس شاهد هستیم – موجب نجات ما از این حماقت نخواهد شد بلکه از ما می‌خواهد با حماقت این جهان رویارو شویم و شرایط کنونی خود را تغییر دهیم.

نگاهی به نظریات برگسون و ویندهام لویس

علاوه بر لطیفه‌ها و رابطۀ آن با ناخودآگاه اثر فروید در سال ۱۹۰۵، خنده اثر برگسون در سال ۱۹۰۰ نیز به نظریۀ خنده اختصاص یافته و در قرن بیستم تأثیر بارزی بر پژوهش‌های صورت گرفته دربارۀ این موضوع داشته است. نظریه اصلی برگسون چنین است:

«برای آخرین بار به تصویر محوریمان باز می‌گردیم: چیزی مکانیکی بر روی چیزی زنده قرار گرفته است. موجود زنده در اینجا همان است، یک شخص. از دیگر ســو، ترتب مکانیکی یک شیء اســت. بنابراین آنچه موجب خنده شده، تبدیل موقتی شخص به شیء است البتــه اگر از این زاویه به مســئله بنگریم. حال از ایدۀ دقیق ماشــین می‌گذریم و به ایدۀ مبهم و گنگ یک شیء در میان اشیای دیگر می‌رسیم. در این صورت با

مجموعه‌ای از تصاویر خنده‌دار روبه‌رو می‌شویم که حاصل نقش تیره و مبهم تصویر پیشین است و با این وصف، به قانونی جدید می‌رسیم؛ هر بار وقتی شخصی در مقابل چشم ما از خویش یک شیء می‌سازد، می‌خندیم.» در این بند، دو ادعا مطرح می‌شود: اول اینکه تصویر محوری کتاب برگسون چیزی مکانیکی است بر روی موجودی زنده، دوم اینکه آنچه ما را به خنده می‌اندازد، شخصی است که خود را همچون یک شیء می‌نمایاند. برآیند این دو ادعا این است که ما هنگامی می‌خندیم که یک انسان یا موجود زنده که می‌پنداریم می‌توانیم رفتارش را پیش‌بینی کنیم، به نظرمان شیءواره یا ماشین‌وار می‌شود. بنابراین طنز متضمن تبدیل موقتی چیزی فیزیکی به بعدی مکانیکی است، به گونه‌ای که بعد مکانیکی، چون جرمی که روی دندان را می‌پوشاند، بر روی موجود زنده قرار می‌گیرد. برگسون از شخصیت کمیک، شخصیت‌هایی چون دن کیشوت و بارون فون مونشهاوزن را در نظر دارد؛ کسی که به یک شیء بدل می‌شود. آنچه برای برگسون فوق‌العاده جذاب است ویژگی و ماهیت کمیک آدمک مصنوعی است.

دو مفهوم هسته‌ای بحث برگسون در مورد خنده، خشکی و تکرار است. شخصیت کمیک دارای یا بهتر است بگوییم مقهور خشکی است که از طریق نوعی تکرار توأم با گیجی ناخودآگاه و مکانیکی مورد تاکید و تصریح قرار می‌گیرد. این امر در پانتومیم و طنز بصری و نیز در انیمیشن‌ها آنجا که تام همیشه در پی جری است یا آنکایوت معروف هرگز به رود رانر نمی‌رسد به بارزترین نحو، محسوس و آشکار است.

در آثار کمیک همواره گرایشی وسواس‌گونه به تکرار دیده می‌شود؛ نوعی تکرار که ویژگی ذاتی ماشین است، از ماشین فتوکپی گرفته تا ماشین سکه‌ای سودا یا اجزای سیستم تهویهٔ مطبوع. انسان در لحظات طنزآمیزش به ماشین شباهت می‌یابد، به یک شیء غیرانسانی تبدیل می‌شود که در برابر انسان قرار می‌گیرد. به همین دلیل احساسی که اغلب همراه و توأم با طنز است صرفا لذت نیست بلکه بیشتر چیزی خارق‌العاده و مرموز است. معمولا ما می‌خندیم، چون آنچه به آن می‌خندیم موجب ناراحتی و دردسرمان می‌شود، چون آن چیز به نوعی ما را وحشت‌زده می‌کند. این امر به خصوص در مورد طنز سیاه صادق است، یک مثال داستانی در این مورد هست که گروچو مارکس دوست داشت در مورد یک محکوم به اعدام با دار تعریف کند. کشیش به آن مرد می‌گوید: قبل از اینکه دریچهٔ زیر پایت را بکشیم، حرفی برای گفتن نداری؟ و مرد محکوم می‌گوید: چرا، فکر می‌کنم این دریچهٔ لعنتی چیز خطرناکیه.

برداشت فروید از طنز

فروید در هفتاد و پنج سالگی، وقتی از چاپ کتاب تعبیر رویاها در سال ۱۹۰۰ حدود یک سوم قرن می‌گذشت، نوشت: قرعهٔ چنین بصیرتی در سرتاسر عمر فقط یک بار به نام انسان می‌افتد. از بداقبالی خوانندگان، فروید نتوانست در سرتاسر عمرش بکر بودن این بینش و بصیرت را حفظ کند. او مدام با نگرانی و بی‌تابی به سراغ شاهکارش می‌رفت و با اضطراب در آن دست می‌برد، اصلاحش می‌کرد، بسطش می‌داد و بخش‌ها و زیرنویس‌های بیشتری بر آن می‌افزود. دلیل تزلزلی که در کار احساس می‌شود نیز همین است. اما یکی از نکات جالب در مورد کتاب لطیفه‌ها و ارتباط آنها با ناخودآگاه، چاپ سال ۱۹۰۵، این است که فروید هرگز در آن تجدید نظر نکرد و در واقع در سال‌های پس از چاپ آن به موضوع اصلی این اثر علاقهٔ چندانی نشان نداد. عجبا که این کتاب به رغم عنوان نه چندان جدی‌اش مسلما نظام‌مندترین کار فروید است، با سه بخش روشن و منظم به نام‌های «تحلیلی»، «ترکیبی» و «نظری.» برخلاف پیش‌داوری‌های عمومی، این کتاب پر از لطیفه‌های عالی و گاه زشت است. فروید پس از وقفه‌ای بیست و دوساله، بار دیگر در اوت ۱۹۲۷ پنج روز وقت گذاشت تا مقاله‌ای دربارهٔ طنز بنویسد. حتی منتقدان فروید نیز اذعان می‌کنند که بر خلاف بیست و چند سالی که دربارهٔ این موضوع سکوت کرده بود، در این مقاله نگرش‌های او دستخوش تغییر و تحول شدند. بنابراین بخش اعظم این مقالهٔ شگفت‌انگیز نحوهٔ نمود پدیدهٔ کمیک را از منظر نظریهٔ ذهنی متأخر فروید نشان می‌دهد.

فروید با همان سبک موجز و تلگرافی متون آخرش ثابت می‌کند که پدیدهٔ طنز حاصل و نتیجهٔ عملکرد فراخود در حوزهٔ کمدی است. به خاطر داشته باشید که نظریهٔ نهفته در کتاب لطیفه این است که لطیفه‌ها حاصل عملکرد ناخودآگاه و تأثیر آن بر حوزهٔ کمدی‌اند. معنای این جمله آن است که در طنز، فراخود از موضع و جایگاهی برتر، خود را زیر نظر می‌گیرد و همین امر باعث می‌شود خود به نظر کوچک و بی‌اهمیت جلوه کند. هستهٔ معنایی این مقاله این است که من در طنز، خویشتن را مضحک می‌یابم و در قالب خنده یا دست کم یک لبخند، مضحک بودن خویش را می‌پذیرم. طنز اساسا مضحکه‌ای است که ما در آن خویش را به سخره می‌گیریم. به مفهوم واقعی کلمه کل طنزهای فرویدی و در واقع، تمام طنزها مملو از صفرای سیاه ناخوشایند هستند. فروید از جنایتکاری سخن می‌گوید که صبح روز اعدامش به سوی چوبهٔ دار برده می‌شود و ناگهان رو به آسمان می‌کند و می‌گوید: خوب، هفته جاری خیلی خوب شروع شده.

طنز متضمن خندیدن به خویش و مضحک یافتن خویش است و چنین طنزی ناخوشایند نیست بلکه موجب رهایی، تسلی و نوعی تعالی کودکانه است. در نظر گرفتن ابعاد کودکانهٔ طنز، ملهم و موجد تضاد و تباینی جالب میان برداشت فروید از طنز و نظریه اولیه‌اش در باب لطیفه‌ها است.

فروید از خود می‌پرسد: چرا این جمله خنده‌دار است؟ به چه معنا خنده‌دار است؟ اگر بخواهیم این مسئله را با توسل به مفهوم فراخود، دومین مؤلفهٔ شخصیت، شرح دهیم، باید بگوییم در این مورد خاص، طنز حاصل فراخودی است که خود را زیر نظر دارد. وضعیتی که موجد طنز سیاهی است

که نه تلخ و ناراحت‌کننده بلکه رهایی‌بخش و حتی تعالی‌بخش است. او مقالهٔ کوتاهش را با این کلمات به پایان می‌رساند: ببینید این همان جهانی است که به نظر تا این حد خطرناک می‌نماید. این جهان هیچ نیست جز بازی بچه‌ها، چیزی که فقط می‌توان به سخره‌اش گرفت.

بنابراین، طنز متضمن خندیدن به خویش و مضحک یافتن خویش است و چنین طنزی ناخوشایند نیست بلکه موجب رهایی، تسلی و نوعی تعالی کودکانه است. در نظر گرفتن ابعاد کودکانهٔ طنز، ملهم و موجد تضاد و تباینی جالب میان برداشت فروید از طنز و نظریه اولیه‌اش در باب لطیفه‌ها است. فروید می‌نویسد: طنز وقاری دارد که برای مثال، هیچ نشانی از آن نیست، چون لطیفه یا صرفا در خدمت ایجاد لذت است یا لذتی را که به کف آمده، به سوی پرخاشگری سوق می‌دهد.

فروید در اینجا نادانسته وارث سنت هابز یعنی نظریهٔ خنده بر اساس میل به تفوق است. از نظر فروید که به اکثر مسائل از روزنهٔ عقدهٔ ادیپ می‌نگریست، هستهٔ نظریهٔ خنده که مبتنی بر احساس تفوق‌جویی است، در این واقعیت نهفته است که ما با خندیدن به بداقبالی‌ها و نگون‌بختی‌های دیگران، در حقیقت نقش فردی بالغ یا بزرگ‌تر را بازی می‌کنیم که در برابر یک کودک قرار گرفته است. حال وقتی نسبت به خودمان رویکردی طنزآمیز اتخاذ می‌کنیم، قضیه عکس می‌شود: من از دیدگاه فردی بالغ به خود که حکم یک کودک را پیدا کرده‌ام، می نگرم؛ از دیدگاه فراخود بزرگ و بالغ به خود بچگانه و کوچک. به همین دلیل است که فروید می‌گوید طنز منزلت و شأنی دارد که لطیفه از آن بی‌بهره است. یعنی در لطیفه من به دیگران می‌خندم و آنها را مضحکه و مسخره و خود را برتر می‌بینم. از دیدگاه فرویدی، این‌گونه خنده‌ها باید تحلیل شوند، چون نمایشگر انواع تعارض‌های روانی هستند، تعارض‌هایی که از منظر فروید در نهایت به لحاظ سبب‌شناسی، جنسی‌اند. از این رو طنز از نظر فروید به لحاظ اخلاقی، از خندهٔ تفوق‌گرایانه در لطیفه برتر است؛ خندیدن به خویش بهتر از خندیدن به دیگران است. این برتری هنجار بنیاد طنز بر لطیفه را می‌توان به برتری لبخند بر خنده نیز ربط داد.

طنز به عنوان عامل ضدافسردگی

طنز نوعی عامل ضد افسردگی است که از طریق کشتن خود با نوعی داروی ضد افسردگی که بیمار را گیج و گنگ می کند، عمل نمی کند بلکه موجب افزایش شناخت بیمار از خویشتن می‌شود. طنز اغلب تیره و تار اما در عین حال واضح است؛ نوعی رابطه شناختی عمیق با خویش و جهان. طنز یادآور فرودستی و محدودیت شرایط انسان است، محدودیتی که نیازمند تایید تراژیک- قهرمانانه نیست بلکه مستلزم نوعی اقرار کمیک است، نه صحت و اعتباری پرومته‌وار بلکه نوعی عدم صحت خنده‌دار.

شـــاید بتوان با جک نیکلسون همنوا شـــد و گفت: «بهتر از این نمی‌شه» (در فیلمی به همین نام، محصول ســـال ۱۹۹۷). این درک نه موجب ترش‌رویی و عبوســـی که موجد شادی است. ماهیت ضد افسردگی طنز نتیجهٔ آن است که طنز برای فراخود عملکردی دیگرگونه و مثبت می‌یابد و این دقیقا همان فکری است که دوست دارم وارد جزئیاتش شوم و شرحش دهم. (در باب طنز، سیمون کریچلی، ترجمهٔ سهیل سمّی)

به این ترتیب با فراگرفتن خنده، درک ما از خویشـــتن ممکن است دگرگون شود. اما خنده داریم تا خنده. از یک ســـو به قول نیچه نوعی خنده داریم به نام «بازگشت ابدی»؛ خندهٔ طلایی تایید تراژیک، نوعی خنده که بر افکار ژرژ باتای تأثیر بسیار داشته است. این خنده، خنده‌ای است قهرمانانه در برابر جوخهٔ اعدام: «زود باشید، منو بکشید، اهمیتی نمیدم.» این همان خنده‌ای است که همیشه از نوک کوه‌ها و اوج قلل تنها و سر به فلک کشیده توقع می‌رود. این خنده به مفهوم فرویدی دقیقا خندهٔ شیدایی است؛ خنده‌ای لجوجانه و در آســـتانهٔ تبدیل شدن به هق‌هق. این همان خود ظفرمند است در عین تنهایی و رویاهای کودکانهٔ زورمنـــدی و قدرت. همان‌گونه که بکت در پروست می‌نویسد: «با خطر زندگی کن، آن سکســـکهٔ ظفرمندانهٔ پوچ به عنوان سرود ملی خود راستین که در عادت خویش تبعید و منزوی شده.»

از دیگرسو نوعی خندهٔ خفیف‌تر فرویدی نیز وجود دارد که در نظریات نیچه هم مطرح بوده اســـت. این نوع خنده تاکیدی است بر اینکه زندگی چیزی نیست که بتوان در حالت خلسه تاییدش کرد بلکه باید به نحوی کمیک به وجودش اقرار کرد. این نوع خنده را می‌توان در کمدی کنایه‌دار و سخره‌آمیز شخصی چون استرن، سویفت یا بکت یافت. کمدی‌ای که

زادهٔ حس مشهود ناتوانی، عجز و عدم اعتبار است. به رغم گوناگونی سلایق به نظر می‌رسد این خنده نوع دوم، شادی‌بخش‌تر (اگر نگوییم خنده‌دارتر) و نیز تراژیک‌تر است. همان‌گونه که مالون مفلوج و محتضر در رمان بکت می‌گوید: «اگر بدنم علیل نبود، آن را از پنجره بیرون می‌انداختم اما شاید آگاهی از عجزم باشد که جسارت این فکر را به من داده.» این جمله نمونه‌ای است از زبان نیشدار بکت: شرط امکان فرضیه، یعنی «اگر ....آن‌گاه ...» یک عدم امکان اسـت. جملات بکت با فروپاشی در قالب آنچه خودش «نحو ضعف» می‌نامد، ادامه می‌یابد. همان‌گونه که در بالا اشـاره شد، این نوع نحو، نحو کمیک است: «گروچو نبض چیکو را گرفته: یا این مرد مرده یا ساعت من از کار افتاده.»

خنده‌درمانی

خنده‌درمانی روش درمانی منحصربه‌فردی اسـت که بر نقش خنده و شوخی تاکید زیادی دارد. این تکنیک توسط هر کسی قابل اجرا است. تعریف علمی خنده‌درمانی عبارت است از: به کار گرفتن نیروی لبخند و خنده به منظور التیام تنش و استرس و اضطراب (دردهای جسمی و روحی) و بزرگترین مزیت این درمان این است که توسط هر کسی می‌تواند تجربه شود. هدف خنده‌درمانی، برطرف کردن سختی‌ها و تلخی‌ها، ارتقای معنویت انسان‌ها، ایجاد شادی در اطرافیان و به طور کلی افزایش کیفیت زندگی است.

ایدهٔ شفابخش بودن خنده برای اولین بار در سال ۱۹۷۹ با انتشار کتاب آناتومی یک بیمار نوشتهٔ نورمن کازینز ابداع شد. او در سال ۱۹۶۴ به یک نوع بیماری التهابی خطرناک مبتلا شد که طی آن سیستم ایمنی علیه سلول‌های بدن خود فرد فعالیت می‌کند. برای التیام درد ناشی از این بیماری داروهای خواب‌آور زیادی مصرف می‌کرد اما به طور مکرر دچار حملات شدید درد می‌شد که منجر به فرسودگی تدریجی روحی‌اش می‌شد. او به این نتیجه رسید که آدرنالین فرسایشی، توانایی‌اش را در مقابل بیماری تضعیف می‌کند. کازینز کتاب هانس سلیه را در زمینهٔ استرس و راهبردهای مقابله با آن مطالعه کرد و متوجه شد هیجانات منفی، تغییرات شیمیایی زیان‌آوری را در بدن ایجاد می‌کنند؛ تغییراتی که در واقع منجر به افزایش ترشح آدرنالین فرسایشی می‌شود. در نتیجه این تئوری را مطرح کرد که احساسات منفی اثر سوء، و احساسات مثبت تأثیر مثبتی بر سلامتی بدن دارند. کازینز متوجه شد هیجانات مثبت مانند امیدواری، اعتماد به نفس و شادی ممکن است تغییراتی در جهت بهبود فرایند بیماری‌اش پدید آورند. از آنجا که خنده یک هیجان مثبت اسـت و خلق خوب و لذت را افزایش می‌دهد، او دست به انجام تکنیک خنده‌درمانی زد که در آن زمان روشی کاملا نوین بود. او پرستاری استخدام کرد تا برایش داستان‌های خنده‌دار و لطیفه نقل کند. همچنین به دیدن فیلم‌های کمدی سرگرم‌کننده ترغیب شد. او از خنده به عنوان مهارکنندهٔ درد و محرک مثبت استفاده کرد و بعد

تحقیقات نشان داده **۱۵ دقیقه خندیدن در صبح موجب می‌شود در تمام طول روز احساس خوبی داشته باشید. هیچ روشی مانند خنده‌درمانی از این مزیت برخوردار نیست** که به محض کاربرد از آن نتیجه بگیرید و سریعا احساس تازگی و نشاط کنید. بسیاری از اعضای گروه‌های خنده‌درمانی دریافته‌اند که پس از شروع درمان بیش از چند بار در روز عصبانی نمی‌شوند و رویکرد‌شان به سمت و سوی تغییرات مثبت زندگی معطوف می‌شود.

از هر مرحله خنده‌درمانی متوجه شد ده دقیقه خندیدن به مدت دو ساعت دردش را تخفیف می‌دهد و نمونهٔ آزمایشی خون او نیز این امر را تایید می‌کرد. او همچنین می‌توانست بدون داروهای آرام‌بخش بخوابد و تأثیر فیزیولوژیکی خنده موجب کاهش میزان سدیم در بدنش شد.

کازینز پس از بهبودی، حدود ۱۰ سـال از زندگی‌اش را به عنوان دسـتیار در دانشـکدهٔ پزشکی در آمریکا گذراند. امروزه پس از تجارب او، تحقیقات علمی بسـیاری در دسترس داریم که نشانگر تغییرات فیزیولوژیکی و روانشناختی خنده‌اند. امروزه به خوبی می‌دانیم که این تکنیک درمانی چه تأثیرات چشمگیر بدنی، ذهنی و معنوی بر انسـان‌ها دارد. کازینز کتابی دربارهٔ چگونگی کاربرد شوخی به منظور کاهش درد در طول مدت درمان خود نوشت و توانست به نتایج جالبی در فرایند درمان بیماری خود دست یابد. گرایش به این شیوهٔ درمانی به طور کلی در آمریکا در سال ۱۹۷۰ زمانی که کازینز از این روش استفاده کرد شیوع روزافزونی یافت.

در مارس ۱۹۹۵ یک پزشک خانواده به نام دکتر کاتاریا از شهر بمبئی هندوستان تصمیم به نوشتن مقالاتی در زمینهٔ شیوهٔ کار پزشک خانواده گرفت. او پس از مطالعهٔ تحقیقات نورمن کازینز به شدت تحت تأثیر روش درمان او (خنده‌درمانی) قرار گرفت. زمانی که کاتاریا مقاله‌ای در زمینهٔ خنده با عنوان «بهترین درمان» منتشر کرد، دریافته بود که خنده برای ذهن و بدن انسان چه مزیت‌هایی دارد. او پس از انتشار این مقاله، به اماکن عمومی و پارک‌های حومهٔ شهر بمبئی رفته و با مردم در مورد تاسیس انجمن خنده صحبت کرد. دکتر کاتاریا در ۱۳ مارس ۱۹۹۵ از چهار نفر برای شروع فعالیت این انجمن دعوت به عمل آورد و هر کدام را در گوشـه‌ای از یک پارک قرار داد. برخی افراد مفهوم عمل او را درک نمی‌کردند اما به هر حال انعطاف‌پذیر بودند و زمانی که مزیت‌های بالقوهٔ خنده برای بسیاری از مردم شرح داده شد، به تدریج علاقه و گرایش رو به رشدی نسبت به این درمان پیدا کردند.

همسر دکتر کاتاریا، مادهوری کاتاریا معلم یوگا در این امر به او کمک شایانی کرد. خانم کاتاریا شاخه‌ای از یوگا را که هاسیا نام دارد به خنده اتصال داد تا آنها بتوانند حداکثر استفاده را از این تکنیک درمانی ببرند.

نخستین انجمن خنده‌درمانی در سال ۱۹۹۵در هندوستان شروع به فعالیت کرد. امروزه حدود ۶۰۰۰ انجمن خنده‌درمانی در ۵۰ کشور مختلف دنیا تاسیس شده است. دکتر کاتاریا اولین بار ایدهٔ انجمن خنده‌درمانی را در هندوستان مطرح و اجرا کرد.

بنابراین بنیان‌گذار آنچه در جهان به نام باشگاه‌های خنده‌درمانی معروف است دکتر کاتاریا بود.

انجمن‌های خنده‌درمانی: همان‌طور که گفته شـد نخستین انجمن خنده‌درمانی در سال ۱۹۹۵در هندوستان شـروع به فعالیت کرد. امروزه حدود ۶۰۰۰ انجمن خنده‌درمانی در ۵۰ کشـور مختلف دنیا تاسیس شده اسـت. دکتر کاتاریا اولین بار ایدهٔ انجمن خنده‌درمانی را در هندوسـتان مطرح و اجرا کرد. این انجمن بر اسـاس ایـن مفهوم که بدن نمی‌تواند نسـبت به نیروی خنده یا یک لبخند طبیعی بی‌تفاوت باشد، پایه‌گذاری شد. مزیت‌های روانی و جسمی بسیاری در تکنیک خنده‌درمانی وجود دارد که از آن جمله اسـت کاهش استرس، تنظیم فشار خون، افزایش انرژی

مثبت، تقویت سیستم ایمنی بدن، ایجاد نگرش مثبت، افزایش انعطاف‌پذیری اجتماعی و کمک در جهت خودانگیختگی بیشتر. تحقیقات نشان داده‌اند افرادی که در حدود ۱۵ دقیقه در روز می‌خندند سالم‌تر و بانشاط‌ترند و زندگی طولانی‌تری دارند و زندگی را به گونه‌ای متفاوت می‌بینند. به طور مثال در یک انجمن خنده‌درمانی زمانی که شخص در گروه قرار می‌گیرد و در حال خندیدن است، این عمل بسیاری از موانع روانی را برطرف می‌کند به طوری که از هر زمان دیگر معاشرتی‌تر و خوش برخوردتر می‌شود. مسلما در آغاز این فرایند درمانی برخی افراد در مقابل کوچک‌ترین محرکی واکنش مثبت نشان می‌دهند و سریعا به گروه ملحق می‌شوند. علی‌رغم تمایل قوی برخی افراد برای حضور در گروه خنده‌درمانی، نوعی ترس بی‌دلیل و ظاهری در آنها به وجود می‌آید که به هر حال مرحلۀ زودگذری است. این فرایند درمانی به رشد شخصیت اعضا و کیفیت مدیریت در همۀ مراحل زندگی‌شان کمک خواهد کرد. آنها به هدایت و انتقال احساسات‌شان تشویق و ترغیب می‌شوند و این امر هدف اصلی تکنیک خنده‌درمانی است. کسانی که در آغاز حضور در گروه حتی قادر به صحبت کردن نیستند و در میان جمع یک کلمه به زبان نمی‌آورند، به مرور زمان سخنران خیلی خوبی می‌شوند. این عوامل باعث شده است هر روز افراد بی‌شماری به این انجمن‌ها ملحق شوند.

تحقیقات نشان داده ۱۵ دقیقه خندیدن در صبح موجب می‌شود در تمام طول روز احساس خوبی داشته باشید. هیچ روشی مانند خنده‌درمانی از این مزیت برخوردار نیست که به محض کاربرد از آن نتیجه بگیرید و سریعا احساس تازگی و نشاط کنید. بسیاری از اعضای گروه‌های خنده‌درمانی دریافته‌اند که پس از شروع درمان بیش از چند بار در روز عصبانی نمی‌شوند و رویکردشان به سمت و سوی تغییرات مثبت زندگی معطوف می‌شود. در عصر تکنولوژی انسان‌ها از بیماری‌های گوناگون روانی و جسمی در رنج‌اند و زندگی مدرن فشار روانی سنگینی بر آنها وارد می‌کند. از آنجا که احساسات و هیجانات منفی با بیماری‌هایی از قبیل اضطراب، افسردگی و اختلالات عصبی در ارتباط است، اعضای انجمن خنده‌درمانی به مرور موفق می‌شوند بر بیماری خود غلبه کنند. حتی افرادی که تمایل شدیدی به خودکشی دارند، پس از شرکت در این انجمن‌ها با امیدواری بیشتری به زندگی ادامه می‌دهند. مطالعه‌ای که بر روی بیماران بیمارستانی در فلوریدا صورت گرفته نشان می‌دهد، از میان بیمارانی که با استفاده از تکنیک خنده‌درمانی درمان می‌شدند، گروهی از بیماران که فیلم‌های کمدی تماشا کرده بودند در مقایسه با گروه کنترل (گروهی که اصلا فیلم تماشا نکردند) نیاز کمتری به مسکن داشتند و گروه سوم بیمارانی بودند که خارج از گروه خنده‌درمانی و به شیوۀ معمول درمان می‌شدند و در روند بهبودی‌شان تغییری صورت نگرفت.

مراحل خنده‌درمانی: طبق نظر دکتر کاتاریا هر شخصی در هر جایی از دنیا می‌تواند در گروه خنده‌درمانی شرکت کند. او فلسفه و تمرین‌های یوگای خنده را بر اساس خنده‌درمانی بنا نهاد و ارتباطی بین خنده‌های فیزیکی و درونی ایجاد کرد. افرادی که در گروه خنده‌درمانی حضور می‌یابند برای رهایی از قید و بندهای اجتماعی و ذهنی، تمرین‌های جسمی و ارتباطات بصری خاصی انجام می‌دهند. گاهی این تمرین‌ها به خنده منتهی نمی‌شود اما بدون شک خنده مسری است و از طریق چشم می‌تواند به دیگران منتقل شود.

کازینز گفته است که اعضای باشگاه خنده باید حین تمرینات، تمایل به خنده و شوخی داشته باشند در غیر این صورت هیچ یک از این تمرینات مفید نخواهد بود.

باشگاه خنده بر اساس سه اصل استوار است:

الف- رهاسازی کودک درون.

ب- خنده مسری است.

ج- مغز انسان قادر به تشخیص خنده واقعی از تصنعی نیست.

در انجمن خنده‌درمانی تمرینات به چند صورت اجرا می‌شود:

- تمرین‌های تنفسی عمیق.

- تمرین‌های جسمی (کششی).

- خنده و لبخند عملی.

در آغاز هر جلسه خنده‌درمانی، تمرینات تنفس عمیق به مدت ۳۰ الی ۴۰ ثانیه انجام می‌شود. این تمرینات تنفسی، شبیه تمرینات آسانا (یوگا) است. سپس ورزش‌های کششی در ناحیه گردن و شانه انجام می‌شود که شامل بالا بردن این قسمت‌های اعضای بدن در راستای کمک به افزایش آرامش عضلانی و کاهش تنش و استرس است. سپس تمرینات مخصوص گروه با عناوین خنده آغاز می‌شوند مانند: خندهٔ بی‌صدا، خنده از ته دل، خنده با دهان بسته، خندهٔ صمیمیت، خندهٔ بخشش، خندهٔ تدریجی و.... این مراحل

توسط فردی که رهبر گروه است و برای چنین کاری تعلیم دیده و از تخصص کافی و لازم برخوردار است، انجام می‌شـود. شعار باشگاه خنده با عنوان «هاها هوهو» و با دست زدن اعضا شروع می‌شود و فضای جلسـه سرشار از شادی و خنده می‌شود تا اعضا به راحتی بتوانند بخندند. تمرینات گروه با این شعار که «شادترین انسان روی زمین هستیم» به پایان می‌رسد.

خنده‌درمانی در مقایسـه با تمرینات تکنیک آرام‌سازی بدون صرف هزینه و زمان زیاد اجرا می‌شود درحالی که برخی درمانگران از تکنیک‌های درمانی هزینه‌بر استفاده می‌کنند. مباحث و مطالب گوناگونی مبنی بر پیامدهای متنوع خنده‌درمانی از قبیل سلامت روان و تقویت عملکرد سیستم ایمنی بدن مطرح شـده است. برای مثال ثابت شده خنده در افرادی که از بیماری آسم رنج می‌برند روش درمانی مؤثری محسوب می‌شـود چرا که این بیماران با افزایش سطح اکسیژن و افزایش ظرفیت (حجم) ریه‌ها یعنی اتفاقی که به هنگام خنده رخ می‌دهد، بهبود می‌یابند. پزشـکان گزارش داده‌اند آن دسته از مبتلایان به آسم که در حال حاضر در انجمن‌های خنده‌درمانی عضو شده‌اند و تحت درمان هستند دیگر به صورت مکرر از حملات آسم گزارش نمی‌دهند. وضعیت درصد کمی از مبتلایان به آسم ممکن است از طریق این تمرینات، وخیم شود بنابراین این گروه از بیماران باید پیش از انجام مراحل درمانی با پزشک خود در مورد کیفیت تمریناتشان مشورت کنند.

شوخی‌درمانی

استفاده از ابزار شوخی مانند فیلم، کتاب یا داستان به منظور تشویق و برانگیختگی بیمار در راستای درمان او صورت می‌گیرد. این آموزش‌ها بر اساس نیاز فرد یا گروه، تنظیم و اعمال می‌شود و این مرحله از طریق مشاهده (بالینی) شکل می‌گیرد. البته در این روند در تشکیل یک گروه مشکلاتی وجود دارد از جمله اینکه ممکن است تهیهٔ ابزار و وسایل لازم (فیلم، کتاب و ...) برای برخی از افراد گروه مقدور نباشد. از نظر بالینی خندیدن با مراجعان به مراتب مؤثرتر از این است که در مراجعان به تنهایی خنده ایجاد شود.

دلقک‌درمانی

افرادی که در فرایند دلقک‌درمانی آموزش می‌بینند، افرادی متبحرند و از نظر بهداشت روانی در سطح مطلوبی قرار دارند. این افراد در جهت تعدیل فشارهای روانی ناشی از کار بیمارستانی فعالیت دارند و در بعضی بیمارستان‌ها به عنوان «دلقک‌های سیّار» شناخته می‌شوند. این گروه از دلقک‌ها با استفاده از جادو و شـعبده‌بازی، موزیک، لطیفه، تفریح و سرگرمی‌های دیگر، با دلسوزی بسیار برای شاد کردن کودکان بستری در بیمارستان‌ها فعالیت می‌کنند. تکنیک دلقک‌درمانی می‌تواند مقاومت بیمار را در برابر بیماری‌اش افزایش دهد و نیز در کاهش اضطراب بیمار و والدینش مؤثر باشد. تحقیقات نشان داده‌اند نیاز به آرام‌بخش و مسکن در کودکانی که این تکنیک برای آنها به کار گرفته شده، کاهش یافته است. از دیگر مزیت‌های این تکنیک کاهش درد و افزایش عملکرد سیستم ایمنی بدن است. این تکنیک درمانی فقط محدود به

بیمارستان نیست و در موارد دیگری چون مشاغل سخت و طاقت‌فرسا، پرورشگاه‌ها، اردوگاه‌ها و حتی زندان کاربرد دارد.

مراقبهٔ خنده

مراقبهٔ خنده شبیه برخی دستورالعمل‌های مراقبهٔ سنتی است گر چه این خنده بر تمرکز شخص در یک لحظهٔ آنی تاکید دارد. این تکنیک شامل فرایند کششی خنده یا گریه و یک دوره مراقبهٔ سکوت است. در مرحلهٔ اول شخص تمام انرژی خود را تبدیل به حرکات کششی عضلانی بدون خنده می‌کند. در مرحلهٔ دوم درمان‌جو شروع به لبخند تدریجی کرده و سپس به صورت آهسته شروع به خنده یا گریهٔ عمیق می‌کند. در نهایت شخص ناگهان خنده یا گریه را متوقف می‌کند. سپس بدون هیچ‌گونه صدایی و با تاکید بر تمرکزش در یک لحظه با چشمان بسته تنفس می‌کند. این فرآیند در نهایت یک تمرین ۱۵ دقیقه‌ای است البته ممکن است انجام آن برای برخی افراد که قادر نیستند به صورت خودانگیخته بخندند سخت باشد.

یوگای خنده

این روش درمان تا حدی شبیه به یوگای سنتی است. همان‌طور که در بخش‌های پیشین این مقاله اشاره شد، یوگای خنده توسط دکتر کاتاریا و همسرش در سال ۱۹۹۵ در شهر بمبئی هندوستان به صورت تکنیک‌های تنفسی و کششی یوگا به کار گرفته شد. ساختار این تکنیک شامل چندین تمرین خنده به مدت ۳۰ تا ۴۵ دقیقه است که توسط یک فرد آموزش‌دیده انتقال می‌یابد. این تمرینات را می‌توان به عنوان پیشگیری یا مکمل درمان به کار برد البته ممکن است برخی شرکت‌کنندگان آن را کار طاقت‌فرسا و سختی بدانند.

امروزه گرایش رو به رشدی به تکنیک یوگای خنده، باشگاه‌های خنده و روز جهانی خنده دیده می‌شود و افراد زیادی به باشگاه‌های خنده‌درمانی ملحق شده‌اند. در ۱۱ ژانویه ۱۹۸۸ بیش از ده هزار نفر از شرکت‌کنندگان باشگاه‌های خنده‌درمانی هندوستان در شهر بزرگ بمبئی جمع شدند تا به دنیا اعلام کنند که به خنده نیاز دارند. در کشور چین نیز باشگاه‌های خندهٔ زیادی تاسیس شده و در سال‌های اخیر افراد زیادی به این باشگاه‌ها ملحق شده‌اند.

متاسفانه در کشور ما ایران، خنده و تکنیک خنده‌درمانی هنوز به عنوان یک برنامهٔ مدون و گسترده مطرح و اجرا نشده است. بی‌شک ما هم نیازمند آنیم که باشگاه‌های خنده‌درمانی تاسیس کنیم و به عنوان یک ابزار درمانی و پیشگیری‌کننده از اختلالات افسردگی و اضطراب در ادارات، مؤسسات، مدارس، بیمارستان‌ها، مهد کودک‌ها و غیره از این تکنیک استفاده کنیم. ∎

منابع و مآخذ:

۱- فروید، زیگموند(۱۳۹۰).لطیفه و ارتباطش با ناخودآگاه، ترجمه دکتر آرش امینی، تهران: انتشارات ارجمند.

۲. کریچلی، سیمون(۱۳۸٤). در باب طنز، ترجمه سهیل سمی، تهران :انتشارات ققنوس.

3.Bandura, A,(1986). Social foundations of thought and action: A social cognitive theory. Englewood Cliffs, NJ: Prentice Hall.

4.Cogan, R., Cogan, D., Waltz, W., & Mocue, m. (1987). Effects of laughter and relaxation on discomfort thresholds. Jornal of Behavioral Medicine, 10, 139-144.

5- Dillon, K.m., Minchoff,B., & Baker,K.H. (1985). Positive emotional states and enhancement of the immune system. International Jornal of Psychiatry in medicine, 15, 13-17.

6- Fry, W.F. (1992). The Physiological effects of humor, mirth, and laughter. JAMA The Jornal of the American Medical Association, 267,1857-1858.

7- Hays, L, W., Simmering, J, A., & Roth,S. (2003). The CAP manual: Attributes of the Capabilities Awareness Profile. Newton, kanasas: Prairie View, Inc.

8- Kataria,m. (1999). Laugh for no reason. India: Madhuri International.

9-Kimata,H. (2001). Effect of humer on allergen-induced wheal reactions. JAMA, The Jornal of the American Medical Association, 285,738.

معنی غرق شدن را دریا می داند

نگاهی به کاریکلماتور و آشنایی اجمالی با آن

■ مهدی فرج الهی

مقدمه

کاریکلماتور نوعی از شوخ‌طبعی است که دکتر سیروس شمیسا در کتاب «انواع ادبی» از آن به عنوان یک نوع جدید ادبی یاد می‌کند؛ جمله‌ای کوتاه که گاهی به جمله قصار می‌ماند، گاهی به شعر پهلو می‌زند و شاید بتواند تبدیل به ضرب‌المثل شود. این راه را زنده‌یاد پرویز شاپور آغاز کرد و این عنوان را شاملو از سرهم‌کردن کاریکاتور و کلمات بر آن گذاشت. به قول زنده‌یاد عمران صلاحی کاریکاتوری است که با کلمات نوشته می‌شود.

در این نوشــته ابتدا با زندگی و شخصیت هنری شاپور آشنا می‌شویم. سپس به بررسی موضوعاتی که شــاپور به سراغ آنها رفته اســت می‌پردازیم؛ موضوعاتی چون آب، ماهی، آبشار، درخت، گل، مرگ، عشق، قلب، موش، گربه، سگ و... . بعد از آن به کاریکلماتورهای شاپور از زاویه دیگری نگاه می‌کنیم. کاریکلماتورها گاهی شاعرانه می‌شود و گاهی دارای روایتی داستانی است که نمونه‌هایی از هر کدام در این نوشته ذکر شده است. کاریکلماتور دارای دو ویژگی کوتاهی و وارونه دیدن است و در آن از صنایع ادبی که بیشتر ساخت معنایی دارند استفاده می‌شود. در این بخش سعی شده است زیبایی‌های موجود در کاریکلماتور، بر اساس آرایه‌های ادبی بررسی شوند و نمونه‌های مختلفی از آثار نویسندگان این عرصه ذکر شود. هر چند نوشتن اساسا ذوقی است اما در ادامه راهکارها و پیشنهادهایی ارائه می‌شود که شاید به کار بردن آنها بتواند نوشتن کاریکلماتور را آسان‌تر کند.

این مقاله برای آشــنایی اجمالی با کاریکلماتور نوشته شــده است. در مقالۀ دیگری با عنوان «نوع، ساخت، شکل و فرم کاریکلماتور» به بررسی جزئیات بیشتری دربارۀ کاریکلماتور، ویژگی‌های آن، ارتباط آن با ســبک هندی و مکتب باروک، امثال و حکم، شــعر و داستانک پرداخته‌ام که به امید پروردگار در شماره‌های بعدی ارائه خواهد شد.

زندگی و شخصیت هنری پرویز شاپور

پرویز شـاپور- پدر کاریکلماتور- پنجم اسفند سـال ۱۳۰۲ هـش در قم به قـول خودش و در تهـران به قول شناسنامه‌اش از در ورودی زندگی وارد شد و پانزدهم مرداد سال ۱۳۷۸ قلبش برای شـنیدن رازی که مـرگ با او در میان نهاد سـکوت کرد و پیکرش را به گورستان هدیه داد. شاپور در عمری که برای نام‌نویسی روی سنگ قبر فرصت داشت تحصیـل را از مدرسـه دقیقی آغاز کرد و رشـتهٔ اقتصـاد را با مدرک کارشناسی به پایان رساند. سال ۱۳۳۳ در حالی که خودنویسـش را از خورشید پر کرده بود فعالیت مطبوعاتی‌اش را با

نشریات اهواز آغاز کرد. سال ۱۳۳۴ پس از بازگشت به تهران با نشریات سپید و سیاه و توفیق شروع به همکاری کرد که آثارش با نام‌های مستعار «کامیار»- پسرش- و «مهدخت» - خواهرش- در صفحات «دارالمجانین»، «سـبدیات» و «برخورد عقائد و آرا» به چاپ می‌رسید. عمران صلاحی و شاپور به ادارهٔ خوشه در خیابان صفی علیشاه می‌رفتند و کارهای مشترکشان را به شاملو که سردبیر نشریه بود تحویل می‌دادند. صلاحی کاریکاتور می‌کشید و شاپور سوژه‌ها را می‌داد. یک صفحه ثابت داشتند. فکر از شاپور ذکر از صلاحی، طرح از شاپور شرح از صلاحی، تقریر شاپور تحریر صلاحی و ... . خرداد ماه سال ۱۳۴۶ شاپور نوشته‌های کوتاهش را به شاملو داد. شمارهٔ بعد که چاپ شد اسم کاریکلماتور را روی آن گذاشته بودند. شاملو گفته بود: «یه چیزی خودمون سر هم کردیم جا افتاده دیگه.» یک لغت من‌درآوردی که از ترکیب کاریکاتور و کلمات به دست آمده است. ناصر فیض جایی نوشته بود که کاریکلماتور یعنی کاری بکنیم که کلمه‌ها به تور بیافتند. ابوالفضل زرویی نصرآباد این واژه را بدساخت و بدآهنگ می‌داند. شاملو علاقهٔ زیادی به شاپور داشت و به همین دلیل مجموعه «هوای تازه» را به او هدیه کرد. هر چند معتقد بود شاپور نباید به یک موضوع پیله کند و باید کارهایش را قبل از چاپ کمی بر بزند. شاملو دوست داشت گزیده‌ای از کاریکلماتورهای شاپور آماده کند که مرگ به او اجازه نداد. شاپور از سال ۱۳۷۰ تا پایان عمر با نشریهٔ گل آقا همکاری داشت. او علاوه بر طنزنویسی کاریکاتور هم می‌کشید. طرح‌هایی خطی و ساده با سنجاق قفلی، موش، گربه و ... . سال ۱۳۵۲ در گالری زروان، سال ۱۳۵۶ در نگارخانهٔ تخت جمشید

و همچنین در نمایشگاه استاد اولم ترکیه نمایشگاه‌هایی از آثارش بر پا شد. طرح‌های شاپور در نشریات گرافیس سالانه و دیزاین جورنال نیز به چاپ رسیده است. شاپور به نوشتاری روی آورد که دکتر سیروس شمیسا همان‌طور که گفته شد از آن به عنوان یک نوع جدید ادبی یاد می‌کند.

منوچهر احترامی خاطرات زیادی از شاپور تعریف کرده است و در این روایت‌ها به شوخی‌های شفاهی شاپور اشاره می‌کند. شوخی‌ها و لطایفی که معمولا در آنها خود شاپور در مرکز ماجرا قرار دارد و با خودش شوخی کرده است. او معتقد بود اگر همهٔ کسانی که در حال حاضر کاریکلماتور می‌نویسند دست از نوشتن بردارند، کاریکلماتور جای خودش را باز کرده است. اما همین‌که به پیروی از کاریکلماتورهای شاپور می‌نویسند و در این سطح، نشان می‌دهد که شاپور از زمان خودش عبور کرده است.

طبع شاپور و طبیعت کاریکلماتورهایش

شاپور در کاریکلماتورهایش با طبیعتی انسانی به سراغ همه چیز مخصوصا طبیعت می‌رود. واقعیت این است که او دنیایی متفاوت و مخصوص به خود دارد. او واقعیت‌ها را جور دیگری می‌بیند. کلمه‌ها را چنان در کنار هم می‌گذارد که می‌توان دربارهٔ بعضی از کاریکلماتورهایش ساعت‌ها صحبت کرد. طبیعت و عناصر آن اصلی‌ترین موضوعاتی هستند که شاپور به آنها پرداخته است. در ادامه به بخشی از این موضوعات به همراه نمونه‌هایی از کارهای شاپور اشاره می‌شود.

شاپور عاشق آب، ماهی، تنگ، آبشار، رودخانه، باران، اشک و دریاست:

– آبتنی ماهی یک عمر طول می‌کشد.

– آب در آبشار می‌دود، در رودخانه قدم می‌زند و در مرداب استراحت می‌کند.

– آبشار پس از سقوط سر در پی رودخانه می‌گذارد.

– آدم برفی تگرگ اشک می‌ریزد.

– آدم برفی وقتی به خورشید نگاه می‌کند اشک در چشمانش حلقه می‌زند.

– ابر عقیم، قطره اشکم را به فرزندی پذیرفت.

– فواره و قوهٔ جاذبه از سر به سر هم گذاشتن سیر نمی‌شوند.

– وقتی تصویر گل محمدی در آب افتاد ماهی‌ها صلوات فرستادند.

– ماهی در مجلس ختم آب جان می‌سپارد.

– وقتی همزمان به باران و آفتاب می‌اندیشم غرق تماشای رنگین کمان ذهنم می‌شوم.

– دلم برای ماهی‌ها می‌سوزد که در ایام کودکی نمی‌توانند خاک‌بازی کنند .

منوچهر احترامی خاطرات زیادی از شاپور تعریف کرده است و در این روایت‌ها به شوخی‌های شفاهی شاپور اشاره می‌کند. شوخی‌ها و لطایفی که معمولا در آنها خود شاپور در مرکز ماجرا قرار دارد و با خودش شوخی کرده است. او معتقد بود اگر همهٔ کسانی که در حال حاضر کاریکلماتور می‌نویسند دست از نوشتن بردارند، کاریکلماتور جای خودش را باز کرده است. اما همین‌که به پیروی از کاریکلماتورهای شاپور می‌نویسند و در این سطح، نشان می‌دهد که شاپور از زمان خودش عبور کرده است.

در نوشته‌های شاپور سگ‌ها از گربه‌ها فرار می‌کنند و گربه‌ها انتظار دارند موش‌ها به خودشان سس گوجه‌فرنگی بزنند:

- گربه از درخت بالا می‌رود و من لبخندزنان پایین آمدن درخت از گربه را به تماشا نشسته‌ام.
- سگی که سر در پی گربه می‌گذارد سگ‌دو زدن گربه را از نزدیک‌ترین فاصله می‌بیند.
- گربه‌ای که سر در پی حاصل جمع موش‌ها بگذارد دست خالی باز می‌گردد.
- گربه پرتوقع انتظار دارد موش به خودش سس گوجه‌فرنگی بزند.
- گربه خجالتی وقتی می‌خواهد ماهی بگیرد دستش را جلوی صورتش می‌گیرد.
- درباره موش حرف می‌زدم تا سر و کلهٔ گربه پیدا شد حرف‌هایم پا به فرار گذاشتند.

شاپور برای پرواز، شخصیت مستقلی قائل است:

- پرواز از پرندهٔ جوان بیشتر از پرندهٔ پیر حرف‌شنوی دارد.
- پرستوی تنبل فرا رسیدن بهار گذشته را بشارت می‌دهد.
- پرنده اشک‌ریزان در کارگاه نجاری به دنبال آشیانه‌اش می‌گردد.
- قفسی که فکر پرنده در آن نتواند پرواز کند هنوز ساخته نشده است.
- بلبلی که تارهای صوتی‌اش را از دست داده بود، انگشت پایش را داخل دهانش کرده بود و سوت بلبلی می‌زد.

شاپور هر برگ زرد را پاییز کوچکی می‌داند و گل وجود دختر قالیباف را در گل‌های قالی می‌بیند:

- سایهٔ درخت چون ریشه در خاک ندارد نمی‌تواند سر پا بایستد.
- شگفتا از درختی پایین می‌آیم که هر گز از آن بالا نرفته‌ام.
- چهار فصل به طور نامرئی از درخت بالا می‌روند.
- گل سپاس بر مزار باغبان می‌روید.
- عاشق نجاری هستم که با میز و صندلی چوبی درخت بسازد.
- با چوب درختی که برف کمرش را شکسته بود پارو ساختم.
- پاییز پشت چراغ قرمز گل سرخ، انتظار گذشتن بهار را می‌کشد.

شاپور در سراب آبتنی می‌کند و از آن ماهی می‌گیرد:

- ماهی‌گیر از سراب اسکلت ماهی می‌گیرد.
- سراب، کاریکاتور آب است.
- تشنه‌تر از آن هستم که کلاهم را به احترام سراب بلند نکنم.

شاپور در کاریکلماتورهایش با طبیعتی انسانی به سراغ همه چیز مخصوصا طبیعت می‌رود. واقعیت این است که او دنیایی متفاوت و مخصوص به خود دارد. او واقعیت‌ها را جور دیگری می‌بیند. کلمه‌ها را چنان در کنار هم می‌گذارد که می‌توان دربارهٔ بعضی از کاریکلماتورهایش ساعت‌ها صحبت کرد. طبیعت و عناصر آن اصلی‌ترین موضوعاتی هستند که شاپور به آنها پرداخته است.

– آدم گرسنه در سراب ساندویچ می‌بیند.

پشه‌ها برای شاپور احترام خاصی قائلند زیرا هیچ‌گاه نمی‌گذارد ناامید شوند:

– برای آنکه پشه‌ها کاملا ناامید نشوند دستم را از پشه‌بند بیرون می‌گذارم.

– دلیل اینکه پشه اعضای داخلی آدم را نیش نمی‌زند این است که می‌داند آدم نمی‌تواند اعضای داخلی‌اش را بخاراند.

– از سوراخ سقف پشه‌بندم پشه چکه می‌کند.

در عاشقانه‌های شاپور قلبم یک در میان برای خودم می‌زند:

– قلبم را با قلبت میزان می‌کنم.

– شب بی‌ستاره را در گیسوان سیاهت به صبح رساندم.

– با ضربان قلبم گل‌های پیراهنت را شماره می‌کنم.

– وقتی نیستی نگاهم دست خالی به چشمم باز می‌گردد.

– باغبان گل‌های پیراهنت هستم.

– روی ماهت نقطهٔ تلاقی نگاه‌هاست.

– قد سروگونه‌ات نگاهم را سر به هوا می‌کند.

– صدای پایت را به شنیدن صدای پایم دعوت می‌کنم.

شاپور مرگ را به عنوان یکی از بدیهیات زندگی باعث امیدواری می‌داند و شانس مردن را برای همه انسان‌ها در طول عمرشان می‌بیند و با نگاهی فانتزی به سراغ زندگی پس از مرگ می‌رود. با خودکشی، عزرائیل، تشییع جنازه، وصیت، سنگ قبر، قبرستان و... سراغ شوخی با موضوعی می‌رود که انسان‌ها ترجیح می‌دهند کمتر به آن فکر کنند. خودکشی را امری ناپسند می‌داند؛ جایی از سر بی‌حوصلگی به خودکشی فکر نمی‌کند و جایی هم چون «خداوند کسی را که با خودکشی جان به جان‌آفرین تسلیم می‌کند دوست ندارد.» و در جای دیگری به این سبب که به اندازهٔ کافی به مرگ امیدوار است. او معتقد است «برای مردن یک عمر باید صبر کرد.» آرزوهای انسان را بی‌پایان می‌داند و می‌گوید: «مرگ فرصت نداد بقیه آرزوهایم بر باد رود.» شاپور به سراغ هر موضوعی می‌رود چه در ارتباط با آن موضوع بنویسد چه حرف بزند، تفاوت در نگاه اوست؛ وارونه دیدن و دیدن وارونگی‌ها در عین کوتاهی، باعث تمایز نوشته‌ها و گفته‌هایش می‌شود. با شاپور به قبرستان می‌رویم و شوخی‌هایش را می‌خوانیم:

– وصیت کرده‌ام سنگ قبرم را پشت و رو بگذارند تا بتوانم با مطالعهٔ نوشته‌های آن اوقات فراغتم را پر کنم.

– سنگ قبری را دیدم که رویش نوشته شده بود: با مقدمهٔ استاد سعید نفیسی.

– کنار سنگ قبر بزرگی سنگ قبر کوچکی دیدم. بعدا معلوم شد که سنگ قبر کوچک، غلطنامهٔ

سنگ قبر بزرگ است.

– گدایی مرده بود و روی سنگ قبرش سوراخی به اندازهٔ یک سکه ایجاد کرده بود که رهگذران به او کمک کنند.

– عده‌ای را در گورستان دیدم که روی سنگ قبری با قلم و چکش کار می‌کردند. پرسیدم شما چه کاره‌اید و اینجا چه کار می‌کنید و آنها جواب دادند که ماموران ثبت احوال هســـتیم. این مرحوم در زمان حیاتش تقاضای تغییر نام کرده بود، حالا با تقاضای او موافقت شده است.

در ادامه به کاریکلماتورهای دیگری از شاپور در ارتباط با این موضوع اشاره می‌شود:

– مرگ مرا به همه چیز امیدوار کرده است.

– مرگم را از چشم تولدم می‌بینم.

– بر مزار موجودی که به مرگ غیر طبیعی مرده بود، دسته گل کاغذی نهادم.

– خدا سایهٔ مرگ را از زندگی‌ام کم نکند.

– مرگ در قبر پایکوبی می‌کرد.

– انسان در طول زندگی‌اش شانس مردن دارد.

– چون حوصله خودکشی ندارم، زندگی می‌کنم.

– برای مردن باید یک عمر صبر کرد.

– به مرگ بیشتر از زندگی مدیونم.

– روی پل صراط پوست موز می‌اندازم.

– تا از عزراییل دستمزد نگیرم خودکشی نمی‌کنم.

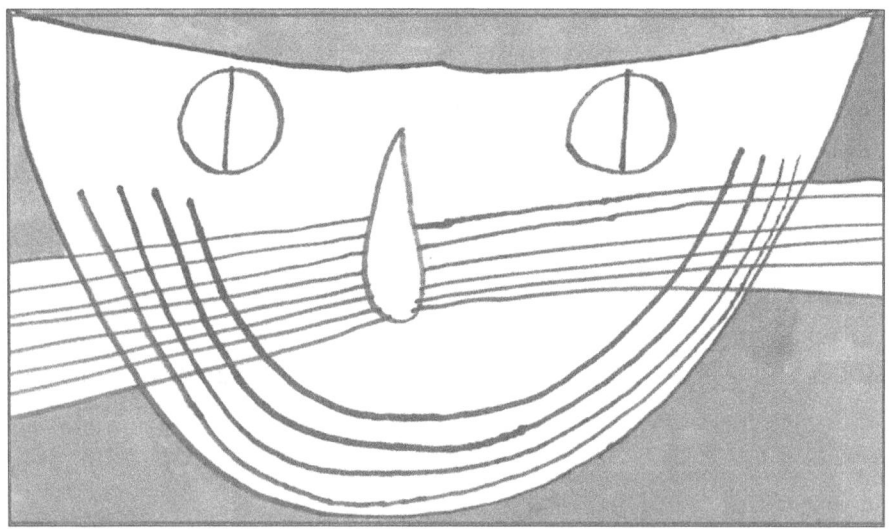

– حاضرم مرگم را بین دوستانم سرشکن کنم.
– روحم هنگام صعود به آسمان جیب جسمم را زد.
– سنگ قبرم به چاپ دهم رسیده است.
– با هفت‌تیر، متصدی آسانسور را مجبور کردم به آسمان هفتم برود.
– به اندازه‌ای به مرگ امیدوارم که هرگز دست به خودکشی نمی‌زنم.
– مرگ فرصت نداد بقیهٔ آرزوهایم بر باد رود.
– برای آنکه روز حشر برخیزم ساعت شماطه‌دار در آرامگاهم می‌گذارم.

حسد، روزنهٔ امید، زنبور، آیینه، خورشید، عنکبوت، زمان، کلاه، آتش و ... موضوعات متعدد دیگری هستند که شاپور در نوشته‌هایش به آنها پرداخته است که در این مجال فرصت پرداختن به همهٔ آنها فراهم نیست.

اشعار پرویز شاپور

کاریکلماتورها گاهی شاعرانه می‌شوند و گاهی به روایتی داستانی نزدیک می‌شوند. عمران صلاحی می‌گوید: «شاپور طنزپردازی شعرآفرین و شاعری طنزاندیش است.» یداله رویایی به کاریکلماتور توجه فراوانی داشته و حتی تحت تاثیر آن بود. وقتی می‌گوید: «از درخت بالا می‌افتم.» نگاه شاپور را دارد: «درخت از گربه پایین می‌آید.» منوچهر آتشی در مقدمه‌ای که بر کتابی نوشته، از تاثیر شاپور بر اشعار فروغ چنین سخن گفته است: «در شعر امروز، کاریکلماتورهای پرویز شاپور از یک دیدگاه و شعرهای احمدرضا احمدی از دیدگاه دیگر، فلسفی‌ترین کنش مدرنیستی را عرضه کرده‌اند. شعر احمدی مثل کاریکلماتورهای شاپور اعتراض به زبان سیاست‌زده و رو به افول شعر آن روزگار بود. این هم از شگفتی‌های روزگار است که پرویز شاپور پیش از همسر جدا شده‌اش – فروغ فرخزاد – به شعر اعتراض (همین کاریکلماتورها) رسیده بود. چیزی که بعدها در برخی از شعرهای فروغ تجلی پیدا کرد. حالا اگر مدعیانی هستند که می‌خواهند بگویند نه! بگویند تا پاسخ بشنوند.»

شاپور مرگ را به عنوان یکی از بدیهیات زندگی باعث امیدواری می‌داند و شانس مردن را برای همه انسان‌ها در طول عمرشان می‌بیند و با نگاهی فانتزی به سراغ زندگی پس از مرگ می‌رود. با خودکشی، عزرائیل، تشییع جنازه، وصیت، سنگ قبر، قبرستان و... سراغ شوخی با موضوعی می‌رود که انسان‌ها ترجیح می‌دهند کمتر به آن فکر کنند.

عمران صلاحی می‌گوید: «وقتی داشتیم کاریکلماتورها را برای چاپ در مجموعهٔ هفتم شاپور انتخاب می‌کردیم شاعرانه‌هایش را کنار می‌گذاشتم. بعد که این شاعرانه‌ها را نگاه کردیم دیدیم بعضی‌هایش بی‌آنکه شاپور متوجه شده باشد، وزن پیدا کرده است. بعضی با اندکی تغییر، وزن پیدا می‌کند. بعضی از کارها هم مثل شعر سپید وزن و آهنگ درونی دارند.»

حالا از هر کدام از این موارد نمونه‌هایی می‌آوریم:

الف) کاریکلماتورهایی که خود به خود وزن پیدا کرده‌اند یا با اندکی تغییر، آهنگین شده‌اند.

– آب تشنه/ در سراب/ غرق می‌شود.

– مقصدم/ شنیدن صدای پایت است.

– معنی غرق شدن را/ دریا می‌داند.

– ماه/ خورشید شب است.

– وقتی چشمم را می‌بندم/ شب را کامل‌تر می‌بینم.

– از خودم لبریزم.

– ای کاش/ تصویر خویش را/ اینجا میان آیینه جا می‌گذاشتی.

– دود را تماشا کن/ از سقوط بالا رفت.

– سیب رسیده را/ چه نیازی به چیدن است؟

– یک نقطهٔ تلاقی/ سر در پی خطوط موازی گذاشته است.

– کامل شد/ زیبایی پرنده/ با پرواز.

– پیری/ آیینه را لبریز از جوانی بر باد رفته کرد.

– کاغذی را که سفید است/ به دلخواه خودم می‌خوانم.

– عاقبت/ آب/ خودش را نوشید.

ب)کاریکلماتورهایی که وزن و آهنگ درونی دارند:

– سکوت/ مثل برف/ روی قلهٔ فریاد می‌نشیند.

– پرواز/ در ذهن پرندهٔ محبوس/ تا آسمان هفتم زبانه می‌کشد.

– وقتی نیستی/ در آینه/ سراب تصویرت را می‌بینم.

– گویی ستارگان/ در آینهٔ شکسته/ روزگار می‌گذرانند.

– خروس سحرخیز/ هنگام طلوع/ بال‌زنان/ تاریکی را از خود می‌تکاند.

– تصویرم/ در آینه/ لبخندزنان/ غرق تماشایم شده است.

– آنچنان با تو یکی شـــده‌ام/ که وقتی گام بر می‌داری/ صدای پای خودم را می‌شنوم.

– چراغی در دوردست/ روشنایی را نجوا می‌کند.

– چشمت/ نزدیک‌ترین ستاره است.

از شاعرانه‌های شاپور که بگذریم بعضی از کاریکلماتورها روایتی داستانی دارند:

– وقتی با پیراهن گلدار از درخت عریان پاییزی بالا می‌روم. پرستوی مهاجر فرا رسیدن اختلال حواس را بشارت می‌دهد.

– دربارهٔ موش حرف می‌زدم. تا سر و کله گربهٔ پیدا شد حرف‌هایم پا به فرار گذاشتند.

بیشـــتر ما با شاعران و با شعرهایی بلند آشنا هستیم که تنها به یک

انتخاب نام برای یک مجموعه کاریکلماتور کار دشواری نیست. به قول ابراهیم نبوی کافی است یکی از جملات آن کتاب را برداریم و از آن استفاده کنیم تا مشکل حل شود. عمران صلاحی می‌گوید: «کاریکلماتور کتابی است که می‌توانید آن را از هر کجا که دلتان خواست بخوانید حتی از آخر.

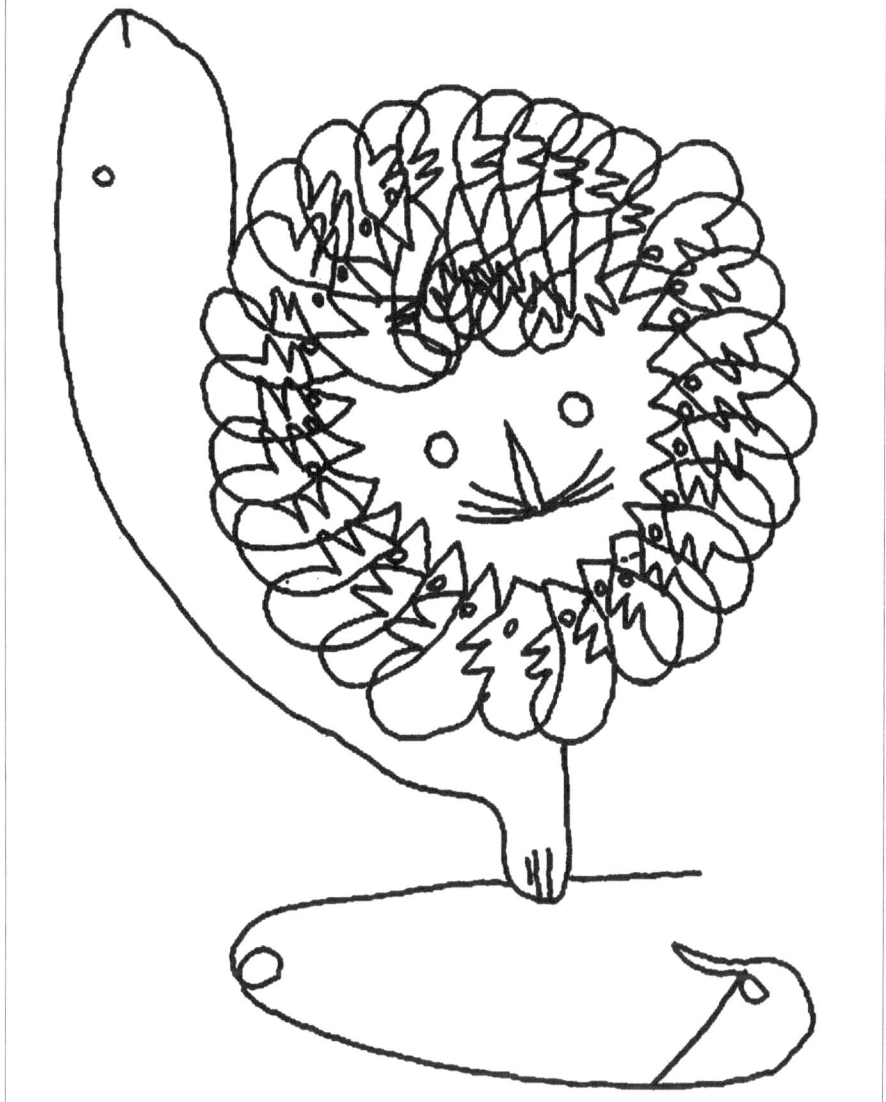

مصرع زنده‌اند و بارها و بارها آن مصرع تکرار می‌شـود. یک شعر کوتاه شاپور گاهی با یک شعر از آنها برابری می‌کند. به قول اردشیر رستمی: «شاپور با یک صفحه، کار یک کتاب از دیگران را انجام داده است. از او هزار صفحه شعر کوتاه به جای مانده است و اگر با استاندارد بالایی بخواهیم آنها را مورد گزینش قرار دهیم، یک چهارم آنها باقی خواهند ماند؛ به عبارتی ده‌ها کتاب شعر.»

ویژگی‌های کاریکلماتور

انتخاب نام برای یک مجموعه کاریکلماتور کار دشـواری نیست. به قول ابراهیم نبوی کافی است یکی از جملات آن کتاب را برداریم و از آن استفاده کنیم تا مشکل حل شود. عمران صلاحی می‌گوید: «کاریکلماتور کتابی اسـت که می‌توانید آن را از هر کجا که دلتان خواسـت بخوانید حتی از آخر. نوعی از شـوخ طبعی اسـت. جملاتی پر محتوا و کوتاه است که گاهی به جمله قصار می‌ماند، گاهی به شعر

شانه می‌زند و شاید بتواند تبدیل به ضرب‌المثل شود. آنچه مسلم است کاریکاتور کلمات است که معمولا نگاهی طنزآمیز، فکاهی و فلسفی به موضوعات مختلف دارد.»

اولین ویژگی ظاهری کاریکلماتور، کوتاهی این نوع ادبی است. برای انسان‌های امروزی که در این سراسیمگی سرعت و کم‌حوصلگی و تنوع محصورند، به قول برنارد شـــاو، «آثار کلاسیک، آثاری هستند که هیچ‌کس دوست ندارد آنها را بخواند ولی همه دوست دارند آنها را خوانده باشـــند.» و به قول ابوالفضل زرویی نصرآباد «نوشتن برای مخاطبان کم‌طاقت و پر مشغله‌ای که از هر چیز نوع فشرده‌اش را می‌پسندند، مثل توضیح نظریهٔ نسبیت برای کسی است که در خیابان با عجله دنبال توالت عمومی می‌گردد.» کیومرث صابری فومنی (گل‌آقا) در مراسم بزرگداشت شاپور گفت: «کوتاه‌نویسی شاپور به خاطر خساست او در استفاده از کلمات است. شاپور کلمات را جواهراتی گرانبها می‌داند که نباید بی‌جهت آنها را در نوشته‌هایش خرج و درج کند.» می‌توان این‌گونه نتیجه گرفت که نویسندهٔ کاریکلماتور باید در خرج کردن واژه‌ها در این مجال کوتاه دقت نظر ویژه‌ای داشته باشد.

دومین ویژگی بارز و مهم کاریکلماتور، تفاوت در نگاه، پختگی بیان، نگاه طنزآمیز و فانتزی در مجالی کوتاه و غافلگیری مخاطب است. شاید بتوان دربارهٔ یک کاریکلماتور خوب مقاله‌ای نوشت. در کاریکلماتور باید دنیا را متفاوت دید و دنیایی متفاوت آفرید. کاریکلماتوریست دور اتفاقات روزمره خط می‌کشد و باید با قواعد کادر کشیدن آشنا باشد. کاریکلماتور مثل اشانتیونی از یک عطر معروف است.

صنایع و آرایه‌های ادبی در کاریکلماتور

به‌طور کلی آرایه‌های ادبی که در کاریکلماتور به کار می‌روند بیشـــتر ساخت معنایی دارند تا ساخت آوایی؛ آرایه‌هایی که از تناسب واژه‌ها و جمله‌ها به‌وجود می‌آیند. در واقع بر اثر ایجاد تناسبات و روابط معنایی خاصی بین کلمات، موسیقی معنوی کلام افزایش می‌یابد. برخی از آرایه‌هایی که در کاریکلماتور به کار می‌روند عبارتند از: انگاره، تشبیه، استعاره، کنایه، انسان‌گونگی، حس‌آمیزی، جمع، تفریق، تجاهل‌العارف، تمثیل، تمثیل عکس، تجسم، تناسب یا مراعات نظیر، تناسب‌گریزی، ایهام، تضاد، پارادوکس، حس‌آمیزی، تلمیح، احاله به محال، ساخت‌زدایی، حسن تعلیل، دلیل عکس و ... .

در نوشتن کاریکلماتور معمولا ترکیبی از این آرایه‌ها به وقوع می‌پیوندد. در ادامه با توضیح بیشتر و ارائهٔ مثال به نمونه‌هایی از این آرایه‌ها می‌پردازیم:

۱- بازی با کلمات، کنایه و ایهام

با دقیق شدن در معانی کلمات می‌توان با ظرافت به گونه‌ای آنها را معماری کرد و کنار هم قرار داد که از معانی گوناگون یک کلمه یا عبارت برای ساختن تصاویری با چند معنی استفاده کرد یا با ایجاد معانی دور و نزدیک زیبایی خاصی آفرید. ایهام مهم‌ترین مبحث بدیع است که تمام سخنوران برجسته به انواع مختلف آن توجه داشته‌اند:

- در خشکسالی آب از آب تکان نمی‌خورد. (پرویز شاپور)
- شیر باغ وحش چکه می‌کرد. (پرویز شاپور)
- آدم دلخور، هیچ‌گاه دل نمی‌دهد قلوه بگیرد. (حسین مقدسی‌نیا)
- کشتی‌گیر حریفش را روی پل برد و او را داخل رودخانه انداخت. (حسین مقدسی‌نیا)
- نیمکت فلزی زیر باران زنگ می‌زد ولی کسی جواب نمی‌داد. (سیده مهتاب فرخنده)
- کارمند و برج‌ساز هر دو به سر برج فکر می‌کنند. (یداله محبی)
- قرص ماه در داروخانه پشت دخل نشسته بود. (مهدی فرج‌الهی)
- نانوا هم جوش شیرین می‌زند، بیچاره فرهاد. (مهدی فرج‌الهی)
- مردم برای دیدن ارتوپد سر و دست می‌شکنند. (علیرضا فرج‌الهی)

البته نباید فراموش کرد که افراط در به کارگیری این صنایع ادبی به این شکل ما را به عباراتی بی معنی و صرفا شکل‌گرا می‌رساند.

۲- تشخیص یا انسان گونگی

انسان‌گونگی عبارت است از اینکه به آنچه انسان نیست، شخصیت انسانی بدهیم. این آرایه در کاریکلماتور بسیار مورد استفاده قرار می‌گیرد.

- پرگاری که اختلال حواس پیدا کرده بود بیضی ترسیم می‌کرد. (پرویز شاپور)
- دود سرگرم بالا رفتن از سقوط است. (پرویز شاپور)
- سلام، متواضع‌ترین واژه‌هاست. (پرویز شاپور)
- غرور سیل اجازه نمی‌دهد از زیر پل بگذرد. (پرویز شاپور)
- شکارچی فرزترین گلوله‌اش را به سمت پرنده شلیک کرد. (حسین گودرزی)
- جادهٔ ناهموار، رانندهٔ عجول را دست می‌اندازد. (مهدی فرج الهی)
- زلزله حرمت بناهای پیر را نگه نمی‌دارد. (مهدی فرج الهی)

۳- احاله به محال

احاله به محال عبارت است از اینکه به وقوع پیوستن امری ممکن را

آرایه‌های ادبی که در کاریکلماتور به کار می‌روند بیشتر ساخت معنایی دارند تا ساخت آوایی؛ آرایه‌هایی که از تناسب واژه‌ها و جمله‌ها به‌وجود می‌آیند. در واقع بر اثر ایجاد تناسبات و روابط معنایی خاصی بین کلمات، موسیقی معنوی کلام افزایش می‌یابد. برخی از آرایه‌هایی که در کاریکلماتور به کار می‌روند عبارتند از: انگاره، تشبیه، استعاره، کنایه، انسان گونگی، حس آمیزی، جمع، تفریق، تجاهل العارف، تمثیل، تمثیل عکس، تجسم، تناسب یا مراعات نظیر، تناسب گریزی، ایهام، تضاد، پارادوکس، حس آمیزی، تلمیح، احاله به محال، ساخت‌زدایی، حسن تعلیل، دلیل عکس و ... .

منوط به وقوع امری محال بدانیم.

- خودم را قبل از تولدم نامگذاری کردم. (پرویز شاپور)

- عاشق کسی هستم که تاریخ تولدش را خودش انتخاب کرده باشد. (مهدی فرج الهی)

٤- تمثیل

در تمثیل کلام حاوی ضرب‌المثلی است یا جنبهٔ ضرب‌المثل دارد.

- برای بادکنک میسر نیست یک سوزن به خودش بزند یک جوالدوز به دیگری. (پرویز شاپور)

- تنبان مرد که دو تا شود آش یا شور می‌شود یا بی‌نمک. (مهدی فرج‌الهی)

- کلاغ می‌خواست پرواز هواپیما را یاد بگیرد دچار نقص فنی شد. (حسین مقدسی‌نیا)

٥- حسن تعلیل و دلیل عکس

در استفاده از آرایهٔ حسن تعلیل، گوینده دلیل و علتی را برای گفته‌هایش می‌آورد که داری ظرافت‌ها و لطایف ادبی و هنری باشد. در این روش ممکن است علتی که ذکر می‌شود واقعی و حقیقی باشد اما ربط آن به معلول با ظرافت و لطافت صورت می‌گیرد یا اینکه علتی که برای معلول ذکر می‌شود حقیقت نداشته باشد بلکه علتی ادعایی باشد که معمولا این نوع دوم زیباتر است. در استفاده از آرایهٔ دلیل عکس هم برای مطلبی دلیل و توجیهی آورده می‌شود که کاملا بر خلاف انتظار و مخالف عرف و عادت است.

- برای آنکه پشه‌ها کاملا ناامید نشوند دستم را از پشه‌بند بیرون می‌گذارم. (پرویز شاپور)

- دلیل اینکه پشه اعضای داخلی آدم را نیش نمی‌زند این است که می‌داند آدم نمی‌تواند اعضای داخلی‌اش را بخاراند. (پرویز شاپور)

- عاشق خربزه‌ام زیرا مثل هندوانه تخمه‌هایش را در سلول انفرادی محبوس نمی‌کند. (پرویز شاپور)

- اگر برف می‌دانست کرهٔ خاکی اینقدر کثیف است هنگام فرود آمدن لباس سفید نمی‌پوشید. (پرویز شاپور)

- گربه‌ای که سر در پی حاصل جمع گربه‌ها بگذارد دست خالی باز می‌گردد. (پرویز شاپور)

- گلی که بر قله روییده بود حکایت از کوهنوردی بهار می‌کند. (پرویز شاپور)

- تا ضد یخ در کاسهٔ سرم نریزم به قطب شمال فکر نمی‌کنم. (پرویز شاپور)

- برای اینکه از چشمانت نیفتم خودم را به عینکت بستم. (محمد واحدی)

- گردی زمین تمامی خداحافظی‌ها را به سلام ختم می‌کند. (مهدی فرج الهی)

کیومرث صابری فومنی (گل‌آقا) در مراسم بزرگداشت شاپور گفت: «کوتاه‌نویسی شاپور به خاطر خساست او در استفاده از کلمات است. شاپور کلمات را جواهراتی گران‌بها می‌داند که نباید بی‌جهت آنها را در نوشته‌هایش خرج و درج کند.» می‌توان این گونه نتیجه گرفت که نویسندهٔ کار یکلماتور باید در خرج کردن واژه‌ها در این مجال کوتاه دقت نظر ویژه‌ای داشته باشد.

۶- حس‌آمیزی

ایـــن صنعت ادبی از شـــاخه‌های تضـــاد و از مصادیق هنجارگریزی در زبان است و عبارت است از اینکه دو یا چند محسوس را که هر یک با حس متفاوتی احساس می‌شوند در کنار هم بیاوریم. در این آرایه حس‌های مختلف کنار هم قرار می‌گیرند.

– چراغی در دوردست روشنایی را نجوا می‌کند. (پرویز شاپور)

– گوشم آنچنان سنگین شده است که تا پایم را لگد نکنی صدای پایت را نمی‌شنوم. (پرویز شاپور)

۷- تشبیه و استعاره

همانند کردن دو یا چند امر را به هم تشـــبیه می‌گویند. تشبیه دارای انواع مختلفی است. استعاره نیز تشبیهی است که از دو طرف تشبیه یعنی مشبه یا مشبه‌به، یک طرف حذف شود.

– شنبه در ورودی هفته است. (پرویز شاپور)

– سراب، کاریکاتور آب است. (پرویز شاپور)

– سلام در ورودی گفت‌وگو است. (پرویز شاپور)

– به نگاهم خوش آمدی. (پرویز شاپور)

– ابر پلک مشترک ستارگان است. (پرویز شاپور)

– هر برگ زرد، پاییز کوچکی است. (پرویز شاپور)

– آسمان شب پر ستاره‌ترین تیم دنیا است. (سیده مهتاب فرخنده)

– آدم بدقول اسکناس بدون گوشه است. (مهدی فرج الهی)

۸- تلمیح

اشـــاره به داستان، واقعه یا حادثه‌ای شناخته شده، دینی و تاریخی را تلمیح می‌گویند. تلمیح معمولا دارای ساخت‌های تشبیهی و تناسبی است.

– نانوا هم جوش شیرین می‌زند، بیچاره فرهاد. (مهدی فرج‌الهی)

۹- تضاد و پارادوکس

در تضاد بین دو یا چند واژه تناســـب منفی وجود دارد. یعنی کلمات از نظر معنی، عکس و ضد هم هســـتند. پارادوکس نیز وقتی رخ می‌دهد که تضاد منجر به معنای دور و به ظاهر متناقضی است که به کمک مجاز و استعاره قابل توجیه است.

– دود سرگرم بالا رفتن از سقوط است. (پرویز شاپور)

- عمر کوتاه، مرگ طولانی‌تری را در پی دارد. (پرویز شاپور)
- پرندهٔ کوتاه‌پرواز، نمی‌تواند بلندپـــروازی کند اما پرندهٔ بلندپرواز می‌تواند کوتاه‌پروازی کند. (پرویز شاپور)
- سازمان خصوصی‌سازی، دولتی است. (مهدی دهقانی)

کاریکلماتور بنویسیم

یک کاریکلماتور خوب معمولا:

۱- ما را به وجد می‌آورد.

۲- به فکر وادار می‌کند.

۳- دوست داریم آن را بازگو کنیم و از بر داشته باشیم.

برای کشف ایده‌های جدید به دو صورت می‌توان با کاریکلماتور مواجه شد:

۱- غیر فعال: سر و کلهٔ اتفاق احتمالا گاه‌گاهی در ذهن نویسنده پیدا می‌شود، به صورت تصادفی رخ می‌دهد یا وقتی نویسنده به موضوعی برای نوشتن می‌اندیشد ایده‌ای به ذهنش خطور می‌کند.

۲- فعال: با در نظر گرفتن این مسـئله که موضوع باید ارزش نوشتن داشته باشد، موضوعی برای نوشـــتن انتخاب می‌کنیم. پرویز شـــاپور به یک موضوع پیله می‌کرد و دربارهٔ آن می‌نوشت. باید سر به سـر موضوع گذاشت. در اینجا شیوه‌ای را که خودم از آن استفاده می‌کنم شرح می‌دهم. در این شیوه از نموداری استفاده می‌کنیم که آن را نمودار درخت واژگان می‌نامیم. برای رسم این نمودار موضوع انتخابی را وسط برگه می‌نویسیم و آنگاه عبارات و ضرب‌المثل‌هایی را که به نوعی با موضوع انتخابی در ارتباط هستند با نظم خاصی نوشته و با خطوطی به موضوع اصلی متصل می‌کنیم. این کار را تا زمانـــی که هیچ کلمهٔ جدیدی به ذهنمان خطور نکند ادامه می‌دهیم. حالا کافی‌ست چشممان را در صفحه بچرخانیم و روابط منطقی و غیرمنطقی جدید را کشـــف کنیم. این کار به ما کمک می‌کند زودتر به کشف برسیم. البته کشف روابط خود نیازمند توجه به مسائلی است که در ادامه به آنها اشاره می‌شود:

۱- از راه مطالعه مکتوب، شفاهی و تصویری، دانش و معلومات کافی به دست آوریم. اولین پیشنهاد مطالعهٔ آثار پرویز شاپور و سایر کاریکلماتورنویسان است. در قدم بعدی مطالعهٔ امثال و حکم؛ ضرب‌المثل‌های ملل و جملات قصار می‌تواند اثربخش باشد. البته باید توجه داشت که هر ضرب‌المثل یا جملهٔ قصاری کاریکلماتور نیست و برعکس. به‌طور کلی مطالعهٔ شعر، خوب است اما به صورت مشخص مطالعهٔ اشعار عهد صفوی یا سبک هندی به علاقه‌مندان به نوشتن کاریکلماتور توصیه می‌شود.

اولین پیشنهاد مطالعهٔ آثار پرویز شاپور و سایر کاریکلماتورنویسان است. در قدم بعدی مطالعهٔ امثال و حکم؛ ضرب‌المثل‌های ملل و جملات قصار می‌تواند اثربخش باشد. البته باید توجه داشت که هر ضرب‌المثل یا جملهٔ قصاری کاریکلماتور نیست و برعکس. به‌طور کلی مطالعهٔ شعر، خوب است اما به صورت مشخص مطالعهٔ اشعار عهد صفوی یا سبک هندی به علاقه‌مندان به نوشتن کاریکلماتور توصیه می‌شود.

۲- به خوبی احساس کنیم؛ خوب ببینیم و خوب بشنویم.

۳- بیندیشیم و تحلیل کنیم.

۴- بفهمیم، درک کنیم و کشف کنیم.

۵- آنچه را کشف کرده‌ایم به خوبی بیان کنیم. خیلی وقت‌ها اتفاق می‌افتد که مضمونی زیبا با بیانی غیرحرفه‌ای و فنی تلف می‌شود بنابراین توجه به اصول زیبایی‌شناسی در فرم و محتوا اهمیت ویژه‌ای دارد.

۶- برای اینکه بتوانیم کارهای خوبی بنویسیم نباید دچار خودسانسوری شویم. البته باید توجه داشت که هر چیزی که می‌نویسیم الزاما ارزش مطرح شدن ندارد. طبیعی است وقتی قرار است نوشته‌هایمان را مطرح کنیم باید در ارائهٔ آن وسواسی باشیم اما در هنگام خلق اثر نباید با کاغذ و قلم تعارف کرد. هر آنچه به ذهن می‌رسد باید به رشتهٔ تحریر درآید تا در نهایت با غربال و محکِ کوشش، آثار ارزشمندی ارائه شود.

فهرست منابع

- نگاهی تازه به بدیع، سیروس شمیسا، نشر میترا، ۱۳۷۱.
- آرایه‌های ادبی در زبان فارسی، محمود فضیلت، انتشارات دانشگاه رازی، ۱۳۷۱.
- کاوشی در طنز ایران، سید ابراهیم نبوی، انتشارات جامعه ایران ما، ۱۳۷۸.
- کاریکلماتور ۱، پرویز شاپور، انتشارات نمونه، ۱۳۵۰.
- کاریکلماتور ۲، پرویز شاپور، انتشارات بامداد، ۱۳۵٤.
- کاریکلماتور ۳، با گردباد می‌رقصم، پرویز شاپور، انتشارت مروارید، ۱۳۵٤.
- کاریکلماتور ٤، همه به ملاقات آیینه می‌رویم، پرویز شاپور، انتشارت مروارید، ۱۳۵٦.
- کاریکلماتور ۵، پرویز شاپور، انتشارات پرستش، ۱۳٦٦.
- کاریکلماتور ٦، پرویز شاپور، انتشارات مروارید، ۱۳۷٦.
- کاریکلماتور ۷، به نگاهم خوش آمدی، پرویز شاپور، نشر گل آقا، ۱۳۷۸.
- کاریکلماتور ۸، پایین آمدن درخت از گربه، پرویز شاپور، انتشارات مروارید، ۱۳۸۲.
- نانوا هم جوش شیرین می‌زند بیچاره فرهاد، مهدی فرج‌الهی، انتشارات مروارید، ۱۳۹۰.
- ماهنامه خردنامه همشهری، شماره ٤۰، اسفند ۱۳۸۸، دو هزار شکل گربه، گفت‌وگو با منوچهر احترامی، مهدی فرج‌الهی.

ماهنامه گل آقا، شماره‌های ۱٦۱، ۱۷٤، ۱۸٤-۱۹٦، صفحه کاریکلماتور، مهدی فرج‌الهی.

دو هفته‌نامه تندیس، شماره ۱۵۵، پرجمعیت‌ترین شهر دنیا، اردشیر رستمی.

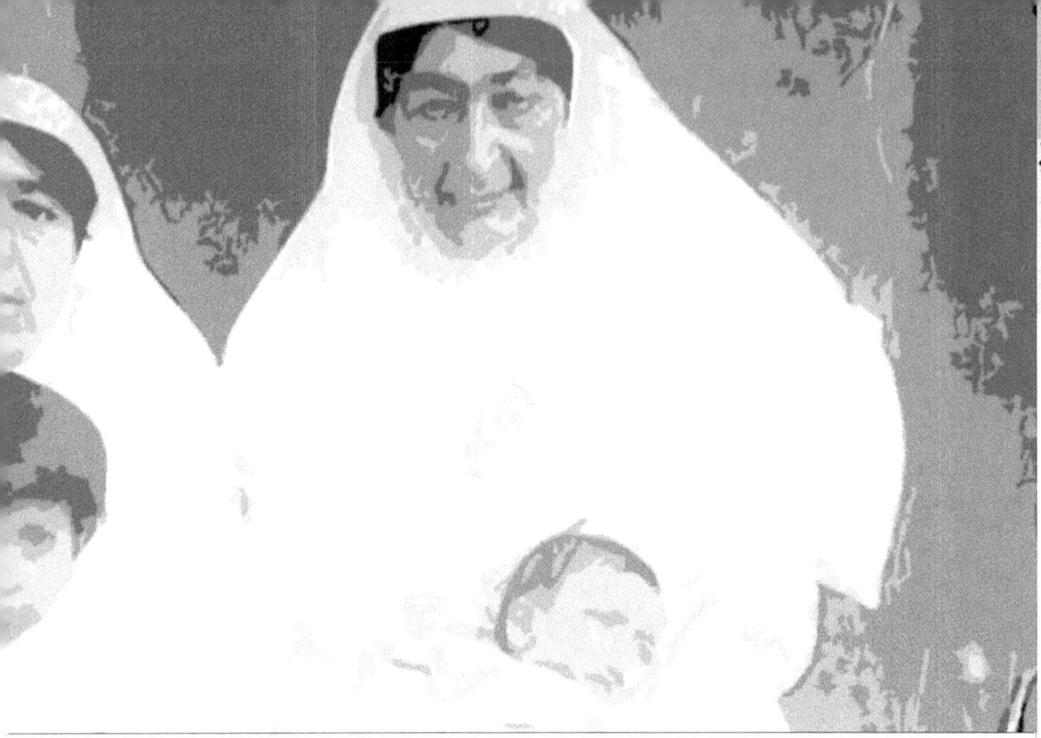

آیات شیطانی

نکاتی درباره‌ٔ آقاجمال خوانساری و کتاب «عقاید النساء» یا «کلثوم ننه»

■ سید مسعود رضوی

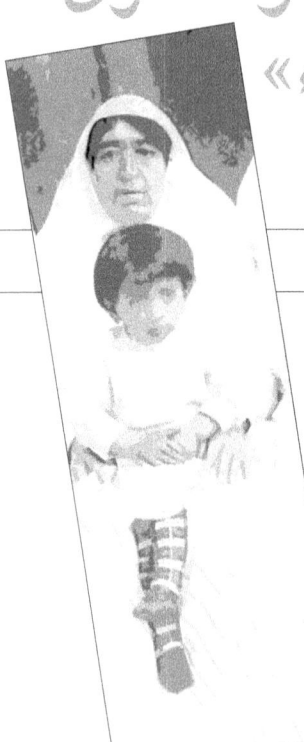

در دوران صفویه، یکی از علمای بزرگ ایران، کتابی کوچک در باب برخی عقاید، احکام و خرافه‌های بانوان عصر خود نوشت که به زبان‌های مختلف ترجمه شد و ماندگار و مشهور به شهرتی جهانی گردید.

اثر وی که «عقایدالنساء» نام داشت به «کلثوم‌ننه» اشتهار یافت و یکی از ارکان مطالعات مردم‌شناسانه، فولکلور و حتی جامعه‌شناسی و فرهنگ‌پژوهی عامّه در آن عصر و روزگاران بعد قلمداد شد.

بسیاری از بزرگان، مؤلفان احوال و تراجم و فرهنگ‌نگاران، این اثر را از آنِ آقاجمال‌الدین محمدبن حسین بن محمد خوانساری مشهور به آقاجمال خوانساری دانسته‌اند که عالمی بسیار بزرگ و درجه اوّل در دورهٔ خود بود. وی محدّث، فلسفه‌دان، متکلم، اصولی و فقیه برجستهٔ مردم محسوب می‌شد و اتفاقا ظرافت طنز و اخلاقِ بذله‌گویی نیز در وی وجود داشت و مورد اقبال و قبول عامهٔ مردم در کنار اکرام و احترام شاه و درباریان صفوی بود.

مرحوم علاّمه علی‌اکبر دهخدا در «لغت‌نامه»، ذیل مدخل «کلثوم‌ننه» شخصا یادداشت کرده است:

«کلثوم‌ننه در کتابی به همین نام، تألیف آقاباقر خوانساری که فکاهی و در نقد خرافات است. کلثوم‌ننه با بی‌بی شاه زینب و دده بزم‌آرا و باجی یاسمن، مَثَل اعلای معتقدان به اوهام و خرافات زنانه‌اند.»[1]

اما البته استاد دهخدا، شاید به دلیل فقد نام مؤلف در نسخهٔ منظوره و در دسترس ایشان، بر اساس اطلاعاتی ضعیف نام مؤلف را «آقاباقر» ثبت کرده و احتمالا مرحوم علامه دهخدا نام صاحب «روضات الجنّات» را به دلیل اشتهار، به خطا در ذهن داشته و نقل کرده است. خلف دانشور ایشان، استاد دکتر محمد معین، رصد بهتری از مشخصات و مؤلف کتاب فرموده و در «فرهنگ معین» نوشته‌اند:

«کلثوم‌ننه کتابی است به فارسی، در هزل، و موضوع آن مقابله اختلافات فقهاست. نیز از رسوم و آداب اوباش و زنان بحث می‌کند. مؤلف فرض کرده است که این مراسم و آداب وحی شیطان است. بعید نیست این کتاب هزلی که تألیف آن را به آقاحسین خوانساری نسبت می‌دهند، از لطایف طبع پسرش

آقاجمال‌الدین باشد. آقاحسین از دانشمندان علوم دینی و ادبی بود و از جمله شاگردانش میرداماد است.»[۲]

بهتر از تعاریف استادان فقید، صاحب‌الذریعه در این باب مطلبی نوشته که بسیار دقیق و جالب است: «کلثوم‌ننه، یکی از چهار فقیه خیالی است که به خاطر جلالت و بزرگی او، کتاب به نامش نامگذاری شده اســت. کتابی شریف و رمانی انتقادی، لطیف و خنده‌آور می‌باشد. در این کتاب، پایهٔ مذاهب چهارگانه و بی‌پایگی پاره‌ای از نظریه‌های متداول بین مردم تشریح شده است و بسیاری از بدعت‌هایی را که نابجا به دین نســبت داده می‌شود بیان داشته است. این کتاب از آن آقاجمال‌الدین فرزند آقاحسین خوانساری (درگذشته ۱۱۲۵هـ. ق) است و چاپ شده است.»[۳]

مرحوم آقابزرگ، در ذیل عنوان «عقاید النساء» از دو کتاب به همین نام یاد می‌کند و توضیح ویژه‌ای ارائه نمی‌دهد. یکی از این دو را از آثار میرزا اشرف و دیگری را از آثار آقاحسین خوانساری می‌داند و وعده طرح آن را در ذیل عنوان کلثوم‌ننه می‌دهد. پیداست که انتساب آن به آقاحسین خوانساری در آنچه که بعدا دربارهٔ «کلثوم‌ننه» آورده، ناهماهنگ است. در آغاز چاپ سنگی آن که به خط نستعلیق است و در سال ۱۲۶۳قمری پس از ۱۳۸ سال از درگذشت مؤلف چاپ شده، کتاب به طور قطع به آقاجمال نسبت داده شده است و با این عبارت آغاز می‌شود: «کتاب کلثوم‌ننه مِن تألیفات آقا جمال خوانساری رحمه‌الله....»[۴]

بنابراین در مورد کلثوم‌ننه یا عقایدالنســاء برداشــت‌های مختلف و متعددی وجود دارد. با دقت در نقل عبارت دکتر معین هم می‌بینیم ایشان مشخص نفرموده‌اند که در کجا از عقاید «اوباش» صحبت به میان آمده، نیز در مورد این نکته که «مؤلف فرض کرده اســت که این مراســم و آداب وحی شیطان اســت.» احتمالا دکتر معین به نوشتهٔ میرزا محمدباقر خوانساری صاحب «روضات الجنّات» نظر داشته که در آنجا نوشته است:«و ممّا قدینسب الیه ام الی ولده الآقاجمال‌الدین کتاب الهزل الفارسی، المعروف بـــ «کلثوم‌ننه» المکتوب علی حذو خلافیات الفقهاء فی جمله من مراسم الاجامره النسوان علی حسب ما فرض استنباطه لأربع من قدماء علما لهن من تراجمه وحی الشــیطان و لم یبعد ذلک ایضاً و خصوصاً من لطائف طبع ولده المشهور هذا؛ یعنی: از چیزهایی که به آقاحسین خوانساری یا به پسرش آقاجمال نسبت داده می‌شــود، کتاب هزل معروف به کلثوم‌ننه است که به شــیوهٔ اختلافات فقیهان دربارهٔ مراسم اوباش و زنان بر پایهٔ اســتنباط چهار تن از زنان کهنسال از وحی شیطانی نوشته شــده است و این انتساب بعید نیست، به خصوص از لطیف‌طبعی مشهور فرزندش آقاجمال....»[۵]

اما همان‌طور که سلطانی گفته است:«... موضوع

کتاب، اختلافات فقهاء نیســـت، بلکه روش بحث به شیوه متداول بین فقیهان است که معمولاً در هر موضوعی آرای گوناگون را گاه با نقد آراء و زمانی بدون نقد آن می‌آورند. از ســوی دیگر مؤلف، محتوای کتاب را در همه موارد آداب و مراســم وحی شده از شیطان فرض نکرده؛ حتی در بعضی از چاپ‌ها نامی از شیطان برده نشده است بلکه مجموعه‌ای از آرای خرافی موجود بین زنان است. همچنین جای‌دادن کتاب در حوزه هزلیّات شاید چندان مناسب نباشد. مؤلف در مقام هزل‌گویی نبوده است بلکه گزارشی از باورهای موجود بین مردم زمانهٔ خود را تقریر کرده است؛ گرچه محتوای آن امروزه برای بســیاری از خوانندگان و افرادی تیزبین همچون آقاجمال خوانساری در عصر خود هزل بنماید. به هر روی، کتاب بازگوکنندهٔ عقاید و باورهای موجود جامعه آن روز است و با هزل که به قصد مطایبه و تفرج خاطر نگاشته می‌شود بسیار متفاوت است....»[۶]

بـــه هر حال، متن کلثوم‌ننه در دوران معاصر بیش از پیـــش اهمیت یافت و مورد توجه قرار گرفت. دانشوران بسیاری اهمیت کتاب را دریافتند و به معرفی، تحلیل و تصحیح و حتی ترجمهٔ آن به زبان‌های دیگر اهتمام ورزیدند. اساسا در دورهٔ جدید بود که جنبهٔ عمیق و قابل مطالعه و اسنادی این نوع متون برای مطالعات مردم‌شناسانه و فرهنگ‌پژوهانه فهمیده شد و دست از تخفیف و تحقیر این نوع متون مهم، به نام هزل و مسخرگی کشیدند. شاید پیشگام این دیدگاه، استاد و ادیب فقید مهاجر و تبعیدی ایران، میرزاحبیب اصفهانی بود که اشـــارتی به این متن داشته و خود با ترجمه، بلکه تألیف مجدد و بازآفرینی متونی نظیر «حاجی بابای اصفهانی» و «ژیل بلاس» وضع عقاید و اوهام و اخلاقیات عوام و خواص را در قالب رمان طنزگونه مورد نقد و ریشخند قرار داد و زمینهٔ کاوش را در این عرصه فراهم آورد. او در ضمن، از نخستین گردآورندگان مصطلحات عامـــه، ضرب‌المثل‌ها و متل‌ها و امثالهم بود و فرهنگی از این نوع فراهم آورد.

جای‌دادن کتاب کلثوم ننه در حوزه هزلیّات شاید چندان مناسب نباشد. مؤلف در مقام هزل‌گویی نبوده است بلکه گزارشی از باورهای موجود بین مردم زمانهٔ خود را تقریر کرده است؛ گرچه محتوای آن امروزه برای بسیاری از خوانندگان و افرادی تیزبین همچون آقاجمال خوانساری در عصر خود هزل بنماید.

میرزاحبیب تلخیصی از کارهـــای عبید زاکانی و تصحیح ممتازی از دیوان ملابسحاق معروف به شیخ اطعمه را که دیوان شعری در باب غذا و آداب بلع و شرب هم‌میهنان ما و فرهنگنامه‌ای در این باب است، به طبع رساند.

پس از مرحوم میرزاحبیب، دو نویسندهٔ بزرگ، یکی محمدعلی جمالزاده و دیگری صادق هدایت، این نوع زبان و عقاید و خرافات را به مثابهٔ مادهٔ خام برای داستان‌ها و شـــخصیت‌پردازی در رمان و داستان کوتاه به کار گرفتند و توانستند روح جهان ایرانی را در آثارشان بازتاب دهند. جمالزاده کتاب خاصی به نام «خلقیات ما ایرانیان» نوشت و مستقیما به نقد برخی

ناهنجاری‌های پنـــداری و رفتاری ایرانیان پرداخت و البته طعن و لعن بســیاری نیز تحمل کرد.[۷] اما صادق هدایــت از این هم فراتر رفت و به‌تدریج چنان صاحب‌نظر شــد که مهم‌ترین مقالات و افاضات را در باب فرهنگ عامّه در نیمهٔ نخســت قرن هجری شمسی جاری تحریر کــرد. این آثار چنان معروف‌اند کــه از ذکر نام همهٔ آنها درمی‌گذریم و به «یادداشت‌های پراکنده» هدایت، «نیرنگستان» و «توپ مرواری» بسنده می‌کنیم. پس از هدایت، علامه دهخدا در «امثال و حکم» دست به کاری ســترگ و بزرگ زد اما کسان دیگری هم بودند نظیر مرحوم ابوالقاســم انجوی شــیرازی که با تحقیق و تدقیق در فرهنگ عامه و معتقدات عوام، در درک ژرفای این انگاره‌ها سعی وافر داشته، مدارک و منابع تازه‌ای برای بازماندگان برجای نهادند.

آخرین تلاش بزرگ در این عرصه، «کتاب کوچه» اثر ناتمام احمد شاملو شاعر و مترجم و فرهنگ‌نگار فقید معاصر است که ارزش زبانشناسیک آن البته بارزتر است. ثبت این نوع عبارات و مصطلحات، به لحاظ ماهیت شــفاهی آنها کاری سخت و بزرگ است اما متأسفانه جز مواردی معدود، طبقه‌بندی و تجزیه و تحلیل آنها چنان که باید صورت نگرفت.

به هر حال «کلثوم‌ننه» به لحاظ حصر موضوعی و جنسیتی خود در میان آثار متقدم، منحصر و مفرد باقی ماند و شاید وسعت مصطلحات زنانه و عقاید و تعبیرات لفظی و معنوی ایشان تنها در رمان مفصل علی‌محمد افغانی به نام «شوهرآهوخانم» تا حدی مستثنا باشد.

این اثر پس از چند داستان کوتاه براساس دیالوگ‌ها و عقاید نسوان در آثار هدایت، وسیع‌ترین مأخذ روزگار ما در این زمینه است.

نباید فراموش کرد که بیشتر این عادات و خرافات منسوخ شده و از بین رفته است و چیزی که قابل توجه است، حتی پیرزن‌ها هم آن را با نظر تمسخر تلقی می‌کنند. خرافات هم مانند همه گونه عقاید و افکار، زندگیِ بخصوصی دارد؛ گاهی به وجود می‌آید و جانشین خرافات دیگر می‌شود، زمانی هم از بین می‌رود.

در میان محققان و ادیبان فوق‌الذکر، صادق هدایت، درکی وثیق و دقیق از اهمیت کتاب «کلثوم‌ننه» داشته و در این باب در مقدمهٔ «نیرنگستان» می‌نویسد: «تنها کتابی که می‌شود گفت راجع به آداب و رسوم عوام نوشته شده، همان کتاب معروف کلثوم‌ننه تألیف آقاجمال خوانساری است که به زبان‌های خارجه هم ترجمه شده و فارسی آن در دسترس همه می‌باشد؛ اگــر چه بعضی از مطالب آن اغراق‌آمیز به نظر می‌آید؛ زیرا نباید فراموش کرد که بیشــتر این عادات و خرافات منســوخ شده و از بین رفته است و چیزی که قابل توجه اســت، حتی پیرزن‌ها هم آن را با نظر تمسخر تلقی می‌کنند. خرافات هــم مانند همه گونه عقاید و افکار، زندگیِ بخصوصی دارد؛ گاهی به وجود می‌آید و جانشــین خرافات دیگر می‌شود، زمانی هم از بین می‌رود. ترقی علوم، افکار و زمان به این کار خیلی کمک می‌نماید.

بســا اتفاق می‌افتد که یک دسته از آنها را از بین می‌برد، در صورتی که یک دســته دیگر و خیلی ســخت‌تر جای آنها می‌آورد. البتــه اگر آنها را به حال خود بگذارند جنبه اولوهیت خود را تا دیر زمانی نگه می‌دارد، چــون مردم عوام آنها را مانند مکاشــفات و وحی الهی دانســته بــه یکدیگر انتقال می‌دهند... امروزه در همه ممالک متمدن، دســته‌ای از دانشمندان، خرافاتِ همه مللِ دنیا را از ممالک متمــدن گرفته تا قبایل وحشیِ افریقا و استرالیا جمع‌آوری کرده‌اند که صدها کتاب تشــکیل می‌دهد چنانکه پس از مقایسه و تطبیق آنها با یکدیگر، یک رشته علمی تازه‌ای به وجود آمده که دانش عوام یا «فولکلور– Folklore» می‌نامند و در اغلب علوم، مخصوصاً روان‌شناسی و تجزیه روح ـ Psychanalyse ـ و تاریخ تمدن و تاریخ مذاهب و غیره خیلی طرف توجه علما می‌باشد. ولی جای تعجب است که تاکنون آداب، رســوم و اعتقادات عوام ایران جداگانه جمع‌آوری نشده بود، به استثنای مختصری در کلثوم‌ننه و آنچه در کتاب‌ها دیده می‌شود که عبارت از بعضی خرافات است که مسافران اروپایی – دروغ یا راست– در کتاب‌های خودشان ضبط کرده‌اند.»[۸]

این نقل قول مفصل را از هدایت بدان جهت آوردیم تا اهمیت دیدگاه او دانســته شود زیرا دیگران اهمیــت کتاب، موضوع و محتوایــش را این‌گونه درنیافته، آن را اثری هزل‌گونه یا تفننی نســبتا مفید تلقی کرده‌اند. فقط صادق هدایت و برخی مترجمان و محققان فرنگی از زاویه مردم‌شناســانه، فولکلور، روانشناسی اقوام و فرهنگ‌پژوهی عامه بدان توجه کرده‌اند. در میان پژوهشگران سنتی، تنها زنده‌یاد علامه جلال‌الدین همایی اهمیتی انتقادی ـ و نه علمی ـ برای این اثر قائل شده و می‌نویسد:«از جمله مؤلفانی که بالنسبه مشتمل بر روح انتقادی است، کتاب موش و گربه عبید زاکانی و کلثوم‌ننه آقاجمال خوانساری را باید شــناخت. اولی زهد ریایی و صیدعوام و دومی حرف‌های زنانه و مسلک نسوان را در حقیقت نقد کرده است.»[۹]

نسخه‌های خطی و چاپی کتاب و ترجمه‌ها

۱ـ نسخه‌های خطی: از کلثوم‌ننه نسخه‌های خطی متعددی وجود دارد اما به دلیل آنکه چندان از سوی کاتبان و نسّاخان جدی گرفته نمی‌شده، تفاوت‌ها و کاستی و فزوده‌هایی در برخی نسخه‌ها دیده می‌شود. در اینجا به چند مورد اشاره می‌کنیم:

ـ نسخهٔ کتابخانهٔ مرکزی دانشگاه تهران (فهرست خطی ۲۸/۰۴/۱۲ ـ ۲۸۰۵).

ـ نسخهٔ کتابخانهٔ ملّی ایران، در حاشیهٔ شرح لمعه (ش ک م ۳۹۲۳ ع).

ـ نسخهٔ کتابخانهٔ سپهسالار (فهرست خطی ۴۴۲/۵).

ـ نسخهٔ کتابخانهٔ گنج دانش پاکستان (فهرست خطی ۹۵۷/۲، ۹۵۸).

ـ نسخهٔ خیرپور، گواجر انواله و خواجه محمدمرتضی (فهرست مشترک ۲۴/۰۹/۴).

۲ـ نسخه‌های چاپی: دقیقا معلوم نیست چندبار این اثر به چاپ رسیده اما به صورت چاپ سنگی و حروفی و حتی فانتزی مدرن می‌توان این چند مورد را معرفی کرد:

ـ چاپ سنگی، ۱۲۶۳.

ـ چاپ سنگی، ۱۳۵۲ ق، اصفهان.

ـ چاپ سنگی، ۱۳۱۰، ایران.

ـ چاپ سنگی، بی‌تاریخ، مشهد به خط محمدحسین رضوان با نقاشی‌های قهوه‌خانه‌ای.

ـ چاپ سنگی در قطع خشتی، بی‌تاریخ.

ـ چاپ سنگی ۱۲۹۵ ق، تهران، همراه با کتاب دزد و قاضی و دیوان طغان.

ـ چاپ حروفی به تصحیح محمود کتیرایی، ۱۳۴۹، تهران.

ـ چاپ حروفی به کوشش و ویرایش بهرام چوبینه، ۱۹۹۹ م، کلن، آلمان.

ـ چاپ حروفی همراه با طرح‌های بیژن اسدی‌پور، ۱۳۵۶، تهران.

۳ـ ترجمه‌ها: دربارهٔ کلثوم‌ننه و بخش‌های مختلف آن به زبان‌های دیگر مطالب و ترجمه‌های متعددی هست ولی ترجمه‌های مهم کامل از این قرارند:

ـ ترجمهٔ J.Atkinson به انگلیسی، لندن ۱۸۳۲ و نیویورک ۱۹۷۱.

ـ ترجمهٔ J.Thonnelier به فرانسه، پاریس ۱۸۸۱.

ـ ترجمهٔ زینب پاشا به ترکی، تبریز.

زندگی و مقام علمی و ادبی آقاحسین خوانساری

مؤلف کتاب کلثوم‌ننه را برخی آقاحسیــن و برخی آقاجمال خوانساری دانسته‌اند. برخی نیز به غلط آقاباقر و دیگران را ذکر کرده‌اند. آقاحسین و آقاجمال هر دو از اجلّه علما و فقهای عصر صفوی بوده‌اند. در باب آقاحسین می‌دانیم که وی متوفی به سال ۱۰۹۹ هـ ق و فرزند آقامحمد بوده است. فقیه اصولی و

متکلمی برجسته بوده و در دوران حیات و بعد از آن، القابی از قبیل «استاد الحکماء والمتکلمین»، «مربی الفقهاء والمحدثین» و «افضل المتقدّمین و المتأخرین» به وی داده‌اند. او در خوانسار و در خانواده‌ای اهل علم و فضیلت متولد شد و می‌دانیم که خوانسار همواره یک قطب بزرگ فرهنگ و پرورشگاه عالمان و ادیبان در ایران بوده است.[10]

آقاحسین، خواندن و نوشتن را نزد خانواده آموخت و در اوان نوجوانی راهی اصفهان شد تا در مدرسه خواجه ملک که بهترین مدرسهٔ علوم دینیّه و محل تحصیل زبدهٔ طلاب آن روزگار در پایتخت صفویان بود، به علم‌آموزی مشغول شود.[11] وی پس از مدتی، خود مدّرس همان مدرسه شد و برای درک مقام وی باید دانست که ۱۲ سال در محضر درس ملامحمدباقر محقق سبزواری و شیخ‌الاسلام اصفهان حاضر شـــد.[12] سرانجام با خواهر استاد ازدواج کرد و از وی صاحب دو پسر شد. این دو پسر نیز هر دو از علمای بزرگ و نامی عصر خود شدند. یکی جمال‌الدین و دیگری رضی‌الدین خوانساری. آقاحسین، پسرانش را تعلیم داد و شـــاگردان بزرگ دیگری نظیر سیدنعمت‌الله جزایری و عبدالفتاح تنکابنی را نیز تربیت کرد. صاحب «ریاض‌العلما» در مورد شاگردان وی نوشته است: «از فضلا و علمای دوران در علوم عقلی و نقلی و... نزد او تلّمذ کردند که چشم زمان چون ایشان ندیده بود.»[13] آقاحسین ظاهرا سختی‌های زیادی در دورهٔ تحصیل متحمل شده بود اما صبر و ریاضت پیشه کرد. محدث نامی، حاج شیخ عباس قمی در این باره نوشته است: «... در اوایل عمرش هنگامی که در مدرسه بود، یک زمستان بر او گذشت که قادر بر تحصیل آتش نبود، لحاف کهنه‌ای داشت که آن را بر خود می‌پیچید و دور حجره می‌گردید تا به سبب حرکت گرم شود، ولکن بعد از رسیدن به مرتبهٔ کمال و علم، به جایی رسید که شاه سلیمان صفوی، جبّهٔ عالیهٔ سلسله‌دوز به جواهر غالیهٔ خودرا- که چشم روزگار مانند آن را ندیده- برای او فرستاد و از او معذرت خواست که این لایق شأن شما نیست....»[14]

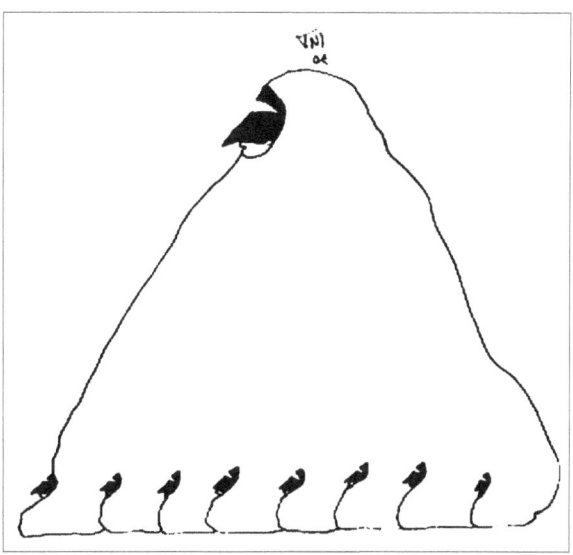

متن کلثوم‌ننه در دوران معاصر بیش از پیش اهمیت یافت و مورد توجه قرار گرفت. دانشوران بسیاری اهمیت کتاب را دریافتند و به معرفی، تحلیل و تصحیح و حتی ترجمهٔ آن به زبان‌های دیگر اهتمام ورزیدند. اساسا در دورهٔ جدید بود که جنبهٔ عمیق و قابل مطالعه و اسنادی این نوع متون برای مطالعات مردم‌شناسانه و فرهنگ‌پژوهانه فهمیده شد و دست از تخفیف و تحقیر این نوع متون مهم، به نام هزل و مسخرگی کشیدند.

آقاحسین خوانساری بی‌شک از عالمان درجه اول عصر خود بود و حافظه‌ای کم‌نظیر داشت. اما مهم‌تر از آن، انسانی آزاده با طبعی مردمی بود که با هر طبقه‌ای از عوام و خواص مراوده داشت. بالاتر از همه، بسیار بذله‌گو و شوخ‌طبع و گشاده‌رو بود. به لحاظ سیاسی نیز طبعا دارای نفوذ فراوان و مورد توجه شاه سلیمان صفوی بود، چنانکه در غیبت شاه، به جای او نیابت سلطنت داشت و فرمان می‌راند. مقبره‌اش در قبرستان معروف تخت فولاد اصفهان است. از آقاحسین، رساله‌ها و آثار متعددی برجای مانده که برخی چاپ شده است. وی طبع شعر داشته و اهل ادب بوده است. برخی شعرهایش با شعرهای خوب آن دوره پهلو می‌زند. از جمله:

ای باد صبا، طرب فـزا مـــی‌آیی
از طرف کدامین کف پـا مـــی‌آیی
از کوی که برخاسته‌ای راست بگو
ای گَرد! به چشمم آشنا مـــی‌آیی[۱۵]

محدث قمی هم این رباعی را از او نقل کرده است:

تا دست به همّت رســـایی نزنی
بر همّت خلق پشت پـــایی نزنی
چون حلقه مباش در جهان دست تهی
تا هر ساعت درِ ســـرایی نزنی[۱۶]

آقاجمال خوانساری و انحطاط عصر صفویان

با این حال، به نظر می‌رسد کتاب کلثوم‌ننه توسط فرزند آقاحسین نوشته شده و اشارهٔ ما به زندگی وی از آن جهت لازم بود که دانســته شــود ظرفیت علمی، طبع بذّال و قوهٔ ادبی، منش و خوی مردمی

آقاجمال فقیهی مردمی و بسیار پر رفت و آمد با توده مردم بود. از آرا و عقاید جاری میان مردم اطلاع داشت و نسبت به وجود خرافه و عادت‌های بی‌پایه در بین مردم آگاه بود. در این معاشرت‌ها خود را در چارچوب تشریفات و تعارفات متداول اسیر نمی‌کرد و با خواص و عوام به ظرافت‌گویی و مزاح می‌پرداخت.

همراه با اصالت و تربیت خانوادگی و وسعت نسب، از جمله علل بروز استعداد آقاجمال بوده و شرایط زمانهٔ او هم اقتضای این امر را داشته و به او جرأت این کار را بخشیده بود. اغلب محققان و مورخان و کاتبان نسخه‌ها، آقاجمال را مؤلف کلثوم‌ننه دانسته‌اند و این قرائن ما را در این باره به قطعیت می‌رساند. افزون بر این «... آقاجمال فقیهی مردمی و بسیار پر رفت و آمد با توده مردم بود. از آرا و عقاید جاری میان مردم اطلاع داشت و نسبت به وجود خرافه و عادت‌های بی‌پایه در بین مردم آگاه بود. در این معاشرت‌ها خود را در چارچوب تشریفات و تعارفات متداول اسیر نمی‌کرد و با خواص و عوام به ظرافت‌گویی و مزاح می‌پرداخت...

دیگر آنکه آقا جمال در روزگاری می‌زیست که خرافه و خرافه‌گرایی گسترش فراوان داشت. پادشاه وقت – همچون پدرش شاه سلیمان – تا روز تاجگذاری در حرمسرا و در بین زنان بود، نه در جمع سیاستمداران و گردانندگان کشور....» [۱۷]

لارنس لکهارت دربارهٔ شاه سلطان حسین می‌نویسد:«... شاه، نه فقط خارج از اعتدال به باده‌گساری پرداخت بلکه زن‌پرستی را نیز پیشه ساخت... همچون پدر نسبت به امور مملکت بی‌اعتنا بود و از سپردن امور به دست خواجه‌سرایان خشنود بود....»[۱۸]

دربارهٔ شاه سلیمان هم به این نقل قول از باستانی پاریزی اکتفا می‌کنیم که:«در چنین اوضاعی، کار به دست خواجه‌سرایان افتاده بود، به قول سانسون: ادارهٔ امور مملکت در دست یکی از خواجگان حرمسراست و این همان خواجهٔ محترمی است که شاهزاده‌ای را که باید جانشین پدر گردد از میان شاهزادگان انتخاب می‌کند... خزانه سلطنتی به یک خواجهٔ حرمسرا سپرده می‌شود... در شورای امور مالی مملکت هیچ امری بدون شرکت خواجه‌ای که مستحفظ خزانهٔ شاه است انجام نمی‌شود.»

با این اوصاف می‌توان تصویری از آن دوران و شرایط خاص آن را در ذهن مجسّم کرد و یکی از اسباب نگارش کتابی به سبک تحریرها و تقریرها و رسائل و مباحث فقهی و شرح احتیاطات و اختلافات و فتاوای آنها، در ذکر خرافات نسوان و نقد ضمنی آن را دانست. دورانی که به قول محمد هاشم آصف به دستور شاه سلطان حسین در هر سالی سه روز قدغن می‌شد حسب الامر والایش که از همه خانه‌های شهر اصفهان مرد بیرون نیاید و نازنینان طنّاز و زنان ماهروی پرناز و دختران گل‌رخسار سروبالای سمنبر و لعبتان سیم‌اندام، بلورین غبغب، کرشمه‌سنج، عشوه‌گر، با کمال آراستگی در بازارها، بر سر دکان‌ها و بساط شوهران بیایند و بنشینند، خصوصا در قیصریه و کاروانسراها و در حجره‌های تجار، زنان و دختران ایشان، با زینت و آرایش بسیار، بنشینند و آن سلطان جمشیدنشان، با پانصد نفر زنان و دختران ماه‌طلعت

و پری‌سیمای خود و چهار هزار و پانصد نفر کنیزک و خدمتکار ماهروی مشکین‌موی، دلربا و صدنفر خواجه سفید و صد نفر خواجه سیاه محرمان حریم پادشاهی به تماشای تفرّج بازارها و کاروانسراها و قیصریه، با تبختر و جاه و جلال تشریف می‌آورند و به قدر دو کرور، بلکه بیشتر، معامله می‌نمودند... هر زنی و دختری را که آن فخر ملوک می‌پسندید و تحسین می‌فرمود، اگر آن زن شوهردار بود و این خبر به شوهرش می‌رسید، آن زن را شوهر، طلاق می‌گفت و پیشکش آن زبده ملوک می‌نمود و آن افتخار تاجداران آن جمیله را به قانون شرع انور تصرف می‌نمود و او را با احسان و انعام باز به طریقه شرع انور مرخص می‌فرمود و باز به قاعده منهاج مستقیم به خانه شوهر خود می‌رفت؛ همچنین اگر دختر جمیله‌ای را به خوبی وصف می‌فرمود، چنین می‌نمودند.»[۲۰]

آقاجمال‌الدین محمد – پسر آقاحسین – متوفای سال ۱۱۲۵ هـ ق نیز مانند پدر از مشاهیر حکما و فقهای عصر خود بود که نزد پدر فاضل و دایی دانشمندش محقق سبزواری تحصیل کرد و به مقامات و کمالات عالیه رسید. او یکی از کسانی بود که از مجلسی دوم – ملا محمد تقی – اجازهٔ روایت گرفت و ریاست علمی اصفهان در حوزه‌ها نیز برعهدهٔ وی بود. کثیرالتألیف بود و نثر فارسی را نیک و عالی می‌نوشت.[۲۱]

کتابی به نام «اصول‌الدین فی الامامه» دارد که به زبان فارسی در عقاید شیعهٔ اثنی‌عشری در یک مقدمه و پنج باب برای شاه سلیمان صفوی نوشته است. ترجمهٔ تفسیری زیبایی نیز به فارسی از قرآن کریم، به نام «تاج التراجم» دارد.[۲۲] او «در زمان خود ریاست حوزهٔ تدریس اصفهان را به عهده داشت و

افرادی چون آقامحمد اکمل اصفهانی و ملارفیع مشهدی از شاگردان وی بودند. در مقام روایی او گفته شده که از ملامحمد تقی مجلسی اجازهٔ نقل حدیث داشته است... عالمی نکته‌سنج بود و طبعی ظریف داشت و بسیار پر کار بود، به گونه‌ای که صاحب روضات الجنّات او را بسیار ستوده است. به نظر می‌رسد نفوذ او در مردم به گونه‌ای بوده که پادشاهان صفوی معاصرش به او ابراز ارادت می‌کرده‌اند و با عطایای خود او را می‌نواخته‌اند. او از کمک به مردم دریغ نمی‌کرد و مورد مراجعه خاص و عام بود... او را در آرامگاه پدرش که به وسیلهٔ شاه سلیمان صفوی در تخته فولاد اصفهان ساخته شده بود، به خاک سپردند.»[۲۳]

میرزا محمد تنکابنی در «قصص العلما» داســتانی از ملاقات ملامحسن فیض با آقاجمال در دورهٔ نوجوانی نقل می‌کند و ذکری از التفــات افراطی وی به علم‌آموزی به میان می‌آورد و در پایان قصه‌ای نقل می‌کند که نشان از تیزهوشی و حاضر جوابی وی دارد:«... و هر سالی چهار هزار تومان پادشاه به آقا می‌داد که آقا قضاوت کند. پس در زمانی یکی از اعیان در خدمت او حاضر شد. پس شخصی مسئله‌ای از او سؤال کرد. آن جناب جواب نگفت و گفت اکنون نمی‌دانم. پس شخصی دیگر آمد و سؤالی کرد، همان جواب را شنید تا چهار نفر که چهار مسئله سؤال کردند و جواب لاادری شنیدند. آن کس که از اعیان دولت بود گفت: شما سالی چهار هزار تومان می‌گیرید که بدانید و در این مجلس هر کس از شما سؤال می‌کند شما می‌فرمایید که نمی‌دانم. آقاجمال فرمود که من آن چهار هزارتومان را برای آن چیزهایی که می‌دانم می‌گیرم و اگر برای آنچه نمی‌دانم بگیرم، خزینه پادشاه وفا به آن نمی‌کند....»[۲۴] محدث قمی نیز از ذوق نثر و خط وی خبر داده است:« ...متولد شد در حجرِ علم و تربیت شد در کنف فضل و خط شریفش را من زیارت کردم بسیار شیرین و جیّد بود و در آخر آن، اسم شریف خود را نوشته بود.»[۲۵]

دربارهٔ مضمون و محتوای عقایدالنساء یا کلثوم‌ننه، قبلا قدری سخن گفته شد. چاپ محمود کتیرایی که تصحیح نسبتا خوبی است در اختیار نگارنده و استنادات ما بدان و چاپ سنگی محمد حسین رضوان و چاپ مدرن‌تر آن همراه با طرح‌های بیژن اسدی‌پور است.[۲۶] اما محتویات کتاب که در مقدمه نوشته است: «بر آینهٔ ضمیر برادران ایمانی پوشیده نماند که این مختصری است در بیان اقوال و افعال و واجبات و مندوبات [یعنی مستحبات] زنان و محرمات و مکروهات و مباهات ایشان و این مشتمل است بر مقدمه و شانزده باب و خاتمه و مسمی به عقایدالنساء. اما مقدمه و اسامی علما و فضلاء و فقهاء و فضیلت آنها: بدان که افضل علمای زنان پنج نفرند: اول بی‌بی شاه زینب، دوم کلثوم‌ننه، سوم خاله جان‌آغا، چهارم باجی یاسمن، پنجم دده بزم‌آرا.»

کتاب آقاجمال از چنان انسجامی برخوردار است که می‌توان آن را با در نظر داشتن حیث زمان و مکان و تفاوت ژانر، از بسیاری جهات از جمله وجه زنانهٔ اثر که البته از همهٔ آنها بهتر و پربارتر است، با آثار ادیب و منتقد فرانسوی مولیر نظیر خسیس و مردم‌گریز مقایسه کرد. ارزش زبانی آن نیز بیانگر نثر فارسی عامهٔ باسوادان دورهٔ صفویه است که در مدارس علمیه تحصیل می‌کردند و معادل منظوم آن را در اشعار مکتب وقوع و سبک هندی می‌بینیم.

این اســامی البته خود محل تأمل‌اند و بد نیست در باب آنها تحقیق بیشتری صورت گیرد زیرا به صور گوناگون در قصص و ادب عامه حضور دارند حتی گاهــی در ضرب‌المثل‌های قدیمی. در یک مورد یعنی عالمه پنجم از فهرست مذکور، «دده بزم‌آرا»، استاد دهخدا نوشته‌اند:«دده بزم‌آرا،

نامی از نام‌های کنیزکان سیاه؛ مثل یکی از زنان صاحب رای در کتاب کلثوم‌ننه، یکی از مفتیه‌های کتاب...» و مولف کلثوم‌ننه در ادامه افزوده است:« و آنچه از اقوال آنها به دست بیاید، نهایت وثوق دارد و محل اعتماد است و به غیر از این پنج نفر، علمای بسیاری نیز هستند که ذکر آنها موجب طول کلام می‌شود. بدان که هر زنی که سنی داشته باشد و پیری و خرافت، او را دریافته باشد، دیگران به افعال او وثوق تمام دارند و هر زنی که خلاف فرموده ایشان کند، آثم و گناهکار باشد.»

به این ترتیب، فصول مختلف کتاب، همچون فصول کتب کلاسیک فقهی آغاز می‌شود. این فصول به نقل از همان مقدمه عبارت است از: «باب اول در بیان غسل و وضو و تیمم، باب دوم در بیان نماز، باب سوم روزه، چهارم نکاح، پنجم احکام زفاف، ششم زایمان و احکام و اعمال و ادعیه و اوراد زائو، هفتم حمام، هشتم در بیان سازها و افعال آنها، نهم معاشرت زنان با شوهران، دهم در بیان مطبوخاتی که به نذر واجب می‌شود، یازدهم تعویذ به جهت چشم‌زخم، دوازدهم در بیان محرم و نامحرم، سیزدهم در بیان استجابت دعا، چهاردهم میهمان، پانزدهم در بیان صیغهٔ خواهرخواندگی، شانزدهم در بیان چیزهایی که بعد از خواهرخواندگی برای یکدیگر می‌فرستند، خاتمه در بیان ادعیه و اذکار متفرقه و آداب کثیرالمنفعه.»[۲۸]

مرحوم آقاجمال خوانساری در این اثر به ظرافت تمام و دقت زیاد، می‌کوشد تصویری از کیفیت روابط، عقاید، افعال و ایدئولوژی خرافی بانوان را در عهد خود ارائه دهد. شاید وی منظوری همچون نظر امروزیان در گردآوری این مطالب نداشته اما بی‌شک وجههٔ انتقادی مدّ نظرش بوده و نهایتا منبعی بسیار گرانبها برای آیندگان به جای نهاده است. اثر وی تنها با آثارعبید زاکانی، دانشور منتقد تیزبین قرن هشتم قابل قیاس و به لحاظ تمرکز موضوعی و انسجام در تمام تاریخ دوره اسلامی بی‌همتاست. در حقیقت، او توانسته است بخش گمشده و پنهانی از فرهنگ عامه و تاریخ

مرحوم آقاجمال خوانساری در این اثر به ظرافت تمام و دقت زیاد، می‌کوشد تصویری از کیفیت روابط، عقاید، افعال و ایدئولوژی خرافی بانوان را در عهد خود ارائه دهد. شاید وی منظوری همچون نظر امروزیان در گردآوری این مطالب نداشته اما بی‌شک وجههٔ انتقادی مدّ نظرش بوده و نهایتا منبعی بسیار گرانبها برای آیندگان به جای نهاده است.

اجتماعی و مناسبات اخلاقی ایرانیان را در اثری شیرین و خواندنی در معرض تجزیه و تحلیل قرار دهد. کتاب آقاجمال از چنان انسجامی برخوردار است که می‌توان آن را با در نظر داشتن حیث زمان و مکان و تفاوت ژانر، از بسیاری جهات از جمله وجه زنانهٔ اثر که البته از همهٔ آنها بهتر و پربارتر است، با آثار ادیب و منتقد فرانسوی مولیر نظیر خسیس و مردم‌گریز مقایسه کرد. ارزش زبانی آن نیز بیانگر نثر فارسی عامهٔ باسوادان دورهٔ صفویه است که در مدارس علمیه تحصیل می‌کردند و معادل منظوم آن را در اشعار مکتب وقوع و سبک هندی می‌بینیم. همچنین زبان شرعی عامه و برخی اشعار عامیانه نیز در کتاب درج شده و به برکت آن، از دستبرد زمان مصون مانده و به ما رسیده است. مثلا در وقت زایمان زنان برای دفع آل، باید چهار طرف اتاق را با شمشیر خط بکشند و بگویند:

خش می‌کشم، خش می‌کشم

خش‌های خش خش می‌کشم

و در همین باب مجددا گوید: «در باب ترکیب آل، علماء به اتفاق معتقدند که او به شکل زنی است ضعیف‌اندام و ضعیف‌صورت و موی سرخ دراز دارد. بینی او از گل است، چنانکه کلثوم‌ننه در وصف او گفته:

آل بشناختن بود مشــــــکل

گیس او سرخ و بینی‌اش از گل

گر ببینی بگیــــــــــر بینی او

تا ز زائو جگـــــــــر ندزدد و دل.»

نمونه‌ای دیگر از کلثوم‌ننه، از بحث‌های باب نهم «در بیان معاشــرت زنان با شوهران خود»: «بدان که زن وقتی از شوهر راضی شود که زن دیگر نگیرد و در شب و روز با او صحبت بدارد و هر چه او را امر کند به زودی انجام دهد و هر وقت از خانه بیرون رود چیزی از برای او خرید کند و بیاورد. و بی‌بی شاه زینب گفته که هر گاه زن از خانه بیرون رود، مرد منع نکند و دده بزم‌آرا گفته است که باید پول به زنان داد به جهت آجیل ایشان و هرگاه مرد ندهد، زن خرده دخلی کند [یعنی از خرج خانه به جیب زدن]، گناهی نکرده است. و اجماعی علماست که عروس باید با مادرشوهر و خواهر شوهر و زن برادر شوهر که جاری یا یاد گویند دشمنی نماید و همچنین آنها اگر در دل با هم دوست باشند، در ظاهر با هم دشمنی بکنند که از جمله واجبات است و بی‌بی شاه زینب گفته که عروس باید هرچه مادرشوهر گوید بر خلاف رفتار نماید... و کلثوم‌ننه گفته که هر گاه مابین آنها نزاع واقع شود باید که اعضای یکدیگر را به دندان بگیرند و در نهایت شدّت و غضب بکنند.....»

نمونهٔ دیگر دربارهٔ محرمان و نامحرمان: «بدان که کسانی که نامحرمند مندیل‌به‌سرند هر چند طفل باشد و کلثوم‌ننه گفته که اگر مندیل‌به‌سر سواره باشد حرمتش بیشتر است و از این بدتر طالب‌العلمانند، هر چند کلاه‌به‌ســر باشند که گریختن از ایشــان واجب است و دده بزم‌آرا گفته که هر طالب علمی که فضلش بیشتر و خدا بهتر شناسد حرمتش بیشتر است. اما آنانی که محرمند؛ نقاره‌چی و سبزی‌فروش و بلبلی‌فروش و لبوفروش و عدس‌فــروش و زردک فروش و یهودی که در خان‌ها کلاه‌کهنه و قباکهنه

می‌گوید و گلوبندفروش و عمله و کلاه‌به‌سر، هر که باشد به غیر طالب علم که گریختن از ایشان واجب است و دده بزم‌آرا و باجی یاسمن را اعتقاد بر این است که [اگر از] یهودی مذکوره در وقت زربفت فروختن گریزند، فعل حرامی کرده خواهند بود و دده بزم‌آرا گفته از آن که بزازی می‌کند بگریزند مکروه اســـت و این قول نزد علما خالی از ضعف نیست و کلثوم‌ننه گفته که از کهنه‌چی نیز نباید گریخت و بعضی از علما کاهوفروش و دلاله و سنگ‌فروش [سنگ پا] را داخل کرده‌اند....»

آقاجمال‌الدین خوانساری با نگارش کتاب «کلثوم‌ننه» یا «عقاید النساء» نام خود را در کنار نویسنده و عالمی کلاسیک و حوزوی به عنوان مردم‌پژوهی برجسته و متوجه و منتقد نسبت به مسائل ظریف فکری و اخلاقی و اعتقادی و اجتماعی به ثبت رساند. از این منظر، اثر او یکی از مهم‌ترین آثار عصر صفوی و فرهنگ عامهٔ ایران است. ■

پی‌نوشت‌ها

۱. لغت‌نامه دهخدا، حرف کاف، مدخل «کلثوم‌ننه.»

۲. فرهنگ معین، جلد ٦، مدخل «کلثوم‌ننه.»

۳. الذریعه الی تصانیف الشیعه، دارالاضواء، بیروت، ۱۹۸۳م، جلد ۱۸، ص ۱۱۲.

٤. گزارشی از عقاید النساء، محمدعلی سلطانی،آینهٔ پژوهش، شمارهٔ ٥٦-٥٥، صص ۲۷ و ۲۸. نویسندهٔ این مقاله بسیار فاضلانه و جامع و دقیق دربارهٔ کتاب پژوهش کرده و خوانندگان برای تکمیل اطلاعات می‌توانند بدان رجوع کنند.

٥. روضات الجنات، میرزامحمدباقر خوانساری، مکتبه اسماعیلیان، قم، چاپ اول، جلد ۲، ص ۳۷۵ و همان، ص ۲۸.

٦. سلطانی، همان.

۷. این کتاب نخستین بار به صورت سلسله مقالاتی در مجلهٔ «مسائل ایران» طی سال‌های ۳-۱۳٤۱ منتشر و بعدا به صورت رساله‌ای مستقل چاپ شد.

۸. نیرنگستان، صادق هدایت، امیرکبیر، چاپ دوم، ۱۳۳٤، تلخیصی از صص ۲۳ - ٢٦.

۹. تاریخ ادبیات ایران، استاد جلال‌الدین همایی، کتابفروشی فروغی، چاپ چهارم، ۱۳٦٦، صص ۳٤ و ۳۵.

۱۰. دربارهٔ منزلت علمای خوانسار و خدمات ایشان می‌توانید به این دو کتاب که به مناسبت برگزاری کنگرهٔ بزرگداشت آقاحسین و آقاجمال خوانساری در سال ۱۳۷۹ منتشر شده رجوع کنید:
۱- فرزانگان خوانسار، نوشته و گردآوری احمدرضا کشوری و ۲- دانشمندان خوانسار به کوشش سیدمحمد علی حسینی یزدی، سید رسول علوی و علی اکبر زمانی نژاد.

۱۱. این مدرسه جنب مسجد شیخ لطف‌الله واقع در میدان شاه بوده است.

۱۲. محقق خوانساری؛ آقاحسین در حکمت بارها با استاد خود محقق سبزواری جدل کرده، از جمله برخی از این جدل‌ها را می‌توان در این دو اثر دید: ۱- الحاشیه علی الشفاء (الالهیات)، آقاحسین خوانساری، تحقیق حامد ناجی اصفهانی و ۲- الرسائل مع رسائل اخر، الآقاحسین الخوانساری، به کوشش رضا استادی. (هر دو از منطبعات کنگرهٔ بزرگداشت آقاجمال و آقاحسین خوانساری، ۱۳۷۹).

۱۳. نقل از دائره المعارف تشیع، نشر شهید سعید محبی، تهران، ۱۳۸۳، جلد ۷، ص ۳۱٦.

۱٤. الفوائد الرضویه فی احوال علماء المذهب الجعفریه، حاج شیخ عباس قمی، تحقیق ناصر باقری بیدهندی، بوستان کتاب، ۱۳۸۵(با عنوان ثانوی: سرگذشت عالمان شیعه)، جلداول، ص ٢٦٦.

۱۵. رباعی به نقل از دائره المعارف تشیع، مقالهٔ آقای حسین خراسانی، همان.

۱٦. الفوائد الرضویه...، همان، ص ۲٦۷.

۱۷. گزارشی از عقایدالنساء، همان، ص ۳۰.

۱۸. انقراض سلسلهٔ صفویه و ایام استیلای افاغنه در ایران، لارنس لکهارت، ترجمه مصطفی قلی عماد، انتشارات مروارید، چاپ سوم، ۱۳٦۸، صص ٤۷ - ٤۸.

۱۹. سیاست و اقتصاد عصر صفوی، استاد محمد ابراهیم باستانی پاریزی، انتشارات صفی علیشاه، چاپ سوم، ۱۳٦۲، ص ۲۷۲.

۲۰. رستم التواریخ، محمدهاشم آصف (رستم الحکما)، به اهتمام: محمد مشیری، شرکت سهامی کتاب‌های جیبی، چاپ سوم ۲۵۳۷، صص ۱۰۷-۱۰۸.

۲۱. برخی آثار حکمی و کلامی و فقهی وی در این اثر آمده است: رسائل (شانزده رساله)، تألیف آقاجمال خوانساری، به کوشش علی اکبر زمانی‌نژاد، ۱۳۷۹.
۲۲. دائره المعارف تشیع، همان، صص ۳۱۵ - ۳۱۶، مقالهٔ علیرضا ذکاوتی قراگزلو، ۱۷ عنوان از آثار او با ذکر دقیق مشخصات در دائره المعارف بزرگ اسلامی، جلد ۱، صص ٤٥٨ - ٤٥٩ آمده و در صدر آن نوشته است: «آقاجمال دارای آثار بسیار و سودمند بوده که برخی از آنها به چاپ رسیده و تقریباً همهٔ آنها در کتابخانه‌های ایران (و بعضا بیرون از ایران) موجود است.»
۲۳. دائره المعارف بزرگ اسلامی، همان، ص ٤٥٨.
۲٤. قصص العلما، مرحوم میرزامحمد تنکابنی، انتشارات علمیه سلامیه، چاپ دوم، ۱۳٦٤، ص ۲٦٦.
۲۵. الفوائد الرضویه، همان، ص ۱٥٤.
۲٦. این چاپ در سال ۱۳۵۵ توسط انتشارات مروارید منتشر شد. اسدی‌پور متولد ۱۳۲۵ در بندر انزلی است. او اقتصاد خوانده و مدیر مجله تحقیقات اقتصادی (نشریهٔ اقتصادی دانشگاه تهران) بود ولی در عرصهٔ کاریکاتور، طنز و ادب و هنر با نشریات متعدد و معتبری همکاری داشت. به قول زنده‌یاد عمران صلاحی «همه نشریات ضاله را می‌شد در کارنامه‌اش دید.» از جمله کیهان سال، نگین، اطلاعات، تماشا و فردوسی. علاوه بر این، کتاب‌هایی غیر از کلثوم‌ننه را هم منتشر کرد: «طنزآوران امروز ایران» (با عمران صلاحی)، ملا نصرالدین و تفریح‌نامه (با پرویز شاپور) و...، برخی سوابق و آثار اسدی‌پور در ابتدای کلثوم‌ننه آمده است. اسدی‌پور در این چاپ از کلثوم‌ننه که بسیار مورد توجه جوان‌ترها و نسل‌های اخیر قرار گرفت اما وثاقتِ اسنادی کمتری داشت، با طرح‌هایی نظیر کاریکاتورهای موج نوی ایران، با ظرافت و قدری اعوجاج بیشتر در خطوط، برای همهٔ فصول و مطالب کلثوم‌ننه طرح کشید و در صفحات مختلف، ذیل یا روبه‌روی مطلب منتشر کرد. رجوع شود به مقدمهٔ کلثوم‌ننه و مقاله: مسئلهٔ زنان و فرهنگ مردانه، مسعود رضوی، روزنامهٔ کارگزاران، ۲٤ اردیبهشت ۱۳۸٦، ص ۱۱.
۲۷- لغت‌نامه دهخدا، ذیل مدخل: دده بزم‌آرا.
۲۸- استاد احمد منزوی دربارهٔ نسخهٔ کتابخانه مرکزی دانشگاه تهران در فهرست خود (به شماره ۳۸۲۵) از نوزده باب سخن می‌گوید و عنوان باب‌ها را نیز ذکر می‌کند و نیز درباره نسخه کتابخانه گنج دانش پاکستان نیز، «این نسخه را دارای یک مقدمه و نوزده باب و یک خاتمه معرفی می‌کند؛ ولی در هنگام یاد کرد از عناوین باب‌ها، تنها از شانزده باب و یک خاتمه یاد می‌کند و باب‌های شش و هفده و هجده را نمی‌آورد.» (به مقالهٔ محمد علی سلطانی با مشخصات پیش گفته رجوع شود، ص ۲۷).

کودکانه‌های یک کهنسال

شکل شناسی خنده در طنز نوشته‌های کودک منوچهر احترامی

■ محمدباقر انصاری

مقدمه

«طنز» را به شکل‌ها و از زوایای مختلفی تعریف و تبیین کرده‌اند. از آن جمله آمده است: «... طنز یکی از انواع ادبی است که در آن طنزپرداز، به قصد اصلاح، با سلاح قلم و چاشنی خنده، زبان به انتقاد از معایب و مفاسد موجود در جامعه باز می‌کند.» در طنز، خنده هدف نیست؛ وسیله‌ای است برای بیان بهتر و انتقال هدف مورد نظر از نویسنده به خواننده. خنده پوشش ظریف و لطیفی است تا در پناه آن نقد اجتماعی ـ به مفهوم کلی آن ـ آن‌گونه که هست، تلخ ننماید. در این میان، مخاطب طنز، سطح و جهت‌گیری نوشته را مشخص می‌کند: برای خردسال یا کودک و نوجوان یک سطح از قلم، زبان و نقد پیش گرفته می‌شود و برای مخاطب بزرگسال، سطحی دیگر. طبیعتاً به سبب کوچکی جهان کودک، زبان و ابزار نیز ـ به نسبت ـ محدودتر خواهد شد: چون که با کودک سروکارت فتاد/ پس زبان کودکی باید گشاد. بزرگسال نیز به سـبب برخورداری از سواد بصری و اجتماعی بیشتر و آشنایی با قراردادهای هر روزهٔ اجتماع ـ به نسبت زبان و جهان کودک ـ مسیر سهل‌تری برای طنزپرداز می‌گشاید.

در میان طنزپردازان، کم‌شـمارند افرادی که طنز را در سـطوح مختلف و برای مخاطبان گونه‌گون ساخته و پرداخته‌اند؛ چه اینکه ورود به هر سطح و آفریدن برای هر مخاطب ـ به اقتضای حال و مقام او ـ زبان، دانش و ابزارهای متفاوتی می‌طلبد که از عهدهٔ هر کس ـ طبیعتاً ـ ساخته نیست.

استاد شادروان، منوچهر احترامی (۱۳۲۰ـ۱۳۸۷) از جمله طنزپردازانی است که طنزهای درخور و به فراخور خردسال و بزرگسال دارد. پختگی این آثار، طنزنوشته‌های او را در ردیف بهترین طنزپردازی‌های ادبیات پارسی قرار داده است. در این نوشتار، در پی نمایاندن ساختار و شکل‌شناسی هنرمندانهٔ طنزهای او در آثار کودکانه‌اش هستیم. برای این منظور دو کتاب «مثل کنه چسبیدن» و «کی بود رفت زیر میز؟» (مؤسسه گل آقا، ۱۳۸۵) او را برگزیده‌ایم. ایهام، حقیقت ساده، نعل وارونه و لطیفه‌پردازی، چهار آرایهٔ غالبی است که در این پژوهش بررسی می‌شوند.

ایهام‌آفرینی و معانی دور و نزدیک

«ایهام» در لغت به معنی به گمان افکندن، به پندار انداختن، به شک انداختن، فروگذاشتن و فروگذار کردن است و در اصطلاح، از جمله آرایه‌های زبانی است که نویسنده یا گوینده در کاربرد یک کلمه، دو معنای نزدیک و دور را در نظر بگیرد. تلاش ذهنی خواننده برای درک معنای کلمه و کشف رابطهٔ دور و نزدیک آن، حسـی از لذت در او می‌آفریند. حال اگر این رخداد در موقعیتی کمیک به وجود آید، لذت «کشف» با «خنده» افزون می‌شود.

همچنان که آمد، از یک ســو، جهان کودک، جهانی محدود اسـت؛ چه اینکه دانش و تجربه‌های اجتماعی او آن اندازه نیست که بتواند به راحتی رابطهٔ بین اشیا و اشخاص را کشف و درک کند. از دیگر سو او در تعامل پیوسته و همیشگی با بزرگسالان قرار دارد؛ بزرگسالانی که گاه فراموش می‌کنند کودکان دانش، جهان و زبان متفاوتی با آنها دارند؛ بنابراین تقابل جهان و زبان بزرگســال با جهان و زبان خردسال، موقعیتی متضاد خلق می‌کند که برداشت و فهم اشتباه یکی، باعث خنده‌آفرینی می‌شود. این موقعیت، بهترین موقعیت برای طنزپرداز و انتقال پیام و نقد اجتماعی با چاشنی خنده است.

داستان «هنر» یکی از طنزنوشته‌های کوتاه منوچهر احترامی است که در آن طنز بر پایهٔ «ایهام» شکل گرفته است:

روزهای شنبه آقای ناظم سر صف ما را نصیحت می‌کرد. می‌گفت: «بچه‌هـا! علاوه بر اینکه درس‌تان را می‌خوانید، سـعی کنید که هر کدام‌تان یک هنر هم یاد بگیرید.»

من یک هنر یاد گرفته بودم؛ چهار تا تیله شیشه‌ای داشتم، آنها را به دنبال هم می‌انداختم بالا و می‌گرفتم و نمی‌گذاشتم هیچ‌کدامشان روی زمین بیفتد.

زنگ تفریح، رفتم توی حیاط مدرسه، پشت پنجرهٔ دفتر ایستادم و موقعی که آقای ناظم مرا نگاه کرد، تیله‌ها را پشت سر هم بالا انداختم و گرفتم.

آقای ناظم از دفتر بیرون آمد. گفت: «این کارها را از کی یاد گرفتی؟» من گفتم: «از پدربزرگم.»

آقای ناظم تیله‌ها را از من گرفت و گفت: «بدو برو سر کلاس. بی‌هنر!»

زنگ آخر را زدند، من رفتم توی دفتر.

آقای ناظم گفت: «چه کار داری؟»

من گفتم: «آقا اجازه؟ آن تیله‌ها مال پسرخاله‌مان است.» آقای ناظم تیله‌ها را به من پس داد و گفت: «اگر این دفعه از این چیزها توی دستت ببینم، می‌فرستمت کلاس دوم.»

من رفتم لب رودخانه، تیله‌ها را شستم و هی آنها را انداختم بالا و گرفتم. آقای ناظم از دور پیدا شد. من هول شدم. تیله‌ها را ریختم توی رودخانه.

آقای ناظم مرا دید. گفت: «چرا اینجا ایستاده‌ای؟»
من هیچی نگفتم.
آقای ناظم گفت: «بازیگوشی نکن! بدو برو خانه‌تان.»
من دویدم و به خانه رفتم.
عصر، من و ابراهیم پاچه‌های شلوارمان را بالا زدیم و رفتیم توی رودخانه و سه تا از تیله‌ها را پیدا کردیم (کی بود رفت زیرمیز، ص۲۵).

در این طنزنوشته، ایهام در آفرینش معنای دور و نزدیک «هنر» و «اگر این دفعه از این چیزها توی دستت ببینم» است. در حقیقت ـ همچنان که روشن است ـ منظور آقای ناظم از «هنر»، سرشتگی انسان به هنری والا، نظیر نقاشی و خوشنویسی است و برداشت دانش‌آموز، چیزی است که فراتر از خواندن و نوشتن باشد؛ حتی «تیله‌بازی.» این وارونگی برداشت، در عبارت «بی‌هنر» نمود بهتری می‌یابد.

«حقیقت ساده» و سادگی حقیقت

حقیقت ساده، نقطهٔ مقابل «ایهام» است؛ یعنی برعکس عنصر ایهام که طنزپرداز از معنای دوم و دورتر واژه برای رسیدن به گره‌افکنی ذهنی و آفریدن لذت کشف و در پی آن «خنده» سود می‌برد، در «حقیقت ساده» طنزپرداز با تمهیداتی وانمود می‌کند منظور او معنای دورتر است ولی در اصل معنای «نزدیک» مدنظر اوست. در این موقعیت، خواننده یا شنونده در ذهن، کلمه را به معنای دور تأویل و تفسیر می‌کند و با چرخش ذهن، غافلگیر می‌شود. این کار، نوعی منطق بی‌منطقی پدید می‌آورد و خنده‌آفرین می‌شود.

تکیه بر «حقیقت ساده»، عنصر چیره در طنزنوشته‌های استاد احترامی است که تحت تأثیر ذهن بکر و بی‌آلایش بچه‌ها گسترش یافته است. در حقیقت بازیگری کودکان ساده، صادق، مهربان و در عین حال بازیگوش داستان‌های احترامی، به او در جایگاه طنزپرداز کمک کرده است بیش از هر عنصر دیگری، بر «حقیقت ساده» تکیه کند.

در دو طنزنوشتهٔ زیر، «حقیقت ساده» در برداشت بازگونهٔ نوه و مادربزرگ از تعبیر و موقعیت، شکل می‌گیرد: «پنبه‌زنی» و «جوانی مادربزرگ.»

پنبه‌زنی

من گفتم: «مامان‌بزرگ! پنبهٔ توی قوطی قرص‌هایت را به من می‌دهی؟»
مامان‌بزرگ گفت: «برای چی می‌خواهی؟»

من گفتم: «می‌خواهم ببرم سر کلاس.»

مامان‌بزرگ گفت: «آقا معلم‌تان گفته؟»

من هیچی نگفتم.

مامان‌بزرگ گفت: «حالا ببر؛ اگر نگفته بود، بیار بده به خودم.»

من پنبه را به مدرسه بردم.

زنگ حساب، موقعی که آقای طاهری پشتش به کلاس بود و داشت روی تخته جدول ضرب می‌کشید، من و سامان و ابراهیم پنبه‌ها را پوش کردیم و فوت کردیم هوا. آقای طاهری دید؛ گفت: «پنبه را از کجا آورده‌ای؟»

محسن گفت: «آقا اجازه؟ از مادربزرگش گرفته.»

آقای طاهری گفت: «روز شنبه مادربزرگت را بیاور مدرسه.»

روز شنبه من دست مادربزرگ را گرفتم و به مدرسه بردم.

مادربزرگ به آقای طاهری گفت: «برای چه مرا به مدرسه احضار کرده‌اید؟»

آقای طاهری گفت: «برای پنبه.»

مادر بزرگ گفت: «هر چی پنبه داشتم، دیروز جمشید جان آورد مدرسه، دیگر هیچی ندارم» (کی بود رفت زیرمیز، ص۱۷).

جوانی مادربزرگ

مادربزرگ روی پله‌ها نشسته بود و داشت گریه می‌کرد.

گفتم: «مادربزرگ چرا گریه می‌کنی؟»

مادربزرگ گفت: «چه بگویم مادر، جوانی‌ام را گم کرده‌ام.»

گفتم: «کجا گم کرده‌ای مادربزرگ؟»

گفت: «چه می‌دانم؟ یک جایی همین گوشه و کنار. توی همین اتاق‌ها، کنج آشپزخانه، پشت چرخ خیاطی، لب تشت رخت ...»

گفتم: «می‌خواهی جوانی‌ات را برایت پیدا کنم؟»

گفت: «کجا می‌خواهی دنبالش بگردی؟»

گفتم: «همین‌جاها.»

مادربزرگ مرا نگاه کرد. من رفتم توی آشپزخانه.

مامان گفت: «دنبال چی می‌گردی؟»

گفتم: «دنبال جوانی مادربزرگ.»

مامان خندید.

رفتم لب باغچه.

بابابزرگ گفت: «دنبال چی می‌گردی؟»

گفتم: «دنبال جوانی مادربزرگ.»

بابابزرگ سرش را انداخت پایین.

رفتم توی اتاق. هیچ کس نبود. روی تاقچه را نگاه کردم. جوانی مادربزرگ توی قاب عکس، روی تاقچه بود. قاب عکس را آوردم دم پله‌ها و گفتم: «مادربزرگ! نگاه کن! جوانی‌ات اینجاســت، توی قاب عکس.»

مادربزرگ به من نگاه کرد. گفت: «جوانی من آنجاست، توی چشم‌های تو.»

بعد مادربزرگ مرا بغل کرد و خندید. قاب عکس هنوز توی دســت من بود و من مواظب بودم که نشکند.

در داســتان نخســت، مادربزرگ تصور می‌کند آقامعلم هم مثل نوه‌اش پنبه می‌خواهد، اما همگان می‌دانیم که معلم برای صحبت و بازخواست مادربزرگ، او را به مدرسه فراخوانده است. در داستان دوم هم برداشت باژگونه از تعبیر کنایی «گم‌شدن جوانی»، نوه را به حرکت و تکاپو می‌اندازد و در پایان، صحنه‌ای لطیف می‌آفریند.

نعل وارونه

«نعل وارونه» در اصطلاح به معنای به‌اشـــتباه‌انداختن مخاطبی است که در سطح، خود به گفتار یا عملی خاص واقف است، اما از زبان راوی در یک نوشته یا گفته حالت باژگونهٔ آن را می‌خواند یا می‌شنود.

آنچه در استفاده از این تمهید ضروری است، یافتن موقعیت‌های جدی دنیای واقع و باژگونه‌ساختن هنجارهای گفتاری و عملی مرســوم در آنهاست؛ هنجارهایی که گریز آگاهانه از آنها باعث غافلگیری مخاطب و خنده‌آفرینی می‌شود.

داســتان «آقای طاهری مهربان اســت» (کی بود رفت زیرمیز، ص۳۴) یکی از بهترین نمونه‌های بهره‌مندی از «نعل وارونه» در طنزنوشته‌های استاد احترامی است.

آقای طاهری مهربان است

آقای طاهری با من خیلی مهربان است. هر کس یک روز غیبت کند، آقای طاهری دو نمره از انظباطش کم می‌کند، اما من اگر یک هفته هم نباشم، آقای طاهری چیزی به من نمی‌گوید. هر کس که در زنگ ورزش از درخت توت مدرسه بالا برود، آقای طاهری می‌گوید: «بیا پایین، لندهور!» اما من اگر تا نوک درخت هم بالا بروم، می‌ایستد و من را تماشا می‌کند.

هر کس که شیشه پنجره را بشکند، آقای طاهری می‌گوید: «به والدینت بگو فردا شیشه‌بر بیاورند و شیشه نو بیندازند.» اما من هر وقت شیشه را می‌شکنم، آقای طاهری فوراً شیشه‌بر می‌آورد و با هزینه خودش شیشه نو می‌اندازد.

هر کس که زیر میز برود. آقای طاهری می‌گوید: «آهای! گنده‌بک! بیا بیرون! آن زیر داری چه کار می‌کنی؟!» اما من هی می‌روم زیر میز و هی می‌آیم بیرون و آقای طاهری به من هیچی نمی‌گوید.

هر کس چرت بزند، آقای طاهری سرش داد می‌کشد: «چرت نزن!» اما من هر وقت چرت می‌زنم، آقای طاهری هیچی به من نمی‌گوید.

من آقای طاهری را دوست دارم؛ چون آقای طاهری با من خیلی مهربان است.

امضا: گربه آقای طاهری

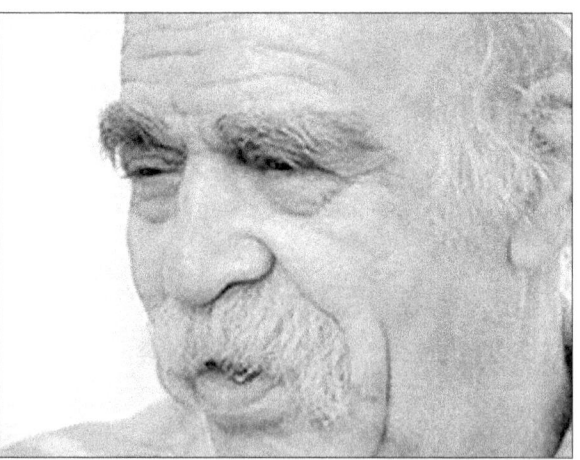

شـــاید بتوان گفت آنچه در نوشتهٔ بالا رخ داده است، همانی

است که حضرت مولانا می‌فرماید: «... از قیاسش خنده آمد خلق را/ کو چو خود پنداشت صاحب‌دلق را.» در حقیقت نویسنده با این‌همانی‌ساختن رفتارهای گربه‌ای خانگی و بچه‌های مدرسه‌ای، این‌گونه وانمود می‌کند که ما در داستان با بچه‌ای «سفارش‌شده» و لوس روبه‌رووییم؛ حقیقتی که در پایان با غافلگیرشدن ما به خنده منجر می‌شود.

آقای طاهری معلم به‌ظاهر جدی، اما نیک‌نفس و مهربان طنزنوشته‌های کودک استاد احترامی است. او آن‌قدر حساس و دل‌نازک است که از گریستن هم پرهیز ندارد (کی بود رفت زیر میز، ص۲۰). او حتی از مارمولک هم می‌ترسد (همان، ص۱۲). استاد احترامی با استفاده از این ویژگی‌های آقای طاهری، در تقابل با بچه‌ها و والدین و در کل جامعه، برخورد درســـت و تعلیم و تربیت صحیح را داستان به داستان گوشزد می‌کند؛ بنابراین نقد اجتماعی نوشته‌های او بیش از هر چیز، متوجه آموزش و پرورش موجود در کشور است.

در داستان «ترکه‌های آلبالو» (همان، ص۱۹) که تمهید اصلی آن، بهره‌گیری از «نعل وارونه» است، آقای طاهری معلم مهربان و حساس داستان هم، خود درس می‌گیرد:

ترکه‌های آلبالو

آقای طاهری گفت: «بچه‌ها! کدام یک از شما پدرش باغ دارد؟»

محسن گفت: «آقا اجازه؟ ما.»

آقای طاهری گفت: «بچه‌ها! کدام یک از شما در باغ پدرش درخت آلبالو وجود دارد؟»

محسن گفت: «آقا اجازه؟ ما.»

آقای طاهری گفت: «بچه‌ها! کدام یک از شما درخت آلبالوی باغ پدرش ترکه‌های خوب دارد؟»

محسن گفت: «آقا اجازه؟ ما.»

آقای طاهری گفت: «بارک الله محسن! صبح شنبه یک دسته ترکهٔ آلبالوی تازه از پدرت بگیر و برای من بیاور.»

صبح روز شنبه، محسن یک سبد پر از آلبالو آورد. آقای طاهری گفت: «پس چرا ترکه نیاوردی؟»

محسن گفت: «آقا اجازه؟ پدرم گفتند: درخت باغ ما، ترکه ندارد؛ فقط آلبالو دارد.»

در داستان «مسابقه تیراندازی» (همان، ص۱۶) نیز نویسنده با تکیه بر «نعل وارونه» به دنبال نمایاندن ذهن و ذهنیت وارونهٔ ماست؛ ذهنیتی که به رفتارها و گفتارهای خشک و آمرانه عادت کرده است؛ در حالی که اگر بجا و درست انجام گیرد، نه تنها از شأن و جایگاه اجتماعی و انسانی ما

«نعل وارونه» در اصطلاح به معنای به‌اشتباه‌انداختن مخاطبی است که در سطح، خود به گفتار یا عملی خاص واقف است، اما از زبان راوی در یک نوشته یا گفته حالت بازگونهٔ آن را می‌خواند یا می‌شنود.
آنچه در استفاده از این تمهید ضروری است، یافتن موقعیت‌های جدی دنیای واقع و بازگونه‌ساختن هنجارهای گفتاری و عملی مرسوم در آنهاست؛ هنجارهایی که گریز آگاهانه از آنها باعث غافلگیری مخاطب و خنده‌آفرینی می‌شود.

نمی‌کاهد بلکه خود مروج خصایص انسانی می‌شود. در این داستان، واکنش درست آقای طاهری به پاسخ بچه‌ها، مروج صداقت و راست‌گویی است. بچه‌ها می‌فهمند با راست‌گویی نه تنها تنبیه نخواهند شد بلکه می‌توانند لحظات شادی با دیگر همکلاسی‌هایشان داشته باشند.

مسابقه تیراندازی

زنگ ورزش باران می‌آمد. آقای طاهری ما را سر کلاس نشاند و گفت: «با هم صحبت کنید، اما کلاس را روی سرتان نگذارید.»

ما بلند با هم صحبت کردیم و کلاس را روی سرمان گذاشتیم.

آقای طاهری گفت: «ساکت!»

ما همه ساکت شدیم.

مرتضی ماش‌پران داشت. رفت زیر میز و یک ماش به طرف محسن پرت کرد. محسن گفت: «آخ.»

آقای طاهری گفت: «مگه نگفتم ساکت؟»

محسن گفت: «آقا اجازه؟ مرتضی ماش به طرف ما، در می‌کند.»

آقای طاهری گفت: «هر کس ماش‌پران دارد، دستش را بالا کند.»

من و سامان و ابراهیم و محمود دستمان را بالا کردیم.

آقای طاهری روی تخته سه تا دایرهٔ تودرتو کشید. گفت: یکی‌یکی به‌نوبت ماش در کنید. هر کس به دایرهٔ وسط بزند، برنده است.»

بچه‌ها گفتند: «آقا اجازه؟ ما هم ماش‌پران داریم.»

آقای طاهری گفت: «شما هم در کنید.»

همه، ماش در کردیم؛ هیچ کدام به هدف نخورد.

آقای طاهری گفت: «دوباره در کنید.»

محسن گفت: «آقا اجازه! ما ماش‌پران نداریم.»

آقای طاهری گفت: «تو مبصر باش. هر کس بد ماش در کرد، اسمش را بنویس.»

تا آخر زنگ ورزش، ما هی ماش در می‌کردیم و محسن هی اسم ما را می‌نوشت.

«نعل وارونه» یکی از پرکاربردترین تمهیداتی است که طنزپردازان برای خنده‌آفرینی در موقعیت‌های متفاوت و گوناگون از آن بهره می‌برند. یکی از این موقعیت‌ها، وارونگی و عادت‌شکنی در «تعریفات» است. از نمونه‌های عالی و شناخته‌شدهٔ آن می‌توان به «رسالهٔ تعریفات» عبید

هر لطیفه از منظر ساختاری، شامل دو بخش است: مقدمه و لبّ مطلب؛ به این معنی که مخاطب و شنونده پس از آشنایی با مقدمهٔ لطیفه، در جمله‌ای کلیدی که به آن «لبّ مطلب» می‌گویند، با جابه‌جایی دو مفهوم، غافلگیر می‌شود. هر قدر این جابه‌جایی و به تعبیری وارونگی شدیدتر باشد، بر شدت خنده نیز افزوده خواهد شد.

زاکانی (م. ۷۷۲ ق) و «فرهنگ شیطان» آمبروز بیرس (۱۸۴۲ـ۱۹۱۴م) نویسنده و روزنامه‌نگار آمریکایی اشاره کرد.

داستان «محلۀ ورزشکارها» (مثل کنه چسبیدن، ص۸)، یکی از نمونه‌های خوب نعل وارونه در قالب «تعریفات» است که استاد احترامی از آن بجا و البته زیبا بهره گرفته است.

محله ورزشکارها

در محلۀ ما، همۀ بچه‌ها ورزشکارند.

مرتضی «بوکسور» است. با هر کسی که دعوا می‌کند، یک بادمجان پای چشمش می‌کارد.

اسماعیل در «نشانه‌گیری» رودست ندارد. یک تیرکمان دارد که با آن همه لامپ‌ها را می‌شکند.

اکبر قهرمان «ژیمناستیک» است. در یک چشم به هم زدن از درخت توت بالا می‌رود و به شاخه آویزان می‌شود و تاب می‌خورد.

مصطفی قهرمان «دو» است. موز بیژن را از دستش می‌قاپد و چنان با سرعت فرار می‌کند که بیژن هر چه می‌دود به او نمی‌رسد.

احمد و محمود، از همه بچه‌ها بهتر «دستش ده» بازی می‌کنند. وقتی کلاه کامی را از سرش بر می‌دارند و برای همدیگر پرتاب می‌کنند، کامی هر کاری می‌کند، نمی‌تواند کلاهش را پس بگیرد.

من «فوتبالیست» هستم. بابا هر دو ماه یک‌بار، یک جفت کفش نو برایم می‌خرد؛ اما من در همان هفته اول نوک کفش‌هایم سوراخ می‌شود.

بابا می‌گوید: «عیبی ندارد، فردا که فوتبال یاد گرفتی و در تیم‌های بزرگ بازی کردی، پول همه این کفش‌ها در می‌آید.»

بابا می‌داند که فوتبالیست‌های خوب، پول خوب در می‌آورند. اما چیزی را که نمی‌داند این است که تا وقتی برای من توپ فوتبال نخرد و من مجبور باشم با سنگ‌های توی کوچه تمرین شوت‌زدن بکنم، فوتبالیست خوبی نخواهم شد.

لطیفه‌پردازی

هر لطیفه از منظر ســاختاری، شامل دو بخش است: مقدمه و لبّ مطلب؛ به این معنی که مخاطب و شنونده پس از آشنایی با مقدمهٔ لطیفه، در جمله‌ای کلیدی که به آن «لبّ مطلب» می‌گویند، با جابه‌جایی دو مفهوم، غافلگیر می‌شود. هر قدر این جابه‌جایی و به تعبیری وارونگی شدیدتر باشد، بر شدت خنده نیز افزوده خواهد شد.

بیشتر لطیفه‌ها و شوخی‌های لفظی‌ای که در هر جامعه شایع و رایج است، عموماً محصول ذهن خلاق مردمی است که در مکالمات و مشاهدات روزمرهٔ خود به آنها رسیده‌اند و البته در نقل‌های متعدد به آنها شکل و رنگ متفاوت و گاه متنوعی می‌بخشند.

سادگی، کم‌تجربگی و گاه بلاهت کودکانه، سبب می‌شود با کمترین جابه‌جایی و وارونگی، مخاطب کودک و حتی بزرگسال غافلگیر شده، بخندد.

گاهی این لطیفه‌ها آماده‌اند و فقط شما باید آنها را تعریف کنید؛ گاهی بسته به حال و مقام، نیازمند تغییرـ هر چند کوچک ـ و بیان متفاوت‌اند؛ گاهی نیز یکســره باید ساخته شوند. بنابراین استفاده از این عنصر خنده‌آفرین نیز خود سه شکل و شیوه دارد.

استاد شادروان، منوچهر احترامی، لطیفه‌پردازی است که بیشتر لطیفه‌هایش ساخته و پرداخته شناخت، کشــف و ژرف‌نگری خود او در روابط بچه‌ها و محیط پیرامونی است. تمام داستان‌هایی که مخاطب در پایان آنها غافلگیر می‌شود، بهره‌ای از این لطیفه‌پردازی دارند؛ طبیعتاً بر اساس «مقدمه» هر یک، میزان غافلگیــری و خنده‌آفرینی در یکی قوی‌تر و در دیگری ـ احتمالاً ـ ضعیف‌تر اســت؛ هر چند در همان طنزنوشته‌های دسته دوم نیز طنزپرداز برای خنده‌آفرینی از عناصر دیگری چون ایهام، حقیقت ساده و نعل وارونه اســتفاده کرده است؛ بنابراین دسته‌بندی طنزنوشته‌ها به ضعیف و قوی ـ در اینجا ـ به هیچ وجه مطرح نیست.

دو داستان «قورباغه در کلاس» (کی بود رفت زیر میز، ص۵) و «جدول ضرب» (همان، ص۳۱) جزو نمونه‌های خوب طنزپردازی با تکیه بر «لطیفه» است:

قورباغه در کلاس

قورباغه توی کلاس ورجه‌ورجه می‌کرد. آقای افتخاری گفت: «قاسم! این قورباغه را از کلاس بینداز بیرون.»

قاسم گفت: «آقا اجازه؟ ما از قورباغه می‌ترسیم.»

آقای افتخاری گفت: «ساسان! تو این قورباغه را بینداز بیرون.»
ساسان گفت: «آقا اجازه؟ ما هم می‌ترسیم.»
آقای افتخاری گفت: «بچه‌ها! چه کسی از قورباغه نمی‌ترسد؟
من گفتم: «آقا اجازه؟ ما نمی‌ترسیم.»
آقای افتخاری گفت: «کیف و کتابت را بردار و زود از کلاس برو بیرون.»
گمان می‌کنم محمود مرا لو داده باشد؛ وگرنه آقای افتخاری از کجا می‌دانست قورباغه را من به کلاس آورده‌ام؟

جدول ضرب

بابا یک هفته در مأموریت بود. روز پنجشنبه از مأموریت آمد. گفت: «جمشید جان! این چند روزه که من نبوده‌ام، درس و مشقت را نوشته‌ای؟»
من گفتم: «آقای طاهری مسئله‌های سخت‌سخت می‌دهد.»
بابا گفت: «این دفعه هم کمکت می‌کنم، اما دفعه دیگر خودت باید همه مسئله‌هایت را حل کنی.»
من دفترچه حسابم را آوردم و بابا همه مسئله‌هایم را حل کرد.
روز شنبه، بابا، با ماشین اداره من را به مدرسه رساند و خودش به مأموریت رفت. زنگ ریاضیات، آقای طاهری دفتر ریاضیات همه را نگاه کرد. به من که رسید، گفت:«بارک‌الله! همه را خودت حل کرده‌ای؟»
من سرم را تکان دادم.
آقای طاهری گفت: «پدرت کجاست؟»
من گفتم: «مأموریت.»
آقای طاهری گفت: «هر وقت پدرت از مأموریت آمد، از قول من سلام برسان، بگو آقای طاهری گفت: هفت هفت تا، چهل و نه تا می‌شود، نه پنجاه و یکی.»

هزار و یک شب

هزار و یک طنز

■ محمدعلی علومی

بعضی از کتاب‌خوانان و اهل مطالعه در ایران نظر خوبی نسبت به هزار و یک شب ندارند. سال‌ها پیش، زمانی که هزار و یک شب جزو کتاب‌های ممنوعه بود و چاپ نمی‌شد، شنیدم که کتابفروشی در حوالی میدان فردوسی این کتاب را دارد. با اشتیاق فراوان رفتم تا از چند و چون کتاب و قیمت آن بپرسم. یک روز سرد زمستان بود و هوا گرفته و خاکستری رنگ. در فضای نیمه‌تاریک آن کتاب‌فروشی قدیمی بخاری کوچکی روشن بود و قوری چای، عطر مطبوعی می‌پراکند. کتاب‌فروش پیر و کهنه‌کار کنار دوستش که بعد فهمیدم معلم بازنشسته ادبیات است، نشسته بود و از این در و آن در حرف می‌زدند. من با شوق و ذوق سراغ هزار و یک شب را گرفتم. کتابفروش مدتی کوتاه اما به طرزی عمیق خیره نگاهم کرد. پاسخی نداد. رو برگرداند و از دوستش پرسید: استاد این هزار و یک شب چیست که همه سراغش می‌آیند؟

جناب استاد با کلامی قاطع، حساب هزار و یک شب را رسید و فرمود: هیچ. چرت و پرت، خرافات و مزخرفات.

من شرمگین از اینکه در عصر مابعد روشنگری هنوز هم دنبال چرت و پرت و خرافات و مزخرفات می‌گردم، با آنکه از رو رفته بودم، وانمود کردم که غیر از آن کتاب، دنبال آثار دیگری هم آمده‌ام. مدتی به جلد کتاب‌ها نگاه کردم و با خداحافظی سرد و پاسخی سردتر از آن از در به در آمدم. سوز و سرمای زمستان وادارم کرد که مانند دیگر رهگذران سر در گریبان و شتابان از آنجا دور شوم. بعدها با شاعری نوپرداز که خیلی هم نوپرداز بود سر صحبت را باز کردم تا اینکه بحث به هزار و یک شب کشید. من نظرش را درباره این کتاب خواستم. ایشان فرمود هزار و یک شب متعلق به فرهنگ شفاهی و بی‌ارزش است. بار دیگر با دو نویسنده پژوهشگر و منتقد درباره هزار و یک شب حرف زدم. آن دو با یقین می‌گفتند کار بی‌ارزشی است. گفتم این‌جور حکم دادن خیلی جرأت و جسارت می‌خواهد. گفتم: بورخس این کتاب را «بزرگ‌ترین داستان‌ها در تمام زمان‌ها می‌داند.» گفتم: بروید ترجمه مقاله بورخس را در فلان شماره

دنیای سخن بخوانید و ببینید چه ستایش‌ها از فرم و محتوای هزار و یک شب کرده است. گفتم: برخی از ساختارگرایان روسی هزار و یک شب را رمان می‌دانند. خلاصه آنقدر گفتم تا اینکه آن دو بزرگوار مجاب شدند با دید تازه‌ای هزار و یک شب را دوباره بخوانند.

یکی از ویژگی‌های برجسته این اثر ماندگار و جذاب جنبه‌های طنزآمیز برخی داستان‌های آن است. طنز در هزار و یک شب به طرز اعجاب‌آوری بیانگر فرهنگ و باورهای مردم آن دوره است. در تعدادی از این داستان‌ها فضای واقع‌گرایانه غالب است که بر اساس آنها شرایط و روابط اجتماعی آن دوره در برابر دیدگان مخاطب قرار می‌گیرد و با لحن طنزآمیز به نقد کشـیده می‌شود. در این حکایت‌ها شوخی‌های لفظی و گفته‌های نابجا، طنز عبارت یا همان طنز کلامی را ایجاد می‌کند. اغلب داستان‌های طنزآمیز هزار و یک شـب چند لایه‌اند. گذشته از ساختارهای شناخته شـده انواع طنز مانند طنز موقعیت، طنز عبارت، طنز آشکار و پنهان، در اغلب داستان‌های هزار و یک شب با طنز اجتماعی نیز مواجهیم. طنزی که داستان‌سرایان به کمک آن فضای اجتماعی رسمی دوره خود را در معرض تردید و نقد طنزآمیز قرار می‌دادند. یکی از داستان‌های عجیب و غریب طنز در این اثر گران‌مایه حکایت «خلیفه صیاد» است. برای آشنایی طنزپردازان جوان خلاصه‌ای از حکایت در اینجا خواهد آمد.

حکایت خلیفه صیاد

در عهد خلافت هارون‌الرشـید در بغداد صیادی بود خلیفه‌نام که بسی بی‌چیز و پریشان روزگار بود. اتفاقاً روزی از روزها دام برداشته به عادت معهود از بهر صید به کنار دریا رفت. آستین و دامن بر زده دام بگشود. یک بار و دو بار دام در دریا انداخت. چیزی در دام نیامد. تا ده بار دام فشرده به دریا انداخت. چیزی در دام نیفتاد. بدین سبب تنگدل گشته در کار خود حیران بود و استغفار می‌کرد و می‌گفت: روزی‌دهنده خدای تعالی اسـت، به یکی روزی بی‌شـمار دهد و عیش دیگری را تلخ گرداند و کسی را بر او اعتراض نیست.

پس از آن ساعتی نشسته سر بر زمین افکند و این دو بیت برخواند:

لطــیف کــرم‌گسـتر کارساز
که دارای خلق اسـت و دانای راز
یکــی را به ســر بر نهد تاج بخت
یکــی را به خـاک اندر آرد ز تخت

پس از آن با خود گفت: بار دیگر توکل بر خدا کرده، دام در دریا اندازم، شاید مرا از فضل خود نومید نگرداند. آن‌گاه دست‌ها بلند کرده به توانایی هرچه تمام‌تر دام در دریا انداخت و ساعتی صبر کرد. پس از آن دام برکشید سنگین‌اش یافت.

خلیفه صیاد دید که دام سنگین است. نرم نرمش همی کشید تا اینکه دام بیرون آورده دید که بوزینه‌ای لنگ به دام اندر است. گفت: سبحان‌الله! این چه بخت شوم است و در این روز نامبارک چه‌ها که بر من

روی دهد ولکن این حادثه‌ها حکم تقدیر است. آن‌گاه بوزینه را گرفته رسن بر دست او بست و سر دیگر رسن را به درختی که در کنار دریا بود بسته، تازیانه‌ای را که با خود داشت برداشته، دست بر هوا بلند کرد و می‌خواست که تازیانه به بوزینه زند. به قدرت پروردگار بوزینه به گفتار آمد و با زبان فصیح گفت: ای خلیفه، دست نگاه دار و مرا مزن. مرا بگذار که به همین درخت بسته باشم. تو به سوی دریا رفته دام در دریا انداز و توکل بر پروردگار کن که او روزی تو برساند.

خلیفه صیاد چون سخن بوزینه بشنید دام گرفته پیش رفت و دام در دریا انداخت. پس از ساعتی دام برکشـــید. دام را سنگین‌تر از بار نخســـت یافت. در بیرون آوردن او همی‌کوشید تا بیرونش آورد. دید که بوزینه‌ای است با چشمان مکحول و دست‌های مخضوب (حنابسته) و جامه کهنی در بر دارد و همی‌خندد. خلیفه گفت: الحمدلله که ماهیان دریا به بوزینه بدل شده‌اند. آن‌گاه به نزد بوزینه‌ای که به درختش بسته بود بازگشت و به او گفت: ای میشوم، از اشارت قبیح و رأی ناصواب تو به این بوزینه دیگر دچار گشتم و این بدبختی مرا روی نداد مگر به سبب اینکه نخست روی چون تو اعوج و اعور و میشوم را دیدم. پس از آن تازیانه به دست گرفته بلند کرد و همی‌خواست که تازیانه به بوزینه فرود آورد. بوزینه گفت: ای خلیفه، تو را به خدا سوگند می‌دهم که از من درگذر و مرا بدین بوزینه دیگر بخش و حاجت خود را از او بخواه که او تو را به هرچه خواهی دلالت نماید. آن‌گاه خلیفه تازیانه بیانداخت و نزد بوزینه دومین آمد. بوزینه گفت: ای خلیفه، تو اگر ســـخن من بنیوشی و با من مخالفت نکنی من سبب بی‌نیازی تو از خلق خواهم بود. خلیفه گفت: هرچه گویی اطاعت کنم. بوزینه گفت: مرا بگذار تا به همین درخت بسته باشم و تو به سوی دریا رفته دام در دریا بیانداز تا بگویم که از آن پس چه کار کن. خلیفه صیاد در حال دام بگرفت و به کنار دریا شد. دام در دریا انداخته ساعتی صبر کرد، پس از آن دام بیرون کشید. بسی گران‌تر از دوبار نخستین یافت. در بیرون آوردن همی‌کوشید تا اینکه بیرون آورد. بوزینه‌ای دید سرخ که جامه‌ای ازرق دربرداشت. گفت: سبحان‌الله! امروز از آغاز تا انجام نامبارک است و همه اینها از سبب همین بوزینه نخستین است. مگر در دریا ماهی نمانده یا مگر من از بهر صید بوزینگان آمده بودم؟ منّت خدای را که ماهیان دریا را به بوزینگان بدل کرده. پس از آن روی به بوزینه سومین کرده به او گفت: ای میشوم، تو دیگر چه بودی؟ بوزینه گفت: مگر تو مرا نمی‌شناســـی؟ خلیفه گفت: لا والله، تو را نمی‌شناسم. بوزینه گفت: من بوزینه ابوالســـعادات یهود صیرفی هستم. خلیفه گفت: تو از بهر او چه می‌کنی؟ گفت: او هر صبح و شام بر من نظر کند و بدین سبب ده دینار بدو عاید شود. آن‌گاه خلیفه صیاد روی به بوزینه نخستین گفت: ای میشوم، به بوزینگان مردم نظر کن که چه نیکو هستند ولکن از دیدن طلعت نامبارک تو من امروز گرسنه ماندم و تا دو روز دیگر از شومی تو فقیر و مفلس خواهم شـــد. پس از آن تازیانه برداشته ســـه کرّت او را به گرد سر خود بگرداند و همی‌خواست تازیانه به بوزینه فرودآورد که بوزینهٔ ابوالسعادات یهود گفت:

در این حکایت‌ها شوخی‌های لفظی و گفته‌های نابجا، طنز عبارت یا همان طنز کلامی را ایجاد می‌کند. اغلب داستان‌های طنزآمیز هزار و یک شب چند لایه‌اند. گذشته از ساختارهای شناخته شده انواع طنز مانند طنز موقعیت، طنز عبارت، طنز آشکار و پنهان، در اغلب داستان‌های هزار و یک شب با طنز اجتماعی نیز مواجهیم.

ای خلیفـــه، او را بگذار و نزد من آی تا من با تو بگویم که چه کار کنی. آن‌گاه خلیفه تازیانه بیانداخت و پیش رفته به او گفت: ای بزرگ بوزینگان، چه می‌گویی؟ بوزینه گفت: ما را بگذار در اینجا نشسته باشیم و تو دام در دریا بیانداز، هر چه در دام تو افتد، نزد من بیاور تا تو را چیزی بیاموزم که صلاح تو در آن باشد.

خلیفه صیاد در حال دام گرفت و...

به سوی دریا رفته دام در دریا انداخت و ساعتی صبر کرد. پس از آن دام بیرون آورد. به دام اندر یکی ماهی برآمد که سری بزرگ و دنباله‌ای دراز داشت و چشمانش مانند دو ستاره درخشان بود. چون خلیفه او را بدید فرحناک شد که چنان ماهی تا آن روز صید نکرده بود. در غایت شگفتی آن را به سوی بوزینهٔ ابوالسعادات آورد و چنان فرحناک بود که گویا به تمامت دنیا مالک شده. بوزینه گفت: ای خلیفه، با این ماهی چه کار خواهی کرد و معاملت تو با بوزینهٔ خویشتن چون خواهد شد؟ خلیفه گفت: ای سید بوزینگان، بدان که من بوزینهٔ پلیدک خویش بکشم و تو را به جای او بوزینهٔ خود گیرم و هر چیز که اشتها کنی همه روزه به تو بخورانم. بوزینه گفت: اکنون که تو مرا به جای او برگزیدی من با تو چیزی بگویم که صلاح تو در آن باشد و آن این است که تو مرا با رسنی بر این درخت ببند و خود دام برداشته در دجله بیانداز و اندک زمانی صبر کن. آن‌گاه دام از آب به در آور، یک ماهی ظریف در دام خواهی یافت که در تمامت عمر چنان ماهی ندیده باشی. پس تو آن ماهی نزد من آر تا من بگویم که با او چه کار کنی.

در حال خلیفه صیاد برخاســـته دام در دجله انداخت و ســـاعتی صبر کرده دام به‌درآورد. در دام ماهی سپیدی دید مانند بزغاله که در همه عمر چنان ماهی ندیده بود. آن‌گاه او را گرفته نزد بوزینه آورد. بوزینه گفت: قدری از گیاهان سبز برچین و نیمی از آن گیاهان در قُفه کن و ماهی را بر آن بگذار و نیمی دیگر در روی ماهی بریز و ما را بگذار به درخت بســـته باشـــیم. خود قفه برداشته به شهر بغداد شو و هر کس که با تو سخن بگوید و از تو چیزی پرسد او را پاسخ مده و همی رو تا به بازار صیرفیان برسی. در صدر بازار شیخ صرافان ابوالسعادات را خواهی دید که بر مسند نشسته و به مخده تکیه کرده و دو صندوق از بهتر زر و ســـیم در پیش دارد. غلامان و مملوکان در برابر او ایستاده‌اند. پس تو پیش رفته به او بگو که ای ابوالسعادات، من امروز به صید ماهیان رفته به نام تو دام در دریا انداختم. خدای‌تعالی این ماهی را به اقبال تو در دام من افکند. پس یهودی ماهی از تو بستاند و تو را دیناری دهد. تو آن دینار را رد کن. آن‌گاه دو دینار دهد، دو دینار نیز رد کن و هرچه بدهد تو رد کن اگرچه به وزن این ماهی زر دهد. در آن وقت یهودی با تو گوید هرچه می‌خواهی به من بگو. تو به او بگو به خدا سوگند من این ماهی نمی‌فروشم مگر به دو کلمه. اگر یهودی گوید که آن دو کلمه چیست، تو به او بگو که برپای خیز و به آواز بلندی بگو ای حاضران گواه من باشید که من بوزینهٔ خلیفه صیاد را با بوزینهٔ خود بدل کردم و روزی خود را در عوض روزی او دادم. پس اگر با تو بدین سان کند من هر صبح و شام به نزد تو آیم و از برکت روی میمون من تو را ده دینار عاید شود و تو به جای ابوالسعادات یهودی توانگر شوی و او به جای تو بی‌چیز و فقیر گردد و هرگز به مال مالک نشود. تو اکنون سخنان من بنیوش که رستگار شوی. خلیفه صیاد گفت: ای سید بوزینگان، هرچه گفتی پذیرفتم ولکن با این بوزینه شوم چه کار کنم؟ بوزینه با خلیفه گفت: او را و مرا در آب رها کن. خلیفه صیاد پیش رفته بند از بوزینگان برداشت و در آبشان رها کرد و خود ماهی را برداشته بشست و گیاهان سبز در زیر و روی او ریخته قفه بر دوش گرفته...

شـــعر همی‌خواند و همی‌رفت تا به بغداد رســـید. مردمان او را دیده بشناختند و او را مرحبایی گفته پرسیدند: ای خلیفه، چه آورده‌ای؟ خلیفه به سوی هیچ یک از ایشان نگاه نمی‌کرد و همی‌رفت تا به بازار صیرفیان رسید. چنانکه بوزینه سپرده بود از دکآنها گذشت و به دکان یهود برسید. او را دید که بر مسند نشسته و غلامان ایستاده‌اند. چون خلیفه او را دید بشناخت، رفت جلوی او ایستاد، یهودی سر برداشت، او را بشناخت و به او گفت: ای خلیفه، چه حاجت داری چه می‌خواهی؟ اگر کسی با تو سخن گفته و یا با کسی خصومت داری با من بگو که با تو پیش والی رفته داد از او بستانم. خلیفه گفت: نه به جانت سوگند کس با من سخن نگفته ولکن امروز به بخت تو از خانه بیرون رفته دام در دجله انداختم و این ماهی در دام بیرون آمد. آن‌گاه ماهی را از میان گیاهان گرفته پیش یهود گذاشت. یهود را ماهی پسند افتاده گفت: به تورات سوگند که من دوش خفته بودم، خود را در پیش روی عذرا ایستاده دیدم که او با من گفت: ای ابوالسعادات از بهر تو هدیه‌ای نیکو فرستادم. اکنون دانستم که آن هدیت همین ماهی بوده است.

پس از آن روی به خلیفه صیاد کرده او را گفت: تو را به دین خود ســـوگند می‌دهم ماهی را جز من کسی دیده است؟ خلیفه گفت: لاوللّـه، ای بهترین یهود او را جز تو کس ندیده، آن‌گاه یهود دست برده

دیناری از صندوق به‌درآورده به خلیفه داد. خلیفه چون در تمام عمر زر ندیده بود، دینار به کف گرفته گفت: سبحان الله مالک الملک. پس در غایت فرحناکی گامی برفت، وصیت بوزینه را به خاطر آورده بازگشت و دینار به سوی یهود انداخته به او گفت: زر خود بستان و ماهی را باز پس ده. مگر مردم مسخرهٔ تو هستند. چون یهودی سخن او را بشنید دو دینار دیگر بداد. خلیفه گفت: ماهی مرا باز پس ده و از این کارهای لغو درگذر. یهود پنج دینار به او داده گفت: قیمت ماهی بستان و طمع خویشتن کمتر کن. خلیفه آنها را گرفته فرحناک برفت و به زرها نظاره کرده در غایت شگفتی می‌گفت: سبحان‌الله، این زرها که من دارم خلیفه بغداد را میسر نیست. چون بر سر بازار رسید سخن بوزینه یادش آمد. در حال بازگشته و دینارها را به سوی یهود انداخت. یهودی گفت: ای خلیفه، تو را چه شده و از من چه می‌خواهی؟ اگر صرف دینارها را درمی چند می‌خواهی بدهم. خلیفه گفت: لاواللّـه نه دینار می‌خواهم نه درم. ماهی خود را می‌خواهم.

آن‌گاه یهودی در خشم شد و بانگ بر زد که: ای صیاد، یکی ماهی آورده‌ای که به دیناری نمی‌ارزد، من تو را پنج دینار دادم، باز تو راضی نیستی؟! مگر تو دیوانه‌ای بازگو که این ماهی به چندخواهی فروخت؟ خلیفه گفت: من او را به زر و سیم نفروشم بلکه او را به دو کلمه خواهم فروخت که آن دو کلمه را بگویی. یهودی چون این سخن بشنید چشمانش بگردید و نفسش تنگ شده و دندآنها به یکدیگر سوده به صیاد گفت: مگر می‌خواهی که من از بهر یک ماهی از دین خود درگذرم و عقیدتی را که از پدرانم مانده فاسد گردانم. پس از آن یهودی بانگ بر غلامان خود بر زد که این پلیدک را بزنید. غلامان بر او گرد آمده او را همی‌زدند تا اینکه یهودی به غلامان گفت: از او برکنار شوید. غلامان برکنار شدند. خلیفه صیاد برپای خاســت. یهودی گفت: بگو که قیمت ماهی تو چیست؟ آن را بدهم تا تو از من دل آزرده مشوی که به دینم سوگند هر چه از من بخواهی مضایقت نکنم. خلیفه گفت: من قیمت ماهی از تو نمی‌خواهم مگر آن دو کلمه را. یهودی گفت: گمان دارم که قصد تو این است که مرا مسلمان کنی؟ خلیفه گفت: ای یهودی، به خدا سوگند اگر تو مسلمان شوی نه اسلام تو مسلمانان را به کار آید و نه ضرری به قوم یهود رسد و اگر در کفر خویشتن مانی کفر تو ضرری به مسلمانان نرساند و یهودیان را سودی نبخشد ولکن چیزی که من از تو می‌خواهم این است که تو بر پای خیزی و بگویی ای مردمان گواه باشید که من بوزینهٔ خود را با بوزینهٔ خلیفه صیاد و بخت او را با بخت خود بدل کردم. یهود گفت: اگر مقصود تو همین است این کاری است آسان.

یکی از ویژگی‌های برجسته این اثر ماندگار و جذاب جنبه‌های طنزآمیز برخی داستان‌های آن است. طنز در هزار و یک شب به طرز اعجاب‌آوری بیانگر فرهنگ و باورهای مردم آن دوره است. در تعدادی از این داستان‌ها فضای واقع‌گرایانه غالب است که بر اساس آنها شرایط و روابط اجتماعی آن دوره در برابر دیدگان مخاطب قرار می‌گیرد و با لحن طنزآمیز به نقد کشیده می‌شود.

... پس از آن یهودی برخاست گفت: ای مردمان، گواه باشید که بوزینه خـــود را با بوزینه خلیفه صیاد و بخت او را با بخت خود بدل کردم. آن‌گاه روی به خلیفه کرده گفت: دیگر چیزی از من می‌خواهی یا نه؟ خلیفه صیاد گفت: لا واللّـه چیز دیگر نمی‌خواهم. گفت: اکنون راه سلامت پیش‌گیر. در حال خلیفه قفه و دام برداشـــته به سوی دریا شد و دام در دریا انداخت. پس از ساعتی دام بیرون کشید دید دام بسی گران است. به مشقتی بسیار

دام برکنار آورده، دام را پر از ماهیان یافت. زنی آمده دینار به وی داد و ماهی بگرفت. پس از آن خادمی در رسید دیناری داده ماهی بگرفت و همچنان می‌فروخت تا ده دینار ماهی فروخت و تا ده روز ده دینار ماهی بفروخت و یکصد دینار زر بیاندوخت و آن صیاد در گذرگاه بازرگانان خانه داشت. شبی در خانه خود خفته بود. با خود گفت: ای خلیفه، همه مردمان می‌دانند که تو مرد فقیر صیادی بودی، یکصد دینار جمع آورده‌ای. ناچار خلیفه هارون‌الرشید از یکی از مردمان این واقعه خواهد شنید و بسا هست که او به مالی محتاج باشد رسولی نزد تو فرستاده بگوید که من به مبلغی محتاجم و شنیده‌ام که تو یکصد دینار زرداری. می‌خواهم که آن زرها را به من قرض دهی. آن‌گاه من می‌گویم: ایهاالامیر، من مردی فقیرم و هرکس تو را خبر داده که من یکصد دینار زر دارم دروغ گفته است که مرا نه درمی هست و نه دیناری. آن‌گاه خلیفه مرا به والی سپرده به او گوید جامه از او برکن و او را بیازار تا اعتراف کند و یکصد دیناری که دارد بدهد. پس رأی صواب این است که من همین ساعت برخاسته خویشتن بیازارم تا عقوبت را معتاد شوم. در حال برخاسته جامه خود برکند و تازیانه به دست گرفته در نزد او مخده‌ای بود یک تازیانه به مخده و یکی به خویشتن می‌زد و می‌گفت: آه آه به خدا سوگند که این سخن دروغ است که من مرد صیاد فقیری هستم و مرا از مال دنیا بهره‌ای نیست. چون همسایگان از او شنیدند که آن سخنان می‌گفت با یکدیگر گفتند: آیا این مسکین را چه روی داده و این صدای تازیانه چیست؟ گویا که دزدان به خانه او آمده او را همی‌زنند. در آن هنگام همسایگان برخاسته از منزل‌های خود بیرون آمده و به سوی خانهٔ خلیفه آمدند. در را بسته یافتند و با یکدیگر گفتند: بسا هست که دزدان از دیوار خانه رفته باشند، بهتر این است که ما نیز از بام‌های خانه به آنجا رویم.

آن‌گاه از بام‌های خانه‌ها به خانه خلیفه صیاد فرود آمدند. او را دیدند که برهنه است و خویشتن را به تازیانه عقوبت می‌کند. همسایگان گفتند: ای خلیفه، این چه حادثه است؟ خلیفه گفت: ای جماعت، بدانید که من دیناری چند فراهم آورده‌ام و بیم من از آن است که خلیفه هارون‌الرشید از کار من آگاه شود و مرا در پیش خود حاضر آورده زرها از من بخواهد و من زرها انکار کنم، آن‌گاه مرا عقوبت کند. اینک من خویشتن را عقوبت کنم و خود را عادت می‌دهم. همسایگان بر او بخندیدند و به او گفتند که: این کارها ترک کن، خدای تعالی نه تو را برکت دهد و نه زرهای تو را که امشب خواب بر ما حرام کردی و ما را در تشویش انداختی. آن‌گاه خلیفه آزردن خویش ترک کرده تا بامداد بخفت. چون از خواب بیدار شد خواست که از پی شغل خود شود، در کار آن یکصد دینار که جمع کرده بود به فکرت فرو رفت و با خود گفت: اگر من این یکصد دینار به خانه بگذارم، دزدانش خواهند برد و اگر در همیان گذاشته بر میان بندم بسا هست که کسی او را ببیند و بر من کمین کند. در جایی تنها بر من هجوم آورده مرا بکشد و زرها بگیرد ولکن من حیلتی کنم که از برای من سود بخشد. در حال برخاسته کرباسی پدید آورده و طوقی دوخته زرها در آن طوق نهاد و طوق در گردن افکنده دام بگرفت و قفه و عصا برداشته به کنار دجله بشتافت...

... چون به دجله رسید دام در دجله انداخت. چون دام بیرون آورد در دام چیزی نیافت. از آن مکان به مکان دیگر رفت و پیوسته از مکانی همی‌رفت تا اینکه از شهر مسافت نیم روزه را دور شد و دام

همی‌انداخت ولی چیزی در دام بیرون نمی‌آمد. آن‌گاه با خود گفت: به خدا سوگند که جز این یک دفعه دام نخواهم انداخت. خواه خالی به در آید خواه پر. پس دام را از غایت خشم با توانایی تمام در آب انداخت. در آن هنگام طوق از گردن او جسته در میان دجله افتاده در حال دام از دست بیانداخت و جامه خویش برکنده در کنار دجله گذاشت و به دجله فرو رفت و بر اثر زرها در آب غوطه خورد و پیوسته فرو می‌رفت و بیرون می‌آمد تا صد بار غوطه خورده به در آمد و از بسیاری فرو رفتن و برآمدن قوّتش برفت و از پول اثری نیافت. چون نومید گشت از آنجا به درآمد و جز دام و عصا و قفه چیزی نبود و از جامه خویش اثری ندید. پس از آن دام بگشود و بر خویشتن بپیچید و قفه بر دوش نهاده عصا به کف گرفت و مانند اشتر رمیده به چپ و راست و پیش و پس همی دوید و گرد به رخسار او همی‌نشست و او مانند دیوی بود که از زندان سلیمان علیه‌السلام گریخته باشد. خلیفه صیاد را کار بدینجا رسید.

و اما خلیفه هارون‌الرشید بازرگانی داشت گوهر فروش که ابن‌قرناصش می‌گفتند و همه بازرگانان و دلالان می‌دانستند که ابن‌قرناص بازرگان خلیفه است و آنچه در بغداد از گوهرها و تحفه‌ها بیع و شری می‌شد نخست به ابن‌قرناص می‌نمودند و همچنان کنیزکان و بندگان را که بیع و شری می‌کردند نخست بر او عرضه می‌داشتند.

روزی از روزها ابن‌قرناص بازرگان در دکهٔ خود نشسته بود که شیخ دلالان نزد او آمد و با کنیزکی بود در غایت حسن که هیچ دیده مانند او را ندیده بود و از جمله محاسن آن کنیزک این بود که همهٔ علوم و فنون نیک می‌دانست و نواختن همهٔ آلات طرب خوب می‌توانست و شعرهای نغز انشا می‌کرد. چون کنیزک را به ابن‌قرناص بنمودند، او را به پنج هزار دینار زر سرخ شری کرده و حلّه‌ای به قیمت هزار دینار بر وی پوشانیده او را نزد خلیفه هارون‌الرشید آورد و خلیفه آن شب را با کنیزک به روز آورده در علوم و فنون آزموده، او را در همهٔ چیزها دانا دیده و بی‌نظیر یافت و آن کنیزک قوه القلوب نام داشت و زلف گره‌گیرش بدان سان بود که شاعر گفته:

همیشه پرشکن است آن دو زلف حلقه‌پذیر
شکن شکن چو زره حلقه حلقه چون زنجیر
به مشک ماند اگر مه پرست باشد مشک
به قیر ماند اگر پرنگار باشد قیر

چون بامداد شد خلیفه هارون‌الرشید ابن‌قرناص را حاضر آورده و شش هزار دینار قیمت کنیزک را به او داده دل به کنیزک بسته به او مشغول شد و سیده‌زبیده، دخترعم خود را ترک و سایر خاصگان نیز فراموشش شدند و یک ماه تمام در منزل کنیزک بنشست و از نزد او جز به هنگام نماز آدینه به در نمی‌رفت. این کار به بزرگان دولت دشوار شد. شکایت به وزیر خلیفه، جعفر برمکی، بردند. جعفر برمکی صبر کرد تا روز آدینه شد. در مسجد جامع نزد خلیفه هارون‌الرشید رفته از هر سوی سخن همی‌راند تا اینکه حکایت عشق در میان آورده قصه‌های عشق و عاشقی فروخواند تا اینکه مکنون خاطر خلیفه را بداند. خلیفه گفت: ای جعفر، قصد تو را دانستم ولکن به خدا سوگند این کار به اختیار من نیست و مرا دل

اسیر دام عشق است. نمی‌دانم که عاقبت کار چون خواهد شد؟ جعفر وزیر گفت: ایهاالخلیفه، بدان که این کنیزک ماهروی که قوه القلوب نام دارد، در زیر حکم تو و از کنیزکان توست. نشاید که بدین سان شیفته و دلبستهٔ او باشی. من تو را به چیز دیگر آگاه کنم که صلاح تو در آن باشد و آن این است که بهترین چیزها از برای ملوک و ابنای ملوک، نخجیر و لهو و لعب و نشاط و طرب است. هرگاه تو به نخجیر شوی و به لهو و لعب پردازی، بسا هست که آن کنیزک را فراموش کنی. خلیفه گفت: ای جعفر، خوب گفتی و به کار نیکو اشارتم کردی. پس چون نماز تمام شد خلیفه از مسجد به‌درآمد و همان دم با جعفر وزیر سوار گشته به تفرج گراییدند...

خلیفه هارون‌الرشید با جعفر برمکی می‌رفتند تا به صحرا رسیدند و خلیفه و جعفر هر یک براستری سوار بودند و با یکدیگر به حدیث در پیوسته از لشکر پیش افتادند. هوا از اثر آفتاب گرم شد. خلیفه را تشنگی سخت غالب گشته چشم به این سوی و آن سوی انداخته چیز سیاهی به روی تلی بلند بدید. با جعفر گفت: آنچه را که من می‌بینم، تو نیز می‌بینی یا نه؟ جعفر وزیر گفت: آری ای خلیفهٔ جهان، بر روی تل، سیاهی همی‌بینم. خلیفه گفت: شاید آن سیاهی پاسبان بوستان باشد و در هر حال او از آب دور نخواهد بود. وزیر گفت: من به سوی او روم و از نزد او آب بیاورم. خلیفه هارون‌الرشید گفت: مرا استر راهوارتر از استر توست. تو در همان مکان بایست تا لشکر برسند. من خود بدان سوی رفته در نزد او آب خورم و بزودی باز آیم. پس هارون‌الرشید استر خویش براند و مانند باد تند همی‌رفت که بر آن سیاهی نزدیک شد. خلیفه صیاد را دید که عریان ایستاده دام بر خود پیچیده است و چشمانش از سرخی شعله‌ای است از آتش و صورت مهیب و قد خمیده گردآلودش به غول همی‌ماند. خلیفه هارون‌الرشید او را سلام داد. خلیفه صیاد رد سلام کرد. ولی خشمناک بود و آتش از دهانش فرو می‌ریخت. خلیفه هارون‌الرشید گفت: ای مرد، در نزد تو آبی هست؟ خلیفه صیاد گفت: مگر نابینایی و یا دیوانه هستی! اینک دجله در پشت همین تل است. خلیفه هارون‌الرشید به پشت تل روان گشته در کنار دجله فرود آمد و آب نوشید و استر خود را آب داد. پس از آن به سوی خلیفه صیاد بازگشت و به او گفت: ای مرد از بهر چه در اینجا ایستاده‌ای و صنعت تو چیست؟ خلیفه صیاد گفت: این پرسش تو عجیب‌تر از پرسشی است که در آب کردی. آیا صنعت مرا بر دوش نمی‌بینی؟ خلیفه هارون‌الرشید گفت: گویا صیادی. خلیفه صیاد گفت: آری صیادم. خلیفه هارون‌الرشید گفت: جبه و دستارت کجاست؟

اتفاقاً آنچه از خلیفه صیاد رفته بود با آنچه خلیفه هارون‌الرشید برشمرد مساوی بودند.

چون خلیفه صیاد این سخن از هارون‌الرشید بشنید چنان گمان کرد که جامه‌های او را از کنار دجله او برداشته. در حال از روی تل چابک‌تر از برق جهنده به زیر آمد و لگام استر هارون‌الرشید گرفته گفت: ای مرد، آنچه از من برده‌ای باز ده و مزاح با من به یک سو نه. خلیفه هارون‌الرشید گفت: به خدا سوگند من جامه‌های تو را ندیده‌ام و نمی‌دانم که در کجاست و خلیفه هارون‌الرشید رویی بزرگ و دهانی کوچک داشت. خلیفه صیاد به او گفت: پندارم که تو نای‌زنی. هرچه هستی جامه‌های من باز پس ده وگرنه به این عصا چنانت بزنم که به جامه‌های خود پلیدی کنی.

چون خلیفه هارون‌الرشـــید عصا اندرکف خلیفه صیاد دید با خود گفت: به خدا سوگند که من از این گدا تحمل نیم ضربت این عصا نتوانم کرد. در حال قبای حریر که دربرداشت برکنده با خلیفه صیاد گفت: ای مرد، این قبا را بدل جامه‌های خود گیر. خلیفه صیاد قبا را گرفته واژگون کرد و گفت: جامه‌های من با ده چنین عبای منقش برابر بود. خلیفه هارون‌الرشید گفت: او را بپوش تا جامه‌های تو را پدید آورم. خلیفه صیاد قبای خلیفه را بپوشـــید. چون قبا دراز بود برقامت او راست نیامد. کاردی برگوشه قفه بسته داشت. آن کارد گرفته از دامن قبا سه وجب ببرید تا آنکه قبا بر زانوی او بایستاد. پس از آن روی به هارون‌الرشید کرده گفت: ای نای‌زن، تو را به خدا ســـوگند می‌دهم با من بازگوی که در ماهی از شـــغل نای‌زنی تو را وظیفه از استاد خود چند است؟ خلیفه گفت: در هر ماهی مرا وظیفه ده دینار زر سرخ است. خلیفه صیاد گفت: ای مســـکین، اندوه تو بار دوش من گشـــت، به خدا سوگند که هر روز ده دینار عاید من شود. اگر خواهی با من باش و خدمت من به جای آور تا تو را شغل صیادی آموخته و شریک خود گیرم و در هر روز پنج دینار تو را بدهم و اگر اســـتاد تو را با تو ســـخنی باشد من او را با این عصا از تو دفع کنم. خلیفه هارون‌الرشید گفت: به این کار راضی هستم. خلیفه صیاد گفت: الحال از خر فرود آی که همین ساعت تو را صیادی بیاموزم. در آن هنگام خلیفه هارون‌الرشید از استر فرود آمده، استر ببست و دامن برمیان استوار کرد. خلیفه صیاد به او گفت: ای نای‌زن، این دام را چنین بگیر و بر روی ساعدهای خود بدین سان بینداز و بدین گونه در دجله‌اش بیفکن. خلیفه هارون‌الرشید چنان کرد که خلیفه صیادش آموخته بود. آن‌گاه دام در دجله بیانداخت و ساعتی صبر کرد. پس از آن دام برکشید، بیرون آوردن نتوانست. خلیفه صیاد گفت: ای نای‌زن شوم، عبای تو را در عوض جامه‌های خود بگرفتم، اکنون اگر دام من بگسلد خر تو را در عوض دام خود خواهم گرفت و تو را چنان خواهم زد که راه بازگشتن ندانی. خلیفه هارون‌الرشید گفت: بیا تا من و تو با هم برکشیم. پس هر دو دام برکشیدند و با مشقتی بسیار دام به در آورده دیدند که دام پر از ماهیان رنگارنگ است...

خلیفه صیاد با خلیفه هارون‌الرشید گفت: ای نای‌زن، اگرچه بسیار زشت و قبیح منظری ولکن چون صیدکردن یادگیری صیادی هنرمند خواهی شد، اکنون تو بر خر خود سوار شو و به بازار رفته دو جوال بیاور تا ماهیان به خر تو بار کنیم و مرا ترازو و سنگ هست، همه را با خود برداریم و تو کاری نداری جز اینکه ترازو گرفته بسنجی و قیمت ماهیان بستانی که این همه ماهیان بیست دینار قیمت بیش دارند، اکنون

به آوردن جوال‌ها بشتاب و دیر مکن. خلیفه هارون‌الرشید خلیفه صیاد را با ماهیان در آن مکان گذاشته به استر خود سوارگشته در غایت طرب روان گشت و بر آنچه میان او و صیاد گذشته بود همی‌خندید و همی‌رفت تا به جعفر وزیر برمکی رسید. چون جعفر او را دید گفت: ایهاالخلیفه، شاید که تو از بهر آب خوردن رفتی. باغی خرم در آن مکان یافتی به تفرج مشغول شدی. هارون‌الرشید بخندید، آن‌گاه جمع اعیان در پیش خلیفه زمین ببوسیده گفتند: ایهاالخلیفه، خدای تعالی شادی تو را مستدام کند و حزن و اندوه از تو دورگرداند، سبب دیر آمدن چه بود و بر تو چه رفت؟ خلیفه به ایشان گفت: حدیثی عجیب بر من برفت و کاری غریب روی داد.

پس حدیث خلیفه صیاد و آنچه او با هارون‌الرشید در میان گذاشته بود بازگفت که صیاد او را دزد جامه‌های خود دانست و خلیفه قبای خود را بدو داده. جعفر گفت: به خدا سوگند ای خلیفه مرا به خاطر بود که آن قبا از تو بطلبم ولی اکنون از صیاد او را شری کنم. خلیفه گفت: ای جعفر، به خدای سوگند سه وجب از طرف دامنش بریده، ولکن ای جعفر، ماهی بسیار در دریا صید کردم و آن ماهیان در کنار دریا نزد استاد من خلیفه صیاد است، او در آنجا به انتظار من ایستاده که دو جوال برداشته به سوی او بازگردم و ماهیان بار کرده به بازار بریم و ماهیان بفروشیم و قیمت بخش کنیم. جعفر گفت: ایهاالخلیفه، من از بهر شما مشتری آورم که ماهیان شما را شری کند. خلیفه هارون‌الرشید گفت: ای جعفر، به پدران پاکم سوگند که هرکس از آن ماهیان که در نزد استاد من خلیفه صیاد است یکی ماهی از برای من بیاورد او را یک دینار زر سرخ دهم.

پس منادی در میان لشکر ندا کرد که بدوید و ماهی از بهر خلیفه شری کنید. در حال مملوکان به سوی دجله بشتافت و در هنگامی که خلیفه در انتظار هارون‌الرشید ایستاده بود مملوکان از چهار طرف بر او گرد آمدند و از او ماهی گرفته به دستارچه‌های نو می‌گذاشتند و از بهر ماهی با یکدیگر جنگ می‌کردند. خلیفه صیاد گفت: شک نیست که این ماهیان از ماهیان بهشت‌اند، آن‌گاه دو ماهی به دست راست و دو ماهی به دست چپ گرفته به دجله اندر شد و تا سینه فرو رفت و می‌گفت: خداوندا، به حق ماهیانت سوگند می‌دهم که شریک من نای‌زن را همین ساعت برسان. ناگاه غلامکی دیرتر از غلامان دیگر برسید، دید که ماهی نمانده، به چپ و راست نگاه می‌کرد، خلیفه صیاد را دید که در آب فرو رفته و ماهیان در دست دارد. بانگ بر صیاد زد که: نزد من آی. صیاد گفت: ای غلام، پی کار خویشتن شو و سخن دراز مکن. آن‌گاه غلامک پیش رفته گفت: این ماهی از برای من بیاور تا قیمت ماهی بدهم. خلیفه صیاد گفت: مگر تو عقل نداری، من این ماهیان نخواهم فروخت. آن غلام دبوس برکشید به سوی او رفت. خلیفه صیاد ماهیان به سوی او انداخته گفت: ای شقی، مزن که انعام از دبوس بهتر است. آن غلام ماهیان برداشته به دستارچه بگذاشت و دست در جیب برده دینار و درمی در جیب خود نیافت.

این حکایت صرف نظر از مضمون و محتوای ایدئولوژیک مندرج در آن، ساختاری بسیار قدرتمند دارد و نمونهٔ زودهنگام ژانری از داستان‌نویسی است که به آن «رئالیسم جادویی» می‌گویند. فضای روایی حاکم بر داستان بسیار سیال است و در دو ساحت خیال و واقعیت پیش می‌رود به‌گونه‌ای که فضای حکایت به‌طور متناوب و پی‌درپی از ساحتی به ساحت دیگر تغییر می‌کند.

به صیاد گفت: تو را بخت شوم است، به خدا سوگند مرا دیناری و درمی نیست ولکن به دارالخلافه بیا و بگـو که مرا به خواجه‌صندل دلالت کنید. خادمان تو را پیش من دلالت کنند. چون پیش من آیی تو را بی‌بهره نکنم. خلیفه صیاد گفت: امروز روز با برکتی است و برکت آن از نخست آشکار بود. پس صیاد دام برداشته بر دوش انداخت و همی‌رفت تا به بغداد رسید. مردمان خلعت بر او دیده به او نظاره می‌کردند تا اینکه صیاد به کوچه‌ای داخل شـد که دکان خیاط خلیفه هارون‌الرشید در سر آن کوچه بود. چون خیاط جامه‌ای از جامه‌های خلیفه را در تن خلیفه صیاد دید گفت: ای خلیفه، این جامه از کجا آورده‌ای؟ خلیفه صیاد گفت: من این را از کسی گرفته او را صیادی آموخته و او به غلامی من اعتراف کرد. من نیز از بریدن دست او درگذشتم که او جامه‌های من دزدیده بود و این عبای منقش را بدل جامه‌های من داده. خیاط دانست که خلیفه هارون‌الرشید بر وی گذشته و با او مزاح کرده و خلعتش داده است... پس از آن صیاد به سوی خانه خود روان گشت و او را کار بدین‌گونه شد. و اما خلیفه هارون‌الرشید به تفرج بیرون نرفته بود مگر به جهت آنکه از قوهٔ القلوب به چیز دیگر مشغول شود.

و اما زبیده چون خبرقوهٔ القلوب بشنید و میل خلیفه را به او بدانست، از آنجا که حسد شیوهٔ زنان است به قوه القلوب رشک برد و از خواب و خور بازماند و پیوسته انتظار غیبت خلیفه را می‌کشید که از بهر قوهٔ القلوب فکر دامی نماید. چون دانست خلیفه به نخجیرگاه رفته کنیزکان را فرمود که خانه را فرش‌های حریر بگستردند و خوردنی‌ها و حلواها حاضر آوردند و بنگ در آن حلواها به کار بردند و یکی از کنیزکان را فرمود که به سوی قوهٔ القلوب رفته او را به ضیافت سیده‌زبیده، دخترعم خلیفه بخواند و به او بگوید که امروز سیده‌زبیده دوا خورده، به شنیدن نغمه‌های طرب‌انگیز مشتاق است. چون کنیز نزد قوهٔ القلوب شد و پیغام بگذارد، قوهٔ القلوب برپای خاست و نمی‌دانست که از بهر او چه دامی نهاده‌اند. پس با فرستاده سیده روان شد و همی‌رفتند تا به نزد سیده زبیده رسیدند. چون قوهٔ القلوب را نظر به سیده افتاد زمین را بوسه داد و بر پای ایستاده و گفت: السلام علی الستر الرفیع (درود بر پوشاننده بلندمرتبه)، خدای تعالی اقبال و نیکبختی را نصیب گرداند. در آن هنگام سیده‌زبیده سر به سوی او برداشت و به حسن و جمال او نظاره کرده صورتی دید که نقاش فکرت به زیبایی او بر لوح وجود نقشی نکشیده و مصور تقدیر به رعنایی او شکلی ندیده، زلف پرشکنش به کند رفته، عالمیان را در زنجیر بسته و ماه جهانتاب از حسرت جبهه‌اش به خاکستر نشسته.

رخش عشاق را شمع شبستان
لبش لعل و شراب می‌پرستان
قدش بخت بلند راست بنیان
خم زلفش حریف شب‌نشینان
شکر از رشک نطقش رفته در تنگ
عقیق از شرم لعلش رفته در سنگ

سیده‌زبیده چون او را دید بنواخت و گفت: ایقوهٔ القلوب، بنشین تا از نغمات طرب‌انگیزت نشاط اندر شویم و به حسن صنعت تو تفرج کنیم. قوهٔ القلوب فرمان بپذیرفت. در حال نشسته دف بگرفت و چنان بخواند که مکان به رقص درآمد. آن‌گاه دف بگذاشـــت و چنگ برداشت. پس از آن چنگ گذاشته بربط برداشت و تارهای آن محکم کرده او را در کنار گرفته و چهار طریق بزد و نوبتی بخواند چنانچه حاضران مدهوش شدند و شنوندگان طرب کردند، پس از آن دوبیتی بخواند:

گویند کـه فردوس برین خـواهد بـود
آنجا می‌لعل و حور عـین خـواهـد بـود
گر ما می و معشوق گزیدیم چـه بـاک
چون عاقبت کار همـــین خـواهـــد بود

چون قوهٔ القلوب در پیش ســیده زبیده عود بزد و شعر برخواند پس از آن به رقص برخاست و چنان برقصید که ســیده‌زبیده بر او عاشق شــد و با خود گفت: پسرعمم هارون‌الرشید را در عشق این لعبتگر ملامت نتوان کرد. پس از آن قوهٔ القلوب در پیش زبیده زمین ببوســید و بنشســت و طعام و حلوا حاضر آوردند. قوهٔ القلوب از آن حلوا بخورد و هنوز حلوا در شکم او جای نگرفته بود که از اثر بنگ سر بگشت و بیخود بیافتاد و سیده‌زبیده کنیزکان را گفت که او را در فلان غرفه نگاه دارید. کنیزکان چنان کردند که زبیده فرمود. پس از آن زبیده با خادمان گفت صندوقی مهیا کرده نزد ســیده آوردند و فرمود که صورت قبری بســازند و چنان شهرت دهند که قوهٔ القلوب ناگهان بمرد و هرکس بگوید قوهٔ القلوب زنده است کشته خواهد شد.

پس خلیفه در همان ساعت از نخجیر بازگشت و نخستین سخنش پرسش از قوهٔ القلوب بود. خادمان پیش رفته زمین و آسمان بوسه دادند و گفتند:

خلیفه را زندگانی دراز باد که قوهٔ القلوب از طعام گلوگیر گشته، بمرد. خلیفه گفت: ای غلامک شوم، خدای تعالی تو را بشارت خیر ندهد. پس از آن برخاسته به قصر درآمد و از هرکس که در قصر بود خبر مرگ قوهٔ القلوب را بشــنید و از خبر قوهٔ القلوب جویان شــد، او را به سر قبر مزبور آورده قبر او را به وی بنمودند. چون چشمش بر آن قبر افتاد فریاد برآورده، بگریست و این دو بیت خواند:

شاید که چشم چشمه بگرید به‌های های
بر بوستان که سرو بلند از میان برفـــت
بـالا بـلـنـد کـرد درخـت بلـنـد نـاز
نـــاگه به حسرت از نظر باغبان بـرفــت

پس از آن محزون و ملول برخاســـت.

و اما ســیده زبیده چون دید که خلیفه مرگ قوه القلوب را باور کرده، در حال قوهٔ القلوب را حاضر آورده در صندوقش بنهاد و با خادم گفت: بزودی این صندوق

را به بازار برده، بفروش ولکن با مشتری شرط کن که سر او را نگشوده شری کند. چون صندوق بفروشی قیمت او را به تصدق ده. خادم صندوق برداشته بیرون رفت. ایشان را کار بدینجا رسید.

اما خلیفه صیاد چون شـب را به روز آورد با خود گفت: امروز مرا شغلی به از آن نیست که به سوی خواجه‌صندل که ماهی از من خریده بروم که او به من وعده کرده که در دارالخلافه به نزد او شوم. پس خلیفه صیاد از خانه خود به در آمده به سوی دارالخلافه روان شد. چون به قصر برسید، مملوکان و بندگان و خادمان را دید که پاره‌ای نشسـته و بعضی ایستاده‌اند. چشم بر ایشان دوخته به دقت همی‌نگریست. خواجه صندل را چشم به خلیفه صیاد افتاد، او را بشناخت. صیاد نیز او را دیده بشناخت. گفت: ای سیاهک، خداوندان امانت نه چنین باشند. خواجه صندل از سخن او بخندید و دست در جیب کرد که او را چیزی دهد، ناگاه آواز جمعی بلند شـد. جواجه صندل سـر برکرده دید که جعفر وزیر از نزد خلیفه به درآمده و خداوندان حاجت و خادمان و غلامان بر وی گرد آمده‌اند. خواجه‌صندل بر پای خاسته نزد جعفر شد و با یکدیگر به حدیث مشغول شدند. خلیفه صیاد دیرگاهی بایستاد و خواجه به سوی اون نگاه نکرد. خلیفه در خشم گشته به خواجه صندل معترض شد و با دست خود اشارت به سوی او کرده گفت: ای سیاهک، مرا روانه کن بروم. خواجه صندل آواز او را بشنید ولی از جعفر وزیر شرم کرد که رد جواب کند و به وزیر به حدیث گفتن مشغول بود. خلیفه صیاد گفت: ای غلامک، چرا سرگرانی می‌کنی و حق من از بهر چه باز پس نمی‌دهی؟ نفرین خدا بر آن کس باد که متاع مردمان گرفته با ایشان سرگرانی می‌کند. خواجه صندل سخن او را بشنید و از جعفر وزیر شرم کرده سخن نگفت. جعفر وزیر نیز او را بدید که با دست خود اشارت می‌کند و با خواجه‌صندل سخن می‌گوید ولکن ندانست که به او چه می‌گوید. با خواجه‌صندل گفت: این مسکین از تو چه می‌خواهد؟ صندل خادم گفت: ای وزیر، مگر او را نمی‌شناسی؟ وزیر گفت: من او را از کجا می‌شناسم که به جز این دم او را ندیده‌ام. خادم گفت:ای وزیر، این همان صیاد است که ماهیان او را در کنار دجله به تاراج بردند ولکن وقتی که من به کنار دجله رسیدم چیزی از ماهیان بر جای نمانده بود، او را در میان دجله ایستاده دیدم که چهار ماهی در دو دست داشت. من نخواستم که تهی دست به سوی خلیفه بازگردم. به صیاد گفتم: ماهیان خود را نزد من آور و قیمت آنها را از من بستان. چون ماهیان به من داد دست در جیب بردم که او را چیزی دهم، در جیب خود چیزی نیافتم. به او گفتم: فردا در دارالخلافه نزد من آی تا تو را چیزی دهم. امروز که نزد من آمد دست در جیب بردم که او را چیزی دهم، در آن حال شما بیرون آمدی. من در خدمت شما از او مشغول شدم و ایستادن او دیر شده اینک با من تعرض می‌کند.

... چون جواجه صندل حکایت خلیفه صیاد با جعفر وزیر برمکی بازگفت، جعفر وزیر از سخن او تبسم کرده گفت: ای رئیس خواجگان، مگر تو او را نمی‌شناسی که حاجت او را روا نکردی؟ صندل خادم گفت: لا والله، من او را نمی‌شناسم. وزیر گفت: او شریک و استاد خلیفه هارون‌الرشید است. چون امروز خلیفه محزون و اندوهناک می‌باشد، همین صیاد، خلیفه را مایهٔ شادی تواند بود. اکنون تو او را در همین جای نگاه دار تا من با خلیفه مشورت کنم و او را نزد خلیفه برم، شاید که به سبب او دل خلیفه بگشاید و حزن قوهٔ القلوب از خاطرش برود و او را چیزی دهد که در معشیت خود صرف کند و سبب این احسان تو باشی.

آن‌گاه جعفر وزیر به سوی خلیفه بازگشت و صندل خادم مملوکان را به نگاه‌داشتن خلیفه صیاد بگماشت. خلیفه صیاد گفت: ای سیاهک، خوب احسان کردی، من آمدم که وام خود از تو بخواهم، تو خادمان به نگاه داشتن من همی‌گماری؟ جعفر وزیر نزد خلیفه شد. او را دید نشسته و سر به زیر انداخته محزون است و این دو بیت همی‌خواند:

عـــمری به بوی یـاری بـردیم انتـظـاری
زین انتــظار مــا را نــگـشود هیـچ کـاری
هــر دم غـــم فراقـش بــر دل نهـاد دردی
هر لحظه درد هجرش در دل شکست خاری

جعفر وزیر، خلیفه را سلام داد. خلیفه سر بر کرده جواب سلام گفت. جعفر گفت: اگر خلیفه اجازت دهد، چاکر را سخنی هست. خلیفه گفت: هرچه خواهی بگو که بر تو باکی نیست و تو خلافت را رکن استوار هستی. وزیر گفت: ایهاالخلیفه، من قصد خانهٔ خود داشتم، شریک و استاد تو خلیفه صیاد را دیدم که بر در ایستاده و از تو شکایت می‌کرد و می‌گفت که: من او را شریک خود کردم و صیادی‌اش آموختم و او رفت که جوال از بهر من بیاورد تا ماهیان بارکرده به بازار بریم بازنیامده، شیوه شرکت نه چنین و رسم استادی و شاگردی نه این است. ای خلیفهٔ زمان، اگر تو با او شرکت داری باکی نیست وگرنه او را بیاگاهان که با دیگری شریک شود. چون خلیف هارون‌الرشید سخن جعفر بشنید تبسم کرد و اندوهش کم شد و با جعفر گفت: به حق خلافت سوگندت می‌دهم آنچه گفتی راست است یا نه؟ جعفر جواب داد: به زندگانی خلیفه سوگند راست گفتم، اکنون بر در ایستاده است. خلیفه گفت: ای جعفر، به خدا سوگند در روا کردن حاجت او بکوشم. هرگاه از بهر او در دست من رنجی یا راحتی مقدر شده باشد به او خواهد رسید. پس از آن خلیفه هارون‌الرشـــید ورقه‌ای گرفته پاره‌پاره‌اش ببرید و با جعفر گفت: بیست گونه احسان از یک دینار تا هزار دینار و از پست‌ترین مناصب تا منصب خلافت بنویس و بیست گونه هم عذاب که پست‌ترین آنها تعزیر و سخت‌ترین آنها کشتن شود بنویس. جعفر وزیر قرعه‌ها را بدان‌سان که خلیفه امر کرده بود بنوشت. پس از آن خلیفه فرمود: ای جعفر، به روح پاک پدرانم سوگند و به حق قرابتی که مرا با حمزه و عقیل است که من خلیفه صیاد را حاضر گردانم و او را به گرفتن ورقه‌ای از این اوراق بفرمایم و هر چه که در آن ورقه بیرون آید خلیفه را بر او مالک گردانم، اگرچه خلافت هم باشد خویشتن را معزول کرده بدو بسپارم و اگر در آن ورقه کشتن و یا بریدن و یا عقوبت دیگر باشد بکنم. الحال تو برو و صیاد را پیش من آور. چون جعفر این سخن بشنید با خود گفت: سبحان‌الله، بسا هست که از برای این مسکین قرعه‌ای بیرون آید که هلاک او در آن باشـــد و من سبب هلاکت او شوم ولکن من ناگزیرم که او را نزد خیلفه حاضر آورم، هرچه که خدای تعالی خواسته آن خواهد شد. پس جعفر وزیر به سوی خلیفه صیاد رفته آستین او را گرفته همی‌برد و خادمان از پس و پیش وزیر روان بودند. خلیفه صیاد در زیر لب می‌گفت: حبس کردن من بس نبود که خادمان از هر ســو بر من گرد آمدند و راه گریز بر من ببستند. کاش من نزد این سیاه شوم نیامده بودم. پس جعفر از هفت دهلیز بگذشت به خلیفه صیاد گفت: چشم باز کن که اکنون در پیش خلیفه روی زمین

حاضر خواهی شد. آن‌گاه پرده برداشتند. چشم خلیفه صیاد به خلیفه هارون‌الرشید افتاد که بر تخت نشسته و بزرگان دولت ایستاده‌اند. خلیفه صیاد او را بشناخت. پیش رفته به او گفت: اهلاً و سهلاً ای نای‌زن، بر تو زیبنده نبود که از من صیادی بیاموزی پس از آن مرا نزد ماهیان گذاشته از بهر آوردن جوال بروی و باز نیایی. آن‌گاه مملوکان، سوار چارپایان رنگ رنگ گشته بر من هجوم آورند و ماهیان از من به تاراج برند. ولکن همهٔ اینها زیر سر توست. اگر تو زودتر جوال آورده بودی صد دینار بیشتر ماهی می‌فروختیم. اکنون که من آمدم حق خود بستانم مرا در اینجا حبس کردند. نمی‌دانم تو را در این مکان که حبس کرده و از بهر چه در این مکان نشسته‌ای؟

خلیفه هارون‌الرشید تبسمی کرده به او گفت: نزدیک‌تر آی و یکی از این ورقه‌ها بگیر. خلیفه صیاد گفت: ای نای‌زن، دیروز صیاد بودی امروز تو را می‌بینم که رمال هستی! ولکن بدان که هرکس صنعت بیشتر دارد روزگار او پریشان‌تر است. جعفر وزیر گفت: سخن مگو و یکی از این ورقه‌ها بگیر. آن‌گاه خلیفه صیاد پیش رفته دست دراز کرده و گفت: هیهات که این نای‌زن دوباره شاگرد من شود و به صیادی اقبال کند. پس ورقه‌ای گرفته به خلیفه‌اش بداد و به او گفت: ای نای‌زن، راست گو که چه چیزی در این ورقه است و هیچ چیز از من پوشیده مدار.

... خلیفه هارون‌الرشید ورقه بگرفت و به جعفر وزیر برمکی داد و به او گفت: آنچه در ورقه‌است بخوان. جعفر وزیر ورقه نظاره کرده گفت: سبحان‌الله. خلیفه هارون‌الرشید گفت: ای جعفر، در ورقه چه بود؟ جعفر گفت: در ورقه بیرون آمده که صد چوب به صیاد بزنند. پس خلیفه فرمود که او را صد چوب بزنند. خادمان صد چوب به صیاد بزدند. آن‌گاه خلیفه صیاد برخاسته گفت: نفرین خدا به چنین بازی بیاید، مگر حبس کردن و زدن از جمله بازی‌های شماست؟ جعفر وزیر گفت: ایهاالخلیفه، چگونه این مسکین از دریا تشنه بازگردد؟ تمنای من از خلیفه این اســـت که بر او تصدق کند و به گرفتن ورقهٔ دیگر اجازتش دهد، شاید که در آن ورقه چیزی از بهر او بیرون آید و از آستان خلیفه به خرمی بازگردد. خلیفه گفت: ای جعفر، به خدا سوگند اگر در ورقه کشتن او بیرون آید بخواهمش کشت و سبب تو خواهی بود. جعفر جواب داد: اگر کشته شود، راحت یابد. خلیفه صیاد با جعفر گفت: روی خوبی نبینی، مگر من بغداد را بر تو تنگ کردم که کشتن من می‌خواهی؟ جعفر وزیر گفت: ورقه بگیر و سخن مگوی. خلیفه صیاد ناچار دست برده ورقه گرفته به جعفر داد. جعفر ورقه خوانده سخن نگفت. خلیفه هارون‌الرشید پرسید: ای پسر یحیی، از بهر چه سخن نگفتی؟ جعفر جواب داد: ای خلیفه، در ورقه بیرون آمده است که خلیفه صیاد را چیزی مده. هارون‌الرشید گفت: او را در نزد ما نصیبی نیســـت، بگذار تا از پی کار خود شود. جعفر وزیر گفت: تو را به روح پاک

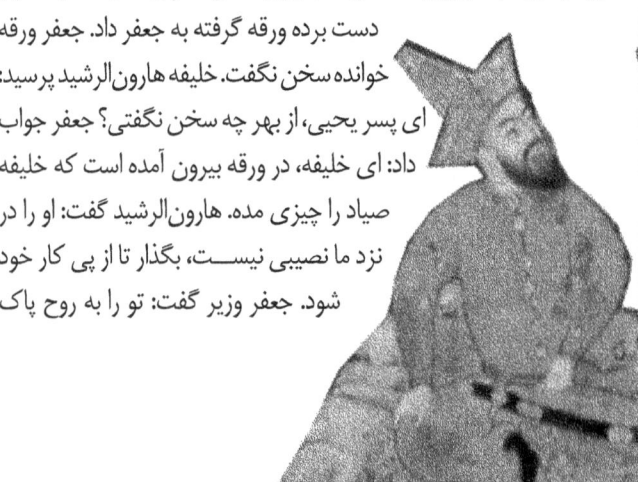

حکایت خلیفه صیاد انعکاس عقاید و دیدگاه‌های قدریه و جبریه است. عقاید این گروه در تضاد کامل با دیدگاه‌های معتزله و شیعه قرار دارد. تقدیرگرایان و جبری‌مسلکان بر این باورند که اراده و عمل انسان هیچ اصالتی ندارد و همه‌چیز بر اساس تقدیر ازلی و ابدی و جبر آسمانی تعیین می‌شود.

پدرانت سوگند می‌دهم اجازت ده تا ورقه سیّمین بگیرد، شاید او را بهره‌ای رسد. خلیفه هارون‌الرشید به گرفتن ورقه جوازش داد. صیاد دست برده ورقه سیّمین بگرفت و در آن ورقه نوشته بودند که: یک دینار به صیاد بده. جعفر وزیر به صیاد گفت: از بهر تو بسیار کوشیدم ولی خدای تعالی جز این یک دینار نصیب تو نکرده بود. خلیفه صیاد گفت: آری صد چوب به یک دینار نیکو معامله‌ای است. خدای تعالی تو را تندرستی ندهد. هارون‌الرشـــید از سخن خلیفه بخندید و جعفر آستین خلیفه را گرفته به در آورد. چون صیاد به در قصر رسید، خواجه صندل را نظر بر وی افتاد. به او گفت: ای صیاد، از آنچه خلیفه به تو داده نصیب ما را بده. خلیفه صیاد گفت: ای سیاهک شوم، اگر می‌خواهی انعام خلیفه را با من بخش کنی من صد چوب خورده و یک دینار گرفته‌ام ولکن این یک دینار را تو بگیر. پس دینار به ســوی او انداخته گریان گریان روان شد. چون خواجه‌صندل او را در آن حالت بدید دانست که چه می‌گوید. در حال غلامان را گفت او را بازگردانند و خود دست در جیب برده همیانی سرخ به در آورد. او را بگشود و زرهایی که در آن بود به در آورد، بشمرد. یکصد دینار بود. به صیاد گفت: این زرها در عوض ماهیان خود گیر و از پی کار خویشتن شـــو. در آن هنگام خلیفه صیاد فرحناک شد و یکصد دینار با دیناری که خلیفه داده بود برداشته از قصر بیرون شد و الم چوب‌ها فراموش کرد. از قضا او را به سرای کنیزفروشان گذر افتاد. در آنجا حلقه‌ای بزرگ و خلقی بسیار دید. پیش رفته، صف‌ها بشکافت. در میان جماعت بایستاد. شیخی را دید برپای ایستاده و صندوقی در پیش دارد و خادمی بر آن صندوق مجهول دربسته که از خانهٔ سیده بیرون آمده مبادرت کند. یکی از بازرگانان گفت: به خدا سوگند خریدن این صندوق خطرها دارد لکن من او را بیست دینار شری کنم. دیگری گفت به پنجاه دینارش بخرم.

القصـــه، بازرگانان بر قیمت صندوق همی‌افزودند تا اینکه به یکصد دینار رســـید. منادی گفت: ای بازرگانان، در میان شما کسی هست که دیگر افزون کند؟ خلیفه صیاد گفت: من این صندوق را به یکصد و یک دینار خریدم. چون بازرگانان سخن خلیفه صیاد را بشنیدند آن را مزاح دانستند و بر او بخندیدند و به شیخ گفتند: آن را به خلیفه صیاد بده و یکصد و یک دینار از او بستان. شیخ دلالان گفت: آری این صندوق را نفروشم مگر به خلیفه صیاد. ای خلیفه، صندوق بگیر و قیمت بشمار، خدا او را بر تو مبارک کند. در حال خلیفه زرها بیرون آورده به خادمی که صندوق آورده بود بشمرد و صیغه بیع و شری بخواندند. خادم زرها گرفته به مسکینان بذل کرد و به قصر بازگشت. سیده‌زبیده خرسند شد. و اما خلیفه صیاد صندوق بر دوش گرفته از گرانی طاقت برداشتن‌اش نبود و با مشقتی بسیار همی‌برد تا به در خانه خود رسانید و صندوق به زمین نهاد. خود نیز نشسته به فکر فرو رفت و با خود گفت: کاش می‌دانستم در صندوق چیست؟ پس از آن درِ خانه خود گشوده با تعب و مشقت صندوق را به خانه برد و در گشودن صندوق بسی کوشید، نتوانست. با خود گفت: نمی‌دانم به کدام عقل این را خریدم. ناچار باید که این صندوق بشکنم و آنچه در صندوق است بازبینم. پس از چندی بکوشیده قفل صندوق را شکستن نتوانست. با خود گفت: به از آن نیست که ایـــن کار را به فردا بگذارم. آن‌گاه قصد خواب کرد. چون خانه را صندوق به طول و عرض فراگرفته بود، جایی از برای خفتن نیافت. به فراز صندوق رفته بخفت و ساعتی نرفته بود که چیزی در صندوق به جنبش

آمد. خلیفه هراس کرده خوابش از سر برفت و عقلش بپرید.

... بر پای خاسته گفت: گویا جنی در این صندوق باشد! خوب شد که آن را گشودن نتوانستم که اگر آن را می‌گشودم جنیان به تاریکی مرا هلاک می‌کردند. پس ساعتی حیران بایستاد. پس از آن به فراز صندوق رفته بخسبید، صندوق دوباره به جنبش درآمد. خلیفه جست‌وجوی چراغ کرده چراغ در خانه نیافت. در حال از خانه بیرون آمد و بانگ بر مردمان محلت زد. مردمان از آواز او بیدار شدند و گفتند: ای خلیفه، تو را چه روی داده؟ خلیفه گفت: مرا با چراغی دریابید که جنیان به خانهٔ من آمده‌اند. مردمان بر وی بخندیدند و چراغی روشن کرده بدو دادند. خلیفه چراغ گرفته به خانه خویش درآمد و قفل صندوق را با سنگی بزرگ بشکست و صندوق بگشود. به صندوق اندر دختری دید مانند حور که بنگ خورده از قضا بنگ را قی کرده و به خود آمده. پس دخترک چشمان خود گشوده گفت: ای یاسمن و ای سوسن، نزد من آیید. خلیفه صیاد گفت: آفرین بر حشیش. آن‌گاه دخترک به خود آمده خلیفه را بدید و به او گفت: تو کیستی و من در کجایم؟ خلیفه جواب داد: تو در خانهٔ منی. قوهٔ القلوب پرسید: من در قصر خلیفه هارون‌الرشید نیستم؟! خلیفه جواب داد: ای دیوانه، هارون‌الرشید کیست؟ تو کنیز من هستی و امروز تو را به یکصد و یک دینار گرفته‌ام. قوهٔ القلوب

چون کنیزک سخن او را بشنید از نام او بازپرسید، گفت: مرا نام خلیفه است ولی نیکبخت شده‌ام و مرا بخت خویش این گمان نبود. دخترک بخندید و به خلیفه گفت: اگر خوردنی چیزی هست بیاور. خلیفه گفت: به خدا سوگند جرعه آبی ندارم و من خود نیز دو روز است چیزی نخورده‌ام و به لقمه‌ای محتاجم. دخترک بر وی بخندید و به او گفت: برخیز و چیزی از همسایگان بخواه که از گرسنگی به هلاکت اندرم. خلیفه صیاد برخاسته از خانه به در شد و بانگ بر همسایگان زد. ایشان بیدار شدند و گفتند: ای خلیفه، تو را چه روی داده؟ گفت: ای همسایگان، گرسنه‌ام و از گرسنگی خوابم نمی‌برد. همسایگان یکی قرصه‌ای و دیگری پاره پنیری و دیگری خیاری بیاوردند. خلیفه آنها را به دامن کرده به خانه بازگشت و همه را برابر دخترک بگذاشت و به او گفت: فدای تو شوم بخور که هر که با من باشد چنین نعمت‌ها خورد. دخترک گفت: بی‌کوزه آب چگونه چیز توان خورد که می‌ترسم گلوگیر شوم. خلیفه کوزه شکسته سفالینی که داشت برداشته بیرون آمده و بانگ بر همسایگان زد. گفتند: ای خلیفه، تو را امشب چه مصیبت روی داده است؟ خلیفه گفت: نان که دادید بخوردم و اکنون تشنه‌ام، احسان بر من تمام کنید و مرا جرعه آبی دهید. یکی از همسایگان کوزه‌ای و دیگری ابریقی و دیگری قله‌ای (سبوی بزرگ) پر از آب بیاوردند. خلیفه کوزه خود را از آب پرکرده به خانه بازگشت و با دخترک گفت: ای خاتون، دیگر تو را حاجتی نماند. اکنون حدیث خود بازگو. دختر گفت: اگر تو مرا نمی‌شناسی من خود را به تو بشناسانم. من قوهٔ القلوب کنیز هارون‌الرشیدم که سیده زبیده بر من رشک برده بنگ خورانده و بی‌خودم کرده و در این صندوق نهاده است.

پس از آن قوهٔ القلوب گفت: منّت خدای را که این کار به آسانی گذشت ولکن این حادثه روی نداد مگر از نیکبختی تو، از آنکه خلیفه تو را چنان مال دهد که بی‌نیاز شوی. خلیفه صیاد گفت: هارون‌الرشید نه آن است که من امروز در قصر او محبوس بودم؟ قوهٔ القلوب گفت: آری، هارون‌الرشید همان است.

خلیفه صیاد گفت: به خدا سوگند من از آن نای‌زن بخیل‌تر و کم‌خردتر کسی ندیده‌ام که او امروز مرا صد چوب زد و یک دینارم بداد، با اینکه من او را صیادی آموختم و شریک خود گردانیدم. قوهٔ القلوب گفت: این سخنان زشت بگذار و چشم بازکن و اگر پس از این او را ببینی شیوهٔ ادب از دست منه که او تو را به مقصود خواهد رسانید. خلیفه صیاد چون سخن او را بشنید گویا خفته بود بیدار گشت و به جهت نیکبختی که داشت، خدای تعالی دانایی و معرفت بر وی عطا کرد. آن‌گاه با قوهٔ القلوب گفت: به چشم، هر چه تو گفتی چنان کنم. پس از آن با قوهٔ القلوب گفت: بسم‌الله بخسب. قوهٔ القلوب بخفت و خلیفه دورتر از وی تا بامداد بخفت. چون بامداد شد قوهٔ القلوب دوات و قلم و قرطاس بخواست. در حال خلیفه صیاد آنها را حاضر آورد. قوهٔ القلوب به ابن قرناص که ندیم خلیفه بود کتابی نوشت و او را از حالت خویشتن آگاه کرد و بودن خود را در نزد خلیفه صیاد بر وی بنمود. پس از آن ورقه به خلیفه صیاد داده به او گفت: این کتاب به سوق گوهریان برده از دکان ابن‌قرناص گوهرفروش جویان شو، چون تو را بر او دلالت کنند، ورقه به او ده و هیچ سخن مگوی. خلیفه صیاد ورقه گرفته به بازار گوهریان شد و از دکهٔ ابن‌قرناص جویا گشت. خلیفه را به دکان او راه نمودند. خلیفه بدان مکان آمده ابن‌قرناص را سـلام داد و او رد سلام کرد و او را حقیر شمرد و به او گفت: چه حاجت داری؟ در حال خلیفه ورقه به او داد. ابن‌قرناص ورقه را گرفته بخواند و چنان دانسـت که دریوزه‌ای است از او صدقه همی‌خواهد. به یکی از خادمان گفت: او را نیم درم بده. خلیفه صیاد گفت: مرا حاجت به صدقه نیست، ورقه بخوان. ابن‌قرناص ورقه برخواند و مضمون بدانست. آن‌گاه ورقه را بوسیده بر چشم بنهاد.

... بر پای خاسته با خلیفه گفت: ای برادر، تو را خانه کجاست؟ خلیفه صیاد گفت: با خانهٔ منت چه کار اسـت، مگر می‌خواهی که به خانه من رفته کنیزم را بدزدی. ابن‌قرناص گفت: کنیز تو را نخواهم دزدید بلکه قصد من آن است که خوردنی از بهر تو و او شری کنم. خلیفه گفت: خانهٔ من در فلان محله است. ابن‌قرناص گفت: احسنت، خدای تعالی تو را عافیت دهد. پس ابن‌قرناص دو تن از خادمان خود را بخواند و به ایشان گفت: این مرد را به دکان محسن صیرفی برده هزار دینار زر از او گرفته به این مرد دهید و به‌سرعت به سوی منش بازآورید. خادمان، خلیفه را به سوی دکان محسن صیرفی بردند و هزار دینار زر سرخ از او گرفته به خلیفه بدادند و در حال به دکان ابن‌قرناص بازآوردند. دید که ابن‌قرناص بر استری سوار است که به هزار دینار ارزش دارد و مملوکان و خادمان در چپ و راست او ایستاده‌اند و در پهلوی استر او استر دیگر با زین و لگام هست که به آن استر همی‌ماند. ابن‌قرناص با خلیفه گفت: بر این استر سوار شو. خلیفه گفت: به خدا سوگند من نتوانم بر این خر سوار شوم که مرا می‌اندازد. ابن‌قرناص گفت:ناچار باید سوار شوی. آن‌گاه خلیفه پیش رفته واژگونه سوار شد و دم او را بر دست گرفته بانگ بر وی زد، در حال استر برمید و او را بر زمین انداخت. حاضران بر او بخندیدند. خلیفه برخاسته گفت: من با شما نگفتم که من بر خر بزرگ نتوانم سوار شد.

پس ابن‌قرناص خلیفه را در بازار گذاشـته خود به نزد خلیفه هارون‌الرشید رفت و او را از کار کنیزک آگاه کرد. پس از آن بازگشته قوهٔ القلوب را به خانهٔ خویش برد. چون خلیفه به خانهٔ خود باز آمد، مردمان

کوی را دید که در سـر محلت جمع آمده‌اند و با یکدیگر می‌گویند که: خلیفه صیاد امروز گریخته است. یکی پرسـید: آیا این کنیزک را از کجا آورده بود؟ یکی از ایشان گفت: این دیوانه کنیزک را در میان راه مست یافته و او را برداشته به خانهٔ خویش آورده است و از اینکه گناه خود می‌دانسته گریخته است. ایشان در گفت‌وگو بودند که خلیفه صیاد در رسید. مردمان کوی به او گفتند: ای مسکین، حالت تو چون است؟ مگر نمی‌دانی بر تو چه گذشته است؟ خلیفه گفت: لا والله نمی‌دادنم. ایشان گفتند: همین ساعت مملوکان و خادمان آمده کنیزک تو را بگرفتند و تو را جست‌وجو کرده نیافتند. خلیفه به سوی ایشان نگاه نکرده در حال بازگشت و به سوی دکان ابن‌قرناص بشتافت. ابن‌قرناص را دید سوار همی‌رود. به او گفت: به خدا سوگند از تو زیبنده نبود که مرا مشغول داشته مملوکان خود را به آوردن کنیز من اشارت کنی! ابن‌قرناص گفت: ای مجنون، بیا و هیچ سـخن مگو. پس ابن‌قرناص او را گرفته به خانهٔ نکوبنایی برد. خلیفه را در آن خانه نظر به کنیزک افتاد که بر تخت زرین نشسته و ده تن کنیزکان ماهروی در گرد او هستند. چون ابن‌قرناص قوهٔ القلوب را بدید در پیش او زمین ببوسید. قوهٔ القلوب به او گفت: با خواجهٔ تازه من که مرا خریده و تمامت مال خود به قیمت من شمرده چه کرده‌ای؟ ابن‌قرناص گفت: ای خاتون، او را هزار دینار زر دادم. آن‌گاه حکایت خلیفه را از آغاز تا انجام باقوهٔ القلوب بازگفت. قوهٔ القلوب بخندید و هزار دینار به خلیفه داده به او گفت: این زرها هدیه است از من و انشاءالله خلیفه تو را چنان چیزی دهد که بی‌نیاز شوی. ایشان در حدیث بودند که خادمی از نزد خلیفه دررسید و گفت: خلیفه چون دانست که قوهٔ القلوب در خانه ابن‌قرناص است از وی صبر کردن نتوانست و مرا به طلب او بفرستاد. قوهٔ القلوب خلیفه صیاد را برداشته به سوی دارالخلافه روان شد. چون به نزد هارون‌الرشید رسید زمین ببوسید. هارون‌الرشید بر پای خاست و او را بنواخت و حالت او بازپرسید و از کسی که او را خریده بود جویان گشت. قوهٔ القلوب گفت: مردی است خلیفه صیاد نام دارد و اینک پشت در ایستاده، گویا از بهر شرکتی که میان او و خلیفه بوده است با خلیفه حسابی دارد. خلیفه هارون‌الرشید صیاد را بخواست. صیاد حاضر آمد و آستانه خلیفه ببوسید و به دوام عزت و نعمت او دعا گفت و بر وی ثنا خواند. خلیفه را از او عجب آمد و بر وی بخندید و به او گفت: ای صیاد، دیروز نیز با من شریک بودی یا نه؟ صیاد سخن او را بدانست و از دقیقه آگاه شده، با زبانی فصیح گفت: به حق آن کسـی که تو را خلیفه کرده که مرا بر وی جز نظری نبود. پس تمامت ماجرا از آغاز تا انجام با خلیفه بازگفت و حدیث خادم که صد دینار داده بود بیان کرد و به خلیفه بنمود که صد دینار خادم را با یک دینار برداشته به بازار شدم و صندوقی را که نمی‌دانستم در آن چیسـت به یکصد و یک دینار شری کردم و حکایت خفتن بر آن صندوق و نان و آب گرفتن از همسـایگان را شرح داد. خلیفه بر وی بخندید و خاطرش بگشود و به او گفت: چون امانت نگاه داشتی هرچه خواهی تمنا کن. خلیفه صیاد سخن نگفت. آن‌گاه خلیفه پنجاه‌هزار دینار زر و خلعتی گرانبها از جامه‌های خود به خلیفه صیاد بداد و از برای او استری با کنیزان وخادمان

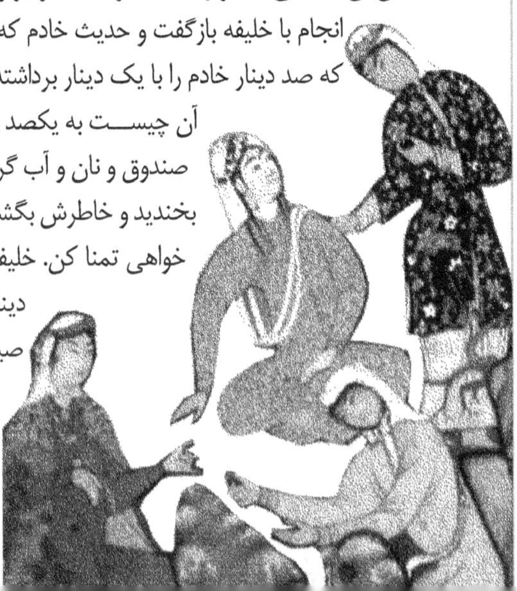

بفرستاد و خلیفه صیاد مانند یکی از ملوک شد و خلیفه هارون‌الرشید ازقوهٔ القلوب خرسند گشت و دانست که همهٔ آن کارها از نیرنگ‌های سیده زبیده، دخترعم خود بوده.

... خلیفه را به سیده‌زبیده خشم افزون گشت و از او دوری کرد و چون سیده زبیده از این کار آگاه شد اندوهی بزرگ او را روی داد و گونهٔ ارغوانی‌اش زعفرانی گشت. چون طاقت شکیبایی‌اش نماند رسولی نزد پسرعم خود فرستاد معذرت خواست و به گناه خویش اعتراف کرد و این دو بیتی نیز بنوشت:

ناکـــــرده گنه در این جهـان کـیست بگو
آن کس که گنه نکرده چـون زیست بـگو
مــــن بــد کـنم و تو بــد مکافات دهی
پس فرق میان مـن و تو چـیـــست بگـــو

چون کتاب سـیده زبیده را خلیفه بخواند دانست که سیده زبیده به گناه خود اعتراف کرده، معذرت همی‌خواهد. به مقام بخشایش آمد و از گناه سیده درگذشت و بر وی ببخشید. سیده زبیده را فرحی بزرگ روی داد. پس از آن خلیفه هارون‌الرشید از بهر خلیفه صیاد در هر ماهی پنجاه دینار مرتب داشت و او را بنواخت.

آن‌گاه خلیفه صیاد خواست که از نزد خلیفه بیرون آید، زمین ببوسید و بیرون آمده با تکبر همی‌رفت. چون به در قصر رسید، خادمی که یکصد دینار بدو داده بود بر وی نظاره کرده او را بشناخت. گفت: ای صیاد، این همه قدر و منزلت از کجا یافتی؟ خلیفه صیاد تمامت ماجرای خود از آغاز تا انجام با خادم حدیث کرد. خادم از کار او شادمان گشت از آنکه او سبب بی‌نیازی صیاد شده بود. آن‌گاه خادمک با خلیفه صیاد گفت: از این مال که به تو رسیده چیزی بر من انعام کن. در حال خلیفه صیاد دست در جیب برده بدره‌ای که هزار دینار زر داشت به در آورد و به خادم بداد. خادم مال بدو باز پس داده او را ثنا گفت و از مروت و سـخاوت او در شگفت ماند. و خلیفه صیاد سوار استری شده و خادمان در چپ و راست او همی‌رفتند تا به کاروانسرایی برسید. مردمان او را نظاره کرده در کار او شگفت ماندند و از عزّتی که بر وی روی داده تعجب می‌کردند. آن‌گاه صیاد از اسـتر فرود آمد و مردمان پیش رفته سبب نیکبختی او پرسیدند. خلیفه صیاد ماجرای خود از آغاز تا انجام بدیشان فروخواند. پس از آن خانهٔ وسیعی خریده مالی بسیار به آن صرف کرد و در آن خانه ساکن شد و این دو بیت بر طاق خانه بنگاشت:

ای بـــنا ســخت عــالم‌آرایـــی
بـــس طــرب‌زای و عشــرت افزایی
در کـــــمال تــو هیچ باقی نیســت
کـــامدستی چـــنان که می‌پایی

پس از آن دختری نیکوروی از دختران اکابر شهر تزویج کرد و پیوسته با نشاط و انبساط به سر می‌برد. چون بخت نیک و روزی فراخ خویش بدید شکر خدای تعالی به جا آورده این ابیات برخواند:

اگر مــراد به جاه اندر است و جاه به مال

مـــرا ببین کـــه ببینی مـــراد را به کمال

همان صنم که به من چشم برنکرد از عُجب

نـــداد فـــرقت او مر مرا امید وصال

کنـــون همی‌نپسندم بـــه فرّ دولت شاه

کـــش آفتاب کـــنم تاج و ماه تو خلخال

شرح

حکایت خلیفه صیاد از لحاظ هماهنگی و هارمونی بین ساختار و محتوا یکی از عالی‌ترین نمونه‌های موجود در کتاب هزار و یک شب است اما پیش از آنکه حکایت را از این نظر بررسی و تحلیل کنیم ضرورت دارد به کشف زیرساخت‌ها و لایه‌های پنهان داستان بپردازیم. یکی از زیرساخت‌های اساسی در این حکایت خاستگاه ایدئولوژیک و اعتقادی مستتر در آن است.

حکایت خلیفه صیاد انعکاس عقاید و دیدگاه‌های قدریه و جبریه است. عقاید این گروه در تضاد کامل با دیدگاه‌های معتزله و شیعه قرار دارد. تقدیرگرایان و جبری‌مسلکان بر این باورند که اراده و عمل انسان هیچ اصالتی ندارد و همه‌چیز بر اساس تقدیر ازلی و ابدی و جبر آسمانی تعیین می‌شود.

چنین بینشی آشکارا در خدمت دستگاه خلافت قرار داشت و در نهان و آشکار تبلیغ و ترویج می‌شد و اگر خلفا چنین عقایدی را تبلیغ نمی‌کردند، چگونه می‌توانستند آن‌همه تجملات، دم و دستگاه عریض و طویل و عیاشی‌های مدام خود را که هیچ شباهتی به خلافت در صدر اسلام نداشت، توجیه کنند.

در این داستان خلیفه هارون‌الرشید نقشی بسیار مهم در تعیین سرنوشت انسان‌ها دارد. این داستان نوعی جهان‌بینی را تبلیغ می‌کند که در خدمت تأمین منافع طبقۀ حاکم بود و حقوق شهروندان عادی را نادیده می‌گرفت.

گفتیم که این حکایت صرف نظر از مضمون و محتوای ایدئولوژیک مندرج در آن، ساختاری بسیار قدرتمند دارد و نمونۀ زودهنگام ژانری از داستان‌نویسی است که به آن «رئالیسم جادویی» می‌گویند. فضای روایی حاکم بر داستان بسیار سیال است و در دو ساحت خیال و واقعیت پیش می‌رود به‌گونه‌ای که فضای حکایت به‌طور متناوب و پی‌درپی از ســاحتی به ساحت دیگر تغییر می‌کند. ساحت اول یعنی فضای خیالی و ذهنی برگرفته از باورهای خرافی رایج در فرهنگ مردم است؛ باوری که تأثیر بخت و اقبال بر سرنوشــت انسان را امری مطلق می‌انگارد. از قصه‌ها و حکایت‌های کهن چنین برمی‌آید که قدما به جوهری به نام بخت و اقبال اعتقاد داشتند که در قصه‌هایشان شکل مجسم و عینی می‌یافت. در گذشته عادت بر این بود که قدرت و اقتدار سلاطین ستمگر، بی‌عدالتی بی‌حد و تحمل‌ناپذیر آنان و فقر و فلاکت عامۀ مردم به تقدیر و گردش چرخ کج‌مدار حواله شود. در باورهای کهن این مردم، بخت هرکس شکل عینی و مجسم داشت و به شکل انسان و یا حیوان در جایی از جهان مادی می‌زیست و قهرمان قصه برای

بیدار کردن بخت خفته‌اش به راه می‌افتاد و گاهی بخت خود را می‌دید و با او صحبت می‌کرد.

در این حکایت نیز بخت و اقبال به شکل نمادینِ بوزینه تجسم یافته است؛ بوزینه‌ای لنگ که نماد بخت خفتهٔ خلیفه صیاد است، بوزینه‌ای با چشمان سرمه کشیده و دست‌های خضاب‌بسته که نشانهٔ بخت و اقبال قوه القلوب کنیز هارون‌الرشید است و بوزینه‌ای با جامهٔ آبی که سمبل بخت ابوالسعادات یهودی است.

خلیفه صیاد، نقشی مضحک در داستان دارد و ناگزیر بوزینهٔ لنگ سمبل بخت بد و وضع خنده‌آور او در جامعهٔ بغداد آن دوره است. ابوالسعادات (پدر خوشبختی‌ها) نامی است که با شغل و طبقهٔ اجتماعی آن مرد یهودی مطابقت کامل دارد با این حال او در این داستان از صیاد مفلوک فریب می‌خورد و نماد خوشبختی خود یعنی بوزینهٔ آبی‌پوش را به او می‌بخشد.

کنیز هارون‌الرشـــید قوه القلوب نیز از زبیده زن هارون‌الرشید فریب می‌خورد. او به‌رغم توانایی‌ها و استعداد زیادش در شعر و موسیقی کسی نیست جز کنیزی بیچاره که در خیل خانگیان و زنان حرمسرای خلیفهٔ بغداد جایگاه و قدرت خاصی ندارد.

این سه شخص یعنی صیاد، کنیز و صراف یهودی در برابر جایگاه مقتدر خلیفه موقعیتی شکننده و بسیار ضعیف دارند و به همین سبب آنها در حاشیهٔ قدرت قرار دارند و داستان‌سرا بی‌پروا بخت و اقبال آنان را به شکل بوزینه ترسیم کرده، اما آشکارا نخواسته و یا نتوانسته است که بخت و اقبال هارون‌الرشید را به شکل نمادین بوزینه نمایش دهد.

در کتاب «ســـمبل‌ها» نوشتهٔ گروترود جابز به ترجمهٔ محمدرضا بقاپور معانی نمادین بوزینه به این ترتیب آمده است: «دزدی، زشتی، میل جنسی، نانجیبی! سمبل آدم تحمیق شده و دلقک... نشانگر مراحلی است که بشر طی می‌کند تا به کمال برسد و سمبل طبیعت پست و زشت بشر است.»

معانی نمادین طی هزاران سال در آشتی و جنگ با طبیعت و زندگی انسان به اشکال مختلف به‌وجود آمده‌اند و همراه با تغییر شرایط تاریخی و تجربه‌های انسانی دگرگون شده‌اند.

در این داستان نام صیاد تهیدست، خلیفه است و همین اشتراک اسمی و صوری با لقب هارون‌الرشید یعنی «خلیفه» تقابلی طنزآمیز به‌وجود آورده. خلیفه صیاد به اقتضای شغل خود پیوسته دور از مردم شهرنشین و در کنار رود دجله به سر می‌برد و از قواعد اجتماعی عینی و ذهنی حاکم بر زندگی مردم بغداد و روابط اعیان و اشـــراف طبقهٔ حاکم بی‌اطلاع است. به همین دلیل در موقعیت‌های متفاوت و جدید گفتار و رفتارهای عجیب و غریبی از او سر می‌زند که مولّد طنز عبارت و طنز موقعیت‌اند. اساساً شکل‌گیری طنز در این داستان به حضور صیاد و رفتار و گفتار نابجای او متکی است.

در این داستان نام صیاد تهیدست، خلیفه است و همین اشتراک اسمی و صوری با لقب هارون‌الرشید یعنی «خلیفه» تقابلی طنزآمیز به‌وجود آورده. خلیفه صیاد به اقتضای شغل خود پیوسته دور از مردم شهرنشین و در کنار رود دجله به سر می‌برد و از قواعد اجتماعی عینی و ذهنی حاکم بر زندگی مردم بغداد و روابط اعیان و اشراف طبقهٔ حاکم بی‌اطلاع است. به همین دلیل در موقعیت‌های متفاوت و جدید گفتار و رفتارهای عجیب و غریبی از او سر می‌زند که مولّد طنز عبارت و طنز موقعیت‌اند.

رگه‌های قدرتمند طنز اجتماعی، طنز موقعیت و طنز کلامی به دلیل تصورات اشتباه صیاد به وجود می‌آیند. هربار که صیاد با هارون‌الرشید مواجه و هم‌کلام می‌شود او را با صاحبان مشاغل پست و حقیری که در زندگی روزمره‌اش دیده، می‌سنجد و به او القابی می‌دهد که درخور مقام و موقعیت هارون‌الرشید نیست. فی‌المثل در نخستین دیدارشـــان وقتی هارون‌الرشید را کنار دجله می‌بیند به او می‌گوید: «... پندارم که نای‌زن هســـتی. جامه‌های من بازپس ده وگرنه به این عصایت چنان بزنم که به جامه‌های خود پلیدی کنی.»

و در دومین دیدار چنین گفت‌وگویی پیش می‌آید: «چون جعفر از هفت دهلیز بگذشت، به صیاد گفت: چشم باز کن که کنون در نزد خلیفهٔ روی زمین حاضر خواهی شد.

آنگاه پرده برداشتند. چشم صیاد به هارون‌الرشید افتاد که بر تخت نشسته و بزرگان دولت ایستاده‌اند.

صیاد گفت: ای نای‌زن از تو زیبنده نبود که از من صیادی بیاموزی، پس از آن مرا نزد ماهیان گذاشته از بهر آوردن جوال بروی و بازنیایی... اکنون که من آمدم حق خود بســـتانم، مرا در اینجا حبس کردند. نمی‌دانم تو را در این مکان که حبس کرده؟

هارون‌الرشید تبسمی کرده، به او گفت: نزدیک‌تر آی و یکی از این ورق‌ها برگیر.

صیاد گفت: ای نای‌زن دیروز صیاد بودی، امروز تو را می‌بینم که رمال هستی و لکن بدان که هرکس صنعت بیشتر دارد در روزگار پریشان‌تر است.

جعفر گفت: سخن مگوی و یکی از این ورق‌ها بگیر.

آنگاه صیاد پیش رفته، دست دراز کرد و گفت: هیهات که این نای‌زن دوباره شاگرد من شود!

پس ورقه گرفته به خلیفه‌اش بداد و به او گفت: ای نای‌زن، راست‌گوی که چه‌چیز در این ورقه است و هیچ‌چیز از من پوشیده مدار!»

چنین بخش‌هایی از داســـتان در اجرا، فضاســـازی و شخصیت‌پردازی آن‌قدر با داستان‌های جدید و قدرتمند طنزآمیز شباهت دارند که انگار در همین روزگار نوشته شده‌اند.

شکل‌گیری طنز در این داستان به حضور صیاد و رفتار و گفتار نابجای او متکی است. رگه‌های قدرتمند طنز اجتماعی، طنز موقعیت و طنز کلامی به دلیل تصورات اشتباه صیاد به وجود می‌آیند. هربار که صیاد با هارون‌الرشید مواجه و هم‌کلام می‌شود او را با صاحبان مشاغل پست و حقیری که در زندگی روزمره‌اش دیده، می‌سنجد و به او القابی می‌دهد که درخور مقام و موقعیت هارون‌الرشید نیست.

قدرت داستان، به‌ویژه در شخصیت‌پردازی صیاد که وابسته به طبقات فرودست اجتماع است آشکار می‌شود. او بدون آگاهی و بدون ترس از آن همه جلال و شـــکوه کاخ هارون‌الرشید، دست از باورها و شناخت محدود خویش برنمی‌دارد. مثلاً تا کاغذها را می‌بیند، به خلیفهٔ مقتدر می‌گوید: ای نای‌زن، می‌بینم که حالا رمال شده‌ای!

نخســـتین صحنهٔ دیدار آن دو (صیاد و خلیفه هارون‌الرشید) سرشار از نمونه‌های درخشان طنز موقعیت و عبارت است. صیاد هر چه را می‌بیند با داشته‌های خود که آشکارا نشانگر تنگدستی بی‌حد او هستند، می‌سنجد و اموال خود را برتر از اموال اشخاص عالی‌رتبه می‌داند. مثلاً قبای پرنقش و نگار هارون‌الرشید را با اکراه در عوض جامهٔ کهنهٔ خود می‌گیرد و چون قبا

دراز است، سه وجب از آن را می‌برد؛ امثال چنین رفتارهایی را در رمان طنز «شاهزاده و گدا» اثر مارک تواین نیز خوانده‌ایم. ســانچوپانزا، مهتر فقیر دن‌کیشوت نیز در برخورد با اعیان و اشراف و اشیاء گرانبها، چنین رفتارهایی از خود نشان می‌دهد.

در مقابل هارون‌الرشــید که خلیفه‌ای است خوش‌گذران و ســهل‌گیر می‌گذارد صیاد هرطور دلش می‌خواهد با او رفتار کند و خود را در شرایطی مضحک قرار می‌دهد.

از طرف دیگر خلیفهٔ بغداد از آنجا که به شانس، سرنوشت و بخت و اقبال در زندگی به‌شدت عقیده دارد در جایی از قصه با سوگندهای مؤکدش حتی مقام خلافت خود را به مخاطره می‌اندازد:

«پس از آن خلیفه فرمود: ای جعفر به روح پاک پدرانم و به حق قرابتی که مرا با حمزه و عقیل است، مــن صیاد را حاضر گردانم و او را به گرفتن ورقه‌ای از این اوراق فرمایم و هرچه که در این ورقه بیرون آید، خلیفه صیاد را بر او مالک گردانم اگرچه خلافت هم باشد، خویشتن معزول گردانم و بدو بسپارم....»

این تقدیرگرایی از او فردی زودباور ســاخته به‌طوری که بی‌هیچ شک و تردیدی مرگ ناگهانی قوه القلوب را باور می‌کند و عزادار و افسرده می‌شود.

اما داستان‌ســرا به نقش خلیفه در پیشبرد تقدیر آن‌قدر تأکید دارد که یک دینار هدیهٔ او را به صیاد، عامل اصلی نجات کنیزک و به تبع آن تغییر سرنوشــت صیاد می‌داند. به عبارت دیگر یک دینار خلیفه هرچند مبلغ ناچیزی است اما براساس دیدگاه و ایدئولوژی مستتر در داستان، عامل اصلی خوشبختی یا بدبختی انسان‌ها است.

بزرگان ادبیات کهن ما هرچه را در هستی ناپسند و ناجور می‌دانستند گاه به‌صراحت و گاه به‌طور پنهان و با زبان طعنه و طنز به نقد می‌کشیدند. کلامشان قوت و قدرت داشت، بر عناصر زبانی تسلط داشتند و ظرفیت‌ها و ظرافت‌های آن را می‌شناختند. حکایت خلیفه صیاد نمونه‌ای است درخشان از ادبیات داستانی که براساس دسته‌بندی‌های امروزی در زمرهٔ داستان‌های بلند طنزآمیز قرار می‌گیرد.

در این داستان یا حکایت، مخاطب با داستانی عاشقانه، تراژیک و در عین حال کمیک مواجه است.

این حکایت سه بخش اصلی دارد: بخش اول تا آنجایی است که صیاد سه بوزینه را از دجله بیرون می‌آورد و قالب سورئال دارد، بخش دوم که بخش اصلی است و بیشترین حجم داستان را تشکیل می‌دهد از دیدگاهی واقع‌گرا روایت شده و بخش سوم که ضعیف‌ترین بخش داستان است از آنجا شروع می‌شود که صیاد کنیز هارون‌الرشید را در خانهٔ محقر و تاریک خود از صندوق بیرون می‌آورد. از اینجا به بعد منطق رئال و واقع‌گرای حاکم بر داستان به‌هم می‌ریزد. صیاد که فردی بی‌خرد و بی‌سروپا است ناگهان عاقل می‌شود و به صف اعیان بغداد درمی‌آید.

شناسنامهٔ خر

گزیده‌ای از خرنامه‌ها
به روایت دستنویس‌های کهن

■ حسین متّقی

خر حیوانی اهلی از راستهٔ چارچایان است که گوشی دراز و دمی باریک دارد و از اسب کوچک‌تر است و نوع وحشی آن گوره‌خر نامیده می‌شود. خر از گروه پستانداران سم‌داری است که سم آنها بی‌شکاف است. دست و پای این حیوان نسبتاً باریک و بلند و سم او کوچک است. موی خر به رنگ خاکستری است و خط پشت این حیوان با باند دیگری متقاطع می‌شود و روی شانه‌های او طرحی چلیپایی تشکیل می‌دهد. طول عمر این حیوان بین سی تا چهل سال و سن متوسطش بین ۱۵-۱۸ سال است. از آمیزش خر نر و مادیان، قاطر و از اختلاط بسیار نادر خر ماده و اسب، نوعی حیوان به وجود می‌آید که به فرانسوی به آن باردو می‌گویند. شیر خر از حیث کیفیّت بسیار شبیه به شیر آدمی است. کلمهٔ خر در متون پهلوی و اوستایی به ترتیب به صورت Xar و Xara مورد استفاده قرار گرفته است. «خر» در لغت به معنی بزرگ، ستبر، قوی، رئیس و ... نیز آمده است. در زبان فارسی ترکیبات بسیاری با این واژه ساخته شده که از آن جمله است: خربنده، خرمگس، خرامرود، خرچنگ، خرموش، خرمهره، خرپشته، خرتوت و ... .

خر در ادبیات عامیانهٔ جهان، سمبلی از بلاهت، کودنی و کانایی است و به همین دلیل در طول تاریخ دستمایهٔ بسیاری از شاعران، طنزپردازان و نویسندگان قرار گرفته است. ادبیات فارسی مشحون از ترکیبات جالب، امثال و کنایات نمکین و شیرینی است که در آن واژهٔ خر برای مقاصد مختلف ادبی به کار رفته است؛ ترکیباتی همچون: از خر افتادن، باربر خر نهادن، بر خر خود سوار شدن، پل خرگیری، خر نرینه، سر خر شـــدن، گله خر، محشر خر، آمدن خر لنگ و بار کردن قافله، از اسب فرود آمدن و بر نشستن، از خر گفتن، از خر شـــیطان پیاده شدن، خر به خیار دادن، خر به خراسان بردن، چو خر در وحل ماندن، چو خر در گل فرو رفتن، خر گیر آوردن، از خر می‌پرسند چهارشنبه کی است، اگر خر نمی‌بود قاضی نمی‌شد، خر آسیاست، خر است و یک کیلو جو، خران را کسی در عروسی نخواند، خر ار جل اطلس بپوشد خر است، خر از لگد خر رنجه نمی‌شود، خر اندر وحل ماند و بار او فتاد، خر باربر به که شیر دم‌در، خر به بازار روی

فراوان است، خر به بوسه و پیغام آب نمی‌خورد، خر نیستیم که چشم‌مان به آب و علف باشد، خر برهنه را پالان نتوان گرفت، خر بیار و باقالی بار کن، خر پایش یکبار به چاله می‌رود، خر پیر و افسار رنگین، خر پیشین خر پسین را پل بود، خرت را بران، خر تو خر است، خر چه داند قیمت نقل و نبات، قیمت زعفران چه داند خر، خر خرابی می‌کند از چشم گاو می‌بیند، زبان خر را خلج می‌داند، هر که خری ندارد غمی ندارد، خر خسته خداوند ناراضی، خر خفته جو نمی‌خورد، خر را جایی می‌بندند که صاحب خر راضی باشد، خر را چو تب گرفت بمیرد به اتفاق، خر رفت و رسن برد، خر را که به عروسی می‌برند برای خوشی نیست برای آبکشی است، همیشه خر خرما نمی‌افکند و ... .

در میان مواریث کهن ادبی منثور و منظوم می‌توان دربارهٔ درازگوشان نمونه‌های فراوانی از حکایات و مطایبات جست که در قالبی طنزآمیز نوشته شده‌اند اما مشحون از نکات اخلاقی و ادبی‌اند. برای نمونه در باب ۱۸ کتابِ روضهٔ خلد اثر ماندگار مجدالدین محمد خوافی (درگذشته: پس از ۷۳۳ هـ) می‌خوانیم:

ابلهی مروزی به شهر هری — سوی بازار برد لاشه خری
لاغر و سست و پیر و فرسوده — سُم و دندان او همه سوده
جست دلال چست بر پشتش — کرد جنبان به سیخه و مشتش
گفت کای تاجران تازه روان — که خرد مرکبی جوان و روان
خوش‌رو و تیزگام و مردانه — طالب کاه و عاشق دانه
مروزی گفت ای به جان یارم — گر چنین است خود نگه دارم
پیر و کاهل همی نموده خرم — می‌فروشم که دیگری بخرم
گفت دلال کای مصحف خر — با تو سی سال بوده هم آخر
خواجه سی سال یا چهل بیشست — که همیشه مصاحب خویشست
قیمت خویشتن همو داند — هنر و عیب خود نکو داند
چون به مدح کسی شود دلشاد — سخن خرفروشم آید یاد

یا تاج‌الشعراء شمس‌الدین محمد بن مسعود سمرقندی متخلص به سوزنی (درگذشته: ۵۶۲ یا ۵۶۹هـ) در هجوِ خمخانه گوید:

به شاعری چو کنم بوق هجو باد انگیز
مرا چه ماده خرِ مُغ، چه نر خرِ ترسا

چو خر سوار شوم چه خرِ عُزَیر و مسیح
همه خران به همین چوب رانم از سودا

بپشتِ مازه گاو زمین رسد آسیب
چو در کشم خرِ خمخانه زیر بار هجا

خران کوره گریـــزان ز تیزِ هجـــو منند
به داس پی زده و در کمند مانـــــده قفا

نوای خر ز علف باشد و این هجا علف است
در آخورِ خر خمخانه تـــا بُـــوَد بنـــوا

گشاده شد جَرَس هجـــوِ من که بسته مباد
ز گردِ آن خرِ خمخانه احمـــق الشعـــرا

به شاعری و گدایی خـــــری بچنگ آرم
روان و بارکش و خوش نه شـــاعر و نه گدا

یا این ابیاتِ تند او:

ای پرستنده زاده سُـمِ خـــر　　خـــر مردم نه‌ای کـه مردم خر
تو چو خر پیش مـــن دوان گشتـه　　من چو خـــر، بندگـــانِ با دمِ خر
همه خر بندگانِ خـــر شده گم　　یافته خر خوهند و مـــن گمِ خـــر
کَه و جو می‌کنی بمن بـــر حُـکم　　کز کَه و جـــو بُوَد تنعّمِ خـــر!

یا این ابیاتِ هجوی همو:

آن خر شاعری که آخور و میخ　　نبـــود جُـــز دوات و خامـــه تو
کار خـــرنـــامه تو می‌سازم　　گـــوشمالِ ایـــازنامه تو

همو در جای دیگری در هجوِ سنایی گوید:

سنائیا به کجایی که تا بنالی زار　　که‌سوزنی‌چه‌خری‌بَست‌برطویله‌تو!

همچنین است در بعضی از حکایات مثنوی معنوی از جمله داستان کنیزک و کدو و خرِ خاتون (دفتر۵، ص۷۸۳) یا داستان خار و خر (۵/۱):

کس بـه زیـرِ دمّ خـــر خـاری نـــهَد　　خـــر نداند دفع آن بـــرمی‌جهَد
خر ز بهرِ دفـعِ خـــار از ســـوز و درد　　جُفته می‌انداخت صـد جا زخم کرد
بَرجـهَد آن خـــار محکم‌تـــر شـود　　عاقلـی باید که خـــارش برکَنَد!

در آثار شیخ اجل سعدی نیز به نمونه‌هایی از این دست برمی‌خوریم:

خـــر عیسـی اگر بـه مکـــّه رود　　چون بیاید هنوز خـــر باشـد
در شـرافـــت بـه گـرد او نـرسـد　　رخش رسـتم، گـــرش پدر باشد

یا حتی از زاویه‌ای دیگر، دانایی چنین گوید:

ای خر تو چه مظهری که در کلّ وجود   بر هر چه نظر کنم تو را می‌بینم

همچنین در برخی لطیفه‌های شیرینِ کهن (امثالِ ورنوسفادرانی) مربوط به خر، چنین آمده است: «شخصی تُنگ‌فروش بود؛ تُنگ‌ها را بار خر کرد و برد شهر که بفروشد؛ خر روی یخ‌ها سُر خورد و افتاد روی زمین، تمامِ تنگ‌ها شکست؛ مرد برگشت خانه؛ وقتی که رسید توی خانه، دید زنش گریه می‌کند؛ [با بی‌حوصلگی] پرسید: "چته"؟ زنش گفت که: "گربه رفته روی تاقچه و کاسه چینی‌ها را شکسته"! مرد رویش را بالا، (به سمتِ) آسمان کرد و گفت: "ای خدا! این کارها که تو می‌کنی، اگر من بکنم، ماست به رویم می‌مالند و توی چهار بازار می‌گردانندم؛ آن بالاها نشسته‌ای و نگاه می‌کنی، نه می‌دانی، نه می‌پرسی! گربه را که باید سُم بدهی، پنجه می‌دهی تا برود تاقچه و چینی‌ها را بشکند، خر را که باید پنجه بدهی، سُم می‌دهی تا بلغزد روی یخ‌ها و تنگ‌هایم را بشکند.»

در ادبیات فارسی، از روزگاران کهن تا به امروز آثار مستقل و مشتملی از کتاب گرفته تا مقاله، دربارهٔ خر و لطایف مربوط به او نوشته شده است که بررسی زوایای گوناگون آن از حوصلهٔ این نوشتار کوتاه خارج است و ضروری است طنزپردازان جوان و طنزپژوهان علاقه‌مند، بحث شیرین «خرپژوهی» را به‌جدّ دنبال کنند و شکی نیست علی‌رغم بازخورد سطحی لایه‌های رویینِ جامعه با عناوین چنین پژوهش‌هایی، برای کسانی که استراتژی نگاه منشوری به پدیده‌های جامعه را برای نوع نگرش خود تعریف کرده‌اند، تحفه‌های فراوانی را به ارمغان خواهد آورد!

این کمینه بنا به تلاشی که طی بیش از یک دهه در زمینه شناسایی و معرفی کلی و موجز ۲۵۰۰ عنوان دستنویس (نسخهٔ خطی) و ۵۰۰۰ اثر چاپی مرتبط با حوزهٔ طنز (فکاهی، هزل، هجو، محاضرات ادبی و ...) در قالب کتابشناسی با عناوین طنزنامه انجام داده است، همواره با مواردی از این نوع آثار (خرنامه‌ها) مواجه بوده و اینک به فراخور حال و قال این نشریهٔ وزین، نمونه‌هایی پراکنده از نسخه‌های خطی «خرنامه»ها را که تفصیل آن در کتابِ طنزنامه آمده، در این نوشتار عرضه می‌کنم. در ابتدا خالی از لطف نیست که به چند اثر چاپی در این زمینه که در سال‌های اخیر منتشر شده‌اند نیز اشاره‌ای گذرا داشته باشیم:

ضروری است طنزپردازان جوان و طنزپژوهان علاقه‌مند، بحث شیرین «خرپژوهی» را به‌جدّ دنبال کنند و شکی نیست علی‌رغم بازخورد سطحی لایه‌های رویینِ جامعه با عناوین چنین پژوهش‌هایی، برای کسانی که استراتژی نگاه منشوری به پدیده‌های جامعه را برای نوع نگرش خود تعریف کرده‌اند، تحفه‌های فراوانی را به ارمغان خواهد آورد!

۱. خرشناسی تطبیقی، از فرزاد ابراهیمی، در سال ۱۳۷۲ش/۱۹۹۳م (چاپ اول) در ۱۰۹ص، از سوی نشر باران در استکهلم ـ سوئد.

۲. خر صدر اعظم، از عزیز نسین (درگذشته: ۱۹۹۵م) با ترجمهٔ ناصر احمدی‌نیا، در سال ۱۳۷۱ش از سوی انتشارات آشنا و نشر بینا در تهران.

۳. خر ما از کرگی دم نداشت، از محمد شعبانی، سال ۱۳۶۳ش از سوی غلامعلی شعبانی در تهران.

۴. خر مرده از عزیز نسین با ترجمهٔ اصغر دانشور در سال ۱۳۶۴ش (چاپ سوم ۱۳۶۶ش) از سوی انتشارات تلاش در تبریز.

۵. دوره، دورۀ خر سواری است، از ابوالقاسم حالت (درگذشته: ۱۳۷۱ش)، در سال ۱۳۶۲ش از سوی انتشارات گوتنبرگ در تهران.

۶ خری که مدال گرفت، از عزیز نسین با ترجمۀ رضا همراه، در سال ۱۳۶۲ش (چاپ سوم ۱۳۷۱ش) از سوی انتشارات ارغوان در تهران.

۷. شناسنامۀ خر، از مهندس سیّد ابراهیم بوی‌افزار، در سال ۱۳۷۳ش از سوی انتشارات کاوشگر در تهران.

۸. شناسنامه خر یا پندنامه، از حیدر انصاری نجف آبادی، در سال ۱۳۶۳ش (چاپ هشتم ۱۳۶۹ش) در ۱۵۲ص، از سوی انتشارات دارالکتب الاسلامیّه.

۹. منطق الحمار، از اعتماد السلطنه محمدحسن خان مراغی، در سال ۱۳۰۶ و ۱۳۳۲هـ در تهران

۱۰.الحماریّه یا خواطر حمار یا خرنامه از محمدحسین جمل مصری که با ترجمۀ امین‌الدوله علی بن مجدالملک محمد در سال ۱۳۰۰ و ۱۳۰۳هـ به صورت سنگی در تهران به چاپ رسیده است .

[۱]   حکایات طنزآمیز (فارسی)

از:ناشناخته

مجموعه حکایاتی طیبت‌آمیز به زبان فارسی است که با داستانی از خر دم‌بریده آغاز می‌شود. نسخۀ دستنویسی از آن اثر در کتابخانۀ دانشــگاه ادینبورگ در انگلستان به شمارۀ ۳۲۰ (۴۰برگ) نگهداری می‌شود.

آغاز: بودست خـــری که دم نبودش   روزی غـــم بیدلـــی فزودش.

[۲]   حمارنامه (فارسی)

از: صفی قلی بیک بن محمدعلی بیک یزدی (درگذشته: ۱۰۶۶هـ)

نسخۀ دستنویس این اثر در کتابخانۀ مجلس شورای اسلامی در تهران، به شمارۀ ۱۳۶۱۰/۳۶ موجود است.

آغاز: دوش بستم کمر به عزم سـفر   تا زدایم ز ســینه زنگ حضـــــر.

[۳]   حمار نامۀ وحشی ۱ (فارسی)

از: کمال‌الدین محمد بافقی یزدی متخلص به وحشی (درگذشته: ۹۹۱هـ)

نسخه‌هایی دستنویس از این اثر در کتابخانۀ مجلس شورای اسلامی در تهران، به شمارۀ ۱۳۶۱۰/۳۴ و کتابخانۀ حضرت امیرالمؤمنین(ع) در نجف اشرف، ذیل شمارۀ ۱۶۳۴ موجود است.

آغــاز: بود سـفیهی بــه سـفاهت علم   ســاخته محکم بــه جهالت قــدم.

[٤]   حمار نامۀ وحشی ۲ (فارسی)

از: کمال‌الدین محمد بافقی یزدی متخلص به وحشی (درگذشته: ۹۹۱هـ)

نسخۀ دستنویس این منظومه در کتابخانۀ مجلس شورای اسلامی در تهران به شمارۀ ۱۳۶۱۰/۳۵

نگهداری می‌شود.

آغاز:

چون از سپهر خسرو سیاره بست بار — بر عزم ره بلاشه حماری شدم سوار.

[۵] خر دلال = الدجالیّهٔ = خر دجّال (فارسی)

از: ناشناخته

دستنویس این اثر در کتابخانهٔ فرهنگستان علوم روسیه در سنت پترزبورگ به شمارهٔ E-۱۲ (۳۵۹۰ ف) موجود است.

[٦] خرنامه (فارسی)

از: تاج‌الدین میرزا بن کیومرث میرزا ملقب به عمیدالدوله بامداد (درگذشته بعد از سال ۱۳۲۸هـ)

نمونه‌ای از شبنامه‌هایی است که با عنوان خرنامه در زمان محمدعلی شاه قاجار (۱۳۲۴-۱۳۲۷هـ) در تهران پخش می‌شده است. در ضمن نسخهٔ دستنویس کتابخانهٔ آیت‌الله العظمی مرعشی نجفی (ره) در قم به شمارهٔ ۱۵۳۶۰ (فهرست نشده) با عنوان جُنگ (برگ۴۸) تصویری از این خرنامه که در آن سال‌ها مخفیانه منتشر می‌شد، با دست نقاشی شده است! شعار آغازین برگِ این خرنامهٔ سیاسی زنده باد خریّت! و در شناسنامهٔ این خرنامه نیز چنین آمده است: خرنامه: نماینده سی کرور ملّت غیور؛ دبیرکل: خر دیزه، دبیر: حاجی گردن کلفت، عنوان مراسلات: چارراه دروازه شمیران جنب طویله چپ چُس میرزا، در هفته دو روز طبع و توزیع می‌شود، وجه اشتراک: سالیانه، انجمن آذربایجان: یک جو غیرت، برادران: یک پر کاه انصاف، سـایر انجمن‌ها: یک خردل شعور و ... . در این شبنامه ابیاتی انتقادی از وضع روزگار و حاکمان فاسد آن، با این عبارات آمده است:

مدّتـی تأخیر در خرنامـه شـد — بـر بجای دیگر عطف خامه شـد
کُند شد گر چنـد روزی خامـه‌ام — رونـق دیگر گرفتـی نامه‌ام
نامه مـن رهبر اهل وفاسـت — نامه مـن حاوی صدق و صفاست
نامه مـن محیی هر مرده دل — رسـتگار هر خـر رفته به گِل
نامه مـن رافع رنج و مـرض — نامه من مونس هر بـی غرض
هر خـری که پیرو خرنامه شد — لایـق ... و ... شـد ....

یا ابیاتی دیگر با این مطلع:

ما خـریم و پایمان در سلسله — مـا خـریم و بارکش هـر قافله

و نیز ابیات طنزآمیز دیگری با این مطلع:

ما خـران را آب از سر بگذرد — روزگاری بدتـر از خـر بگـذرد
ای که از ما خوب‌تر دانسته‌اید — مـرگ را از بهر خر دانسـته‌اید ...

[۷] خرنامه = منظومه خرنامه (ترکی عثمانی)

از: حکیم سنان‌الدین یوسف بن محمد کرمیانی متخلص به شیخی (درگذشته حدود سال ۸۳۰هـ)

منظومه‌ای است فکاهی و مطایبه‌آمیز در ۲۶ بیت که از زبان یک درازگوش! بیان شده است. استاد ایرج افشار نسخه‌ای دستنویس از این منظومه در کتابخانهٔ شهری ـ دانشگاهی فرانکفورت ـ آلمان دیده و در بیاض سفر (تهران، ۱۳۵۴ش، ص ۵۳۰) گزارش کرده است که تاریخ کتابت آن سال ۹۲۸هـ بوده است.

[۸] خرنامه = لطایف مولانا لطفی (ترکی عثمانی)

از: ملا صاری لطفی (درگذشته: ۹۰۰هـ)

مناظره‌ای است بین خران و نیز قضایای یک خر مرده (Donkey Corpse) که در قالبی طنزآمیز و فکاهی نگارش یافته است. نسخه‌هایی دستنویس از این اثر در کتابخانهٔ ملّی مصر (دارالکتب) در قاهره، به شمارهٔ ۲۰۴ مجامیع طلعت (کتابت در سال ۹۳۵هـ ۱۰ برگ) و کتابخانهٔ دانشگاه لیدن در هلند، به شمارهٔ Cod. Or. ۶۳۰,۲۰ موجود است.

آغاز: الحمدلله الذی خلق الخیل و البغال و الحمیر ... اشبو لطایف واقع اولوب ... اشک مرده‌سی دیمکله ... روایت اولندی که ادرنه‌ده که سلطان مراد مدرسه سنی سنک .....

[۹] خرنامه (فارسی)

از : عبدالحسین میرزا بن طهماسب میرزا قاجار (درگذشته: پس از ۱۳۱۳هـ)

نسـخه‌ای دستنویس از این اثر در کتابخانهٔ آیت‌الله العظمی مرعشی نجفی (ره) در قم، به شمارهٔ ۸۲۶۹/۱ (به خطّ ابوالقاسـم بن محمدتقی آشـتیانی، ۱۳۱۳هـ) موجود است. مهدی ارجمند، مصحح، گزیده‌ای از این رسـاله ـ که بر اساس همین نسخه و با عنوان گزیده رسالهٔ خرنامه، دست به انتشار آن در مجموعهٔ میراث اسـلامی ایران زده است ـ در مقدّمهٔ آن اثر نوشته است: متن حاضر گزیده‌ای است از یک نسـخهٔ خطی متعلق به قرن ۱۴هـ که در برگیرندهٔ مضامین اخلاقی و برخی نکته‌های تاریخی اسـت، هر چند که در خود متن به زبان اصلی خرنامه به صراحت اشاره نشده ولی نقل قول‌های چند و نیز اسامی خاص موجود در آن نشان می‌دهد که متن اصلی به زبان ترکی نوشته شده است و در حقیقت ابوالقاسم بن محمدتقی آشتیانی مترجم آن از زبان ترکی است که در ضمن ترجمه، مقدمهٔ مختصری به آن افزوده است و در آغاز متن نیز اشاره‌ای به این مطلب دارد. متن خرنامه زندگی‌نامه الاغی است از زبان خودش که در آن شرح معاشرت با آدمیان را بیان کرده و ضمن انتقاد از برخی رفتارهای آدمیان مضامین اخلاقی را مطرح می‌کند ... . این گزیده مقدمهٔ متن اصلی و نیز فصل سـیزدهم از خرنامه را شامل می‌شود. در فصل سیزدهم پس از شرح یکی از ماجراها از زبان الاغ، شواهد تاریخی جالبی دربارهٔ کولی‌ها آورده شده است. در این فصل به بررسی منشأ این قوم و نیز مهاجرت‌های مختلف و برخی آداب و رسـوم و ویژگی‌های افراد آن پرداخته شده است. علاوه بر مطالب فصل سـیزده، این نسخه از نظرگاه‌های مختلف در خور تأمّل است، از جملهٔ آنها می‌توان به تأثیر ادبیات ترکی بر فارسی و نیز روند

خر در ادبیات عامیانهٔ جهان، سمبلی از بلاهت، کودنی و کانایی است و به همین دلیل در طول تاریخ دستمایهٔ بسیاری از شاعران، طنزپردازان و نویسندگان قرار گرفته است. ادبیات فارسی مشحون از ترکیبات جالب، امثال و کنایات نمکین و شیرینی است که در آن واژهٔ خر برای مقاصد مختلف ادبی به کار رفته است.

ترجمهٔ ترکی به فارسی در دوران قاجار، سیر هزل‌گویی در ادبیات فارسی و نیز شیوایی در ترجمهٔ آن اشاره کرد....

آغاز: بسمله، دانشوران و بزرگان ما به نصاب و تجربت زندگانی واجب شمرده و به گنج‌های خدایی که جز به فرّ ایزدی نصیب کس نیســت، صدقاتی مقرر کرده‌اند که دیگر مردم بی‌رنج مجاهدت و فارغ از مدت کوشش همان میوه‌های معنی و مکارم آداب را که هر سطری حاصل عمری و فصلی خلاصهٔ روزگاری است، دریابند... و باید که به نظر دقیق دید که دانشمندان در تعمیم فایدت و نشر خاصیت چه بهانه‌های عجیب یافته‌اند که جدّ به هزل آلوده تلخی قول حقّ به شیرینی شوخی آمیخته باشد به هوس قصه‌خوانی پند گیرند و در سیاقت بذله‌سرایی مؤدب شوند...؛ خدمت سرور مهرگستر خودم آقا میرجعفر دام بحمده العالی، ای مخدوم عزیز من...، ممنونم. لکن به نوع ما که جماعت خران هستیم به طور حقارت نظر فرموده، حیوان بی‌شــعور و از شعار تربیت دور تصور می‌کردید؛ برای اینکه جنابعالی را به درستی از عالم روزگار خران آگاهی باشد، لازم دیدم این رساله را ترتیب نموده، به حضور عالی تقدیم کنم. موضوع این لایحه سرگذشت وقایع زندگانی این مخلص بارکش است؛ بعد از مطالعه به جنابعالی معلوم خواهد شد که ما نرّه‌خران و ماده‌خران و کرّه‌خران چگونه طرف صدمه و زحمت غیرمنصفانه نوع بشر و هم‌جنسان جنابعالی هستیم؛ همچنین خواهید دانست که ما طایفه درازگوشان را از مقامات صورتی و معنی چه بهره‌ها و در فوق ادراک چه رتبه‌هاســت...؛ دیگر نه جنابعالی و نه آنها که شــرح حال مرا مطالعه خواهند نمود، نخواهند سرود: احمق مثل خر، نفهم مثل خر، سرکش مثل خر، تنبل مثل خر؛ بلکه خواهند سرود: عاقل چون خر، مطیع چون خر، کارکن چون خر، عر عر عر ...؛ مخلص با وفا چُسه با حیا ...!

• دیباچه خرنامه (ترکی)

از: ناشناخته

منظومه‌ای در ۲۶ بیت است؛ نسخهٔ دستنویس آن دیباچه، در کتابخانهٔ شهری و دانشگاهی فرانکفورت/ماین ـ آلمان، ضمن مجموعه‌ای نگهداری می‌شود، این نسخه را استاد افشار دیده و در بیاض سفر (تهران، ۱۳۵۴ش، ص ۵۳۰) گزارش کرده است.

[۱۰] ساده دل = حمارنامه = خرنامه = خریّه (فارسی)

از: میرزا محمدقلی طرشتی تهرانی متخلص به سلیم (درگذشته: ۱۰۵۷هـ در کشمیر)

منظومه‌ای است به فارسی به صورت فکاهی در ۷۸ بیت که در آن (بر اساس نسخهٔ ملّی ملک) آمده است:

ساده‌دلـــــی را ز پی راه دور — گشـــت خری همچو مسیحا ضرور
جانب بازار چـــو شد جلوه‌گر — دید فضایی چـــو جهـــان پر ز خر
آمده دلال به وصف خـــــران — معرکه‌آرا چـــــو ســـخن‌پروران
بانگ برآورد که صاحب خـــرد — کـــو که ز من این خـــر مصری خرد
خر نه یکی آهـــوی صحرانورد — باتـــــک او تندی صرصر بکرد
از فرس عمـــــــر سبکتازتر — از خـــــر طنبـــور خوش‌آوازتر

توشه کن راحله رهروان — با خر عیسی ز شرف همعنان

... فروشندهٔ خر متوجّه آن فرد ساده‌دل شده به دنبال او راه می‌افتد و بالاخره خر خوش‌آواز! خویش را به او می‌فروشد، خری که نه تنها هیچ یک از محسنات ادعایی فروشنده را نداشت بلکه مریض، دلتنگ و ناتوان هم بود ...

آه که در حلقه امید و بیم — ساده‌تری از تو نبود ای سلیم
گرچه کنم دعوی آزادگی — سوخت مرا حسرت این سادگی
هر که دل از حیله بداندیش کرد — با کس دیگر نه که با خویش کرد
هست درین وادی پرگیر و دار — بر خر خود هر کسی آخر سوار

استاد حائری در ذیل نسخهٔ مجلس دربارهٔ این منظومه، ضمن انتساب اثر به مشتری طوسی، داستان را به گونه‌ای دیگر گزارش کرده است: حکایتی است هزل‌آمیز از اینکه کسی خری خریده بود که در راه، رندان به او رسیده و خر را از او ربوده بودند و یکی از آنها افسار خر را بر سر خود می‌زد و در پی او روان شد چون آن مرد متوجّه شد و برگشت و وی را دید گفت من مردی محتشم بودم و به کیفر کارهای بد خویش بدین صورت درآمدم و آن مرد برو رحم کرد و وی را آزاد ساخت و روز دیگر چون باز برای خریدن خری نزد دلال رفت خری را که دیروز خریده بود دید و شناخت:

گفت که ای یار تو بهتر شدی — باز چه کردی که چنین خر شدی!

و در صفحه ۲۳۳ این بیت از زبان آن رندِ طرّار آمده است:

تا قدم سعی تو ای مشتری — کرد خلاصم ز طلسمِ خری

این بیت گواهی‌ست بر اینکه این قطعه از منظومات مشتری‌ست! نسخه‌هایی دستنویس از این اثر در کتابخانهٔ ملّی اتریش در وین، به شمارهٔ ۳۱۸۱؛ کتابخانهٔ ملّی ملک در تهران، به شمارهٔ ۶۲۴۷/۶ (۵۳ بیت)؛ کتابخانهٔ مرکزی آستان قدس رضوی به شمارهٔ ذیل ۱۲۲۹۰؛ کتابخانهٔ مجلس شورای اسلامی در تهران، به شماره‌های ذیل۱۱۳۱ مجموعهٔ طباطبایی، ذیل۱۸/۲۳۲۹، ۲۹۹۲/۵ ، ۵۹۹۶/۶۴، ۱۴۱۴۸/۲۳ و ۹۰۰۳/۷؛ کتابخانهٔ آستانهٔ حضرت معصومه سلام الله علیها به شمارهٔ ۶۲۸۵/۵؛ کتابخانهٔ مدرسهٔ عالی شهید مطهری (سپهسالار) در تهران به شمارهٔ ذیل ۲۹۱۳؛ کتابخانهٔ امیرالمؤمنین (ع) در نجف اشرف ـ عراق، به شمارهٔ ذیل ۱۶۳۴ (خطّ محمدتقی به سال ۱۲۴۹هـ)؛ کتابخانهٔ بودلیان در آکسفورد به شمارهٔ ۲۶۶۲/۷؛ کتابخانهٔ گنج بخش در اسلام‌آباد پاکستان به شماره‌های ۸۹۲ و ۹۷۵۲؛ کتابخانهٔ شخصی شیخ محمد اکرم (انتقال یافته به دانشگاه اسلام‌آباد ـ پاکستان) موجود است.

آغاز: ساده‌دلی را ز پی راه دور — گشت خری چون خر عیسی ضرور.
انجام: هست درین وادی پرگیر و دار — بر خر خود هر کسی آخر سوار.

[۱۱] لُر نامه (فارسی)

از: ناشناخته

داستان منظوم مطایبه‌آمیز یک لُر خردزد و فرشتگانِ نکیر و منکر در شب اول قبر اوست. نسخهٔ

دستنویس در کتابخانهٔ مرکزی دانشگاه تهران، به شمارهٔ ۴۷۲۴/۹ (کتابت سال ۱۲۵۱هـ) موجود است.

آغاز: از قضا روزی یکی لـُـرّی بمرد — لـــرّ دیگر بُرد و بر خاکش سپرد.

انجام: توبه کردم توبه کردم الامان — خر ندزدم تا که هستم در جهـــان!

[۱۲] منطق‌الحمار = خر نامه = سرگذشت خر = منطق‌الوحش = الحمار یحمل اسفاراً (فارسی)

از: محمدحسن خان اعتمادالسلطنه مراغی (درگذشته: ۱۳۱۳هـ)

در بردارندهٔ نکات انتقادی ـ اخلاقی و پندآموزی اســت در نــوزده فصل مانند یک رمان و به زبان مطایبه‌آمیزی به نقل از یک درازگوش. برگرفته از منابع فرانســوی است و با تبدیل اسامی فرانسوی به ایرانی و افزودن اشاره‌های تلخ و انتقادی از اوضاع سیاسی و اجتماعی ایران به فارسی در آمده است. مؤلّف در آغاز این اثر گوید: چون پند و اندرز با زبان مطایبه‌آمیز عرضه شود، طبایع بهتر آن را درگوش می‌گیرند و بیشتر به خواندن میل می‌ورزند، لذا من نصیحت و پند چندی را از زبان خر که در کتاب خارجی دیده‌ام درین رساله فراهم آورده و آن را در نوزده فصل تقدیم ارباب ذوق می‌کنم امید آنکه از این مکالمات خر به کنه مطالب مخفیه نگاه کنند و از انتقادات این جانور باربر پندها گیرند.

مرحوم دکتر مینوی به نقل از نفیسی بر این باور است که این اثر از محمدحسن خان اعتمادالسلطنه اســت (فهرســت منزوی: ج۲/۲، ص ۱۶۹۳ و راهنمای کتاب) که آن را در انتقاد از سیاست‌های امین السلطان ترجمه و عرضه کرده است لیکن مرحوم مشار این اثر را از عبدالحسین میرزا بن طهماسب میرزا قاجار دانسته است. این کتاب نخستین بار در سال ۱۳۰۶هـ بدون قید نام نویسنده به صورت سنگی به چاپ رسید و در همان ابتدا حکم به توقیف آن داده شد! یک بار هم در سال ۱۳۳۲هـ منتشر شد؛ همچنین این اثر اخیراً در سال ۱۳۷۹ش، به کوشش علی دهباشی از سوی انتشارات کتاب پنجره در ۲۲۰ص منتشر شده است. نسخه‌هایی از این اثر در کتابخانهٔ ملّی ایران در تهران، به شمارهٔ ۸۵۳ ف؛ کتابخانهٔ مجلس شورای اسلامی در تهران، به شمارهٔ ۲۲۵۰ موجود است.

آغاز: دانشوران و بزرگان ما به نصاب علم و تجربت زکوتی واجب شمرده‌اند ....

منابع و مآخذ

۱. Bardot.
۲. لغت‌نامه دهخدا به ماده «خر» رجوع شود.
۳. حدائق السیاحة: ص۱۵۷.
٤. نامه فرهنگستان (تهران): دوره پنجم، ش٤، ص۲٤۲.
٥. الذریعة: ج۷، ص۲۷٤؛ فهرست کتابهای چاپی فارسی: ج۲، ص۱۸۱۸؛ معرفی کتاب: کتاب‌شناسی کتاب‌های فارسی منتشر شده در خارج کشور (۱۳۵۷-۱۳۷۲ش): مجموعه دوم، ص۵۳؛ کتاب‌شناسی کتاب‌های منتشر شده در سوئد ۱۳۵۷-۱۳۷۵ (تهران، ۱۳۷۷ش): ص۵۷.
٦. فهرست دانشگاه ادینبورگ (چاپ ۱۹۲۵م): ص۲۸۷.
۷. فهرست نسخه‌های خطی مجلس شورای اسلامی: ج۳۷، ص۱۳٦.
۸. فهرست نسخه‌های خطی مجلس شورای اسلامی: ج۳۷، ص۱۳٦.

۹. فهرست نسخه‌های خطی فارسی (منزوی): ج٤، ص۲۷۷٤؛ تراثنا: س۱۸، ش ۱-۲ (پیاپی ٦۹-۷۰)، صص۲۷۹-۲۸۰؛ فهرس مخطوطات مکتبهٔ امیرالمؤمنین (ع) فی النجف الاشرف (دستنویس ـ ع. طباطبایی): ص ۲۲٦.
۱۰. فهرست نسخه‌های خطی مجلس شورای اسلامی: ج۳۷، ص۱۳٦.
. در کتاب مثنوی مظهرالاثار اثر سید شاه جهانگیر هاشمی کرمانی بهکری (کراچی۱۹۵۷م): ص ٥ از اثری با عنوان خر دلال از محمّدقلی سلیم تهرانی (درگذشته سال ۱۰٥۷هـ) با آغاز:

بسم الله الرحمن الرحیم   هست عصای ره طبع سلیم

گزارش شده که ممکن است نسخه دیگری از این اثر باشد، لیکن باید توجّه داشت که سلیم اثر دیگری با عنوان ساده‌دل = خرنامه هم دارد!
۱۲. فهرست نسخه‌های خطی فارسی (منزوی): ج ٥، ص ۳٦۸٥؛ فهرست‌واره کتاب‌های فارسی: ج ۱، ص۳۲٦.
۱۳. هدیّة العارفین: ج۲، ص۵۵۹.
۱٤. فهرس المخطوطات الترکیّة العثمانیّة (بدارالکتب المصریّة): ج۲، ص۱؛ عثمانلی مؤلّفلری: ج۲، ص۱۱؛ معجم التاریخ التراث الاسلامی فی مکتبات العالم: ج۳، ص۲٤۰٦.
۱۵. Catalogue of Turkish manuscripts in Library of Leiden University: Vol.1, pp.۱۷٦-۱۷۷.
. در فهرست یوست ویتکام، از این اثر با عنوان لطایف مولانا لطفی یاد شده که بدین وسیله استدراک می‌شود.
. مصحّح بر اساس مقدّمه‌ای که نگاشته، خود نتیجه گرفته که باید مترجم این اثر از زبان ترکی به فارسی، ابوالقاسم بن محمّدتقی آشتیانی (کاتب) بوده باشد!
۱۸. فهرست نسخه‌های خطی کتابخانه آیت‌اهلو العظمی مرعشی نجفی (ره): ج ۲۱، ص۲۲۹؛ فهرستواره کتاب‌های فارسی: ج ۱، ص۳۲٤؛ فهرست کتاب‌های چاپی فارسی (مشار): ج ۲، ص۱۸۱۷.
. در فهرست کتابخانه آیت‌الله مرعشی نجفی (ره) مؤلّف آن ناشناخته آمده که بدین وسیله استدراک می‌شود.
۲۰. میراث اسلامی ایران (قم، ۱۳۷٦ش): دفتر٦، صص۷۲۹-۷۳۸.
. جالب اینکه اگر توجه شود، مقدمه متن اصلی همین کتاب خرنامه، دقیقاً با نسخه‌های منطق‌الحمار منسوب به اعتمادالسلطنه منطبق است!
۲۲. الذریعهٔ: ج۱۹، ص۹٦؛ فهرست نسخه‌های خطی فارسی (منزوی): ج ٤، ص۲۸٥٦؛ فهرست دستنویس‌های فارسی در کتابخانه‌ی ملّی اتریش: ص ۱۰٦؛ فهرست کتابخانه مجلس شورای اسلامی: ج۸، ص۲٥، ج ۱/۱۰، صص ٤٤۱-٤٤۲ و ج۱۷، ص۳۷۸ و ج ۲۳/۲، ص٦٥۲ و ج۳۸، ص؟؛ تراثنا: س۱۸، ش ۱-۲ (پیاپی ٦۹-۷۰)، صص ۲۷۹-۲۸۰؛ فهرس مخطوطات مکتبهٔ امیرالمؤمنین (ع) فی النجف الاشرف (دستنویس ـ ع. طباطبایی): ص۲۲٥؛ منظومه‌های فارسی: ص ۳۱۰؛ فهرست بودلیان (آکسفورد، ۱۹٥٤م): ص٤٥؛ فهرست آستانه حضرت معصومه سلام الله علیها (دانش پژوه): ص۲۲۸؛ فهرست آستان قدس رضوی: ج۱۷، صص٤۲۹؛ فهرست مشترک پاکستان: ج۷، ص۸٦٤؛ کتابخانه‌های پاکستان: ج ۱، ص٤۹۲؛ فهرست سپهسالار: ج ٤، ص٦۸؛ فهرست ملّی ملک: ج۹، ص۹٥؛ فهرست مختصر نسخه‌های خطّی کتابخانه مجلس شورای اسلامی: ص۷۱۳.
. در فهرست کتابخانه‌ی ملّی اتریش با عنوان: منظومه مکر اهل روزگار از سراینده‌ای ناشناس آمده، که بدین وسیله تصحیح می‌شود.
. در فهرست کتابخانه‌ی مجلس با عنوان: داستان فکاهی منظوم از سرایندهٔ ناشناس (البتّه در ادامه از مشتری طوسی) دانسته شده ، که بدین وسیله تصحیح می‌شود.
۲٥. فهرست نسخه‌های خطّی کتابخانه مرکزی دانشگاه تهران: ج۱٤، ص ۳٦۷۰؛ فهرست نسخه‌های خطی فارسی (منزوی): ج ٤، ص۳۰۹۷.
۲٦. الذریعهٔ: ج۲۳، ص۷۸؛ فهرست نسخه‌های خطی کتابخانه ملّی ایران: ج ۲، صص۳۸۸-۳۸۹؛ فهرست نسخه‌های خطّی مجلس شورای اسلامی: ج٦، ص۲۰٤؛ دائرهٔ المعارف بزرگ اسلامی: ج۹، ص۳٦۲؛ فهرست‌واره کتاب‌های فارسی: ج ۱، ص۳۲٤؛ فهرست کتاب‌های چاپی فارسی (مشار): ج ۲، ص۱۸۱۷؛ راهنمای کتاب (تهران): س۱۸، ش۷-۹، ۱۳٥٤ش، صص ٦۳٦-٦٤۰.

طنز می‌گویم و امید که این فن شریف...

تأملی در طنز‌نوشته‌های هشت تن از سرآمدان شعر فارسی

■ سید عبدالجواد موسوی

درآمد

اختلاف سلیقه در مباحث مربوط به طنز و همچنین گستردگی این مفهوم سبب شده ارائهٔ تعریفی جامع و مانع از طنز کاری دشوار بنماید. ما نمی‌خواهیم بر سر درستی یا نادرستی تعاریف موجود بحث کنیم اما ناچاریم برای ورود به متنی که پیش‌رو داریم بر سر پاره‌ای از تعاریف توافق کنیم. بدون شک آنچه در این متن می‌آید سخن تمام و تمام سخن نیست و راه همواره برای کسانی که می‌خواهند دربارهٔ «طنز» تحقیق و پژوهش کنند گشاده است. آنچه می‌آید ماحصل پرسه‌زنی‌ها و طبع‌آزمایی‌هایی این بندهٔ کم‌ترین در حوزهٔ طنز است. باشد که بزرگان و اربابان وادی طنز در این وجیزه به چشم لطف و عنایت بنگرند و کژی‌ها و کاستی‌های صاحب این قلم را به او گوشزد کنند تا از برکت راهنمایی و نکته‌دانی‌شان بی‌نصیب نمانم. شاید درســـت‌ترین راه این باشد که مسامحتاً اقوال مشهوری را که کمتر جای چند و چون دارند مبنای این گفتار قرار دهیم. نکتهٔ قابل ذکر اینکه برای پرهیز از تشتت تنها به تعریف هزل (Facetiae) هجو (Lampoon)، مطایبه (Wit) و طنز (Satir) می‌پردازیم چرا که این چهار مفهوم پر رنگ‌ترین و شاخص‌ترین مفاهیمی هستند که در حوزهٔ طنز تعریف می‌شوند.

هزل

در ادبیات کهن فارسی «هزل» در مقابل «جد» آمده است. هر دو اصطلاح بار «ارزشی» دارند. یعنی با اطلاق این دو صفت به «متنی» جایگاه و پایگاه آن را مشـــخص می‌کنیم. «جد» سخنی است قابل تأمل و درنگ و مفهوم و معنایی ارزشمند دارد اما در مقابل، «هزل» سخنی است بیهوده و بی‌ارزش که نه تنها ارزش تأمل و درنگ ندارد بلکه تباه‌کنندهٔ اخلاق و معنویت است. شاخص‌ترین ویژگی هزل رکاکت لفظی است. یعنی به‌کارگیری الفاظی که در عرف جامعه زشت و ناپسند محسوب می‌شود. پر واضح است

که رکاکت لفظی رکاکت معنایی را هم در پی خواهد داشت. نمی‌توان با به‌کارگیری الفاظ رکیک به بیان مفاهیم متعالی پرداخت. هزالی نوعی عیش و تفریح هم محسوب می‌شده. شاعران برای خوش‌گذرانی و رونق بخشیدن به محافل عیش و نوش به هزالی روی می‌آوردند، هم از این‌رو بسیاری از شاعران در سنین پیری یا پس از توبه از افعال ناپسند از سرودن اشعار هزل‌آمیز به شدت اظهار ندامت می‌کردند و بابت سرودن آن اشعار به سرزنش خود می‌پرداختند. البته بعضی از شاعران به‌واسطهٔ روابطی که با دربار پیدا می‌کردند از سرودن اشعار هزل‌آمیز گریزی نداشتند. آنها گاه مجبور می‌شدند به امر پادشاهان وقت به بیان موضوعات مستهجن بپردازند.

شیخ اجل سعدی شیرازی علیه‌الرحمه، بخش اندکی از دیوان خود را به اشعار هزل اختصاص داده اما در دیباچهٔ آن به مخاطبان سخنش متذکر شده آنچه می‌خوانند از باب امتثال امر سروده شده و امیدوار است خداوند از سر تقصیراتش درگذرد و سراینده را مشمول رحمت و مغفرت بی‌کران خویش قرار دهد. اگرچه هزالی در شعر فارسی امر چندان پسندیده‌ای نیست اما باید دو تن از شاعران فارسی را در این میان مستثنی کرد. حکیم سنایی غزنوی و مولانا جلال‌الدین محمد بلخی شاعرانی بودند که هزل را شأن و مرتبتی دیگر بخشیدند. البته حکیم سنایی در این میان سهم کمتری دارد اما جناب مولانا هزل‌هایی دارد که با هیچ تمهیدی نمی‌توان لغو و بیهوده فرض‌شان کرد. ظاهر سخن حضرت مولانا هزل‌آمیز است اما در معنا کاملاً رویکردی دیگرگونه دارد. در مثنوی معنوی ایشان حکایت‌هایی نقل می‌شود که هم در لفظ و هم در معنا در اوج رکاکت قرار دارد اما نتیجه‌ای که مولانا از آن حکایت‌ها می‌گیرد کاملاً موضوع را دگرگون می‌کند و به آن رنگ و بویی دیگر می‌بخشد چندان که مخاطب زشتی الفاظ را کاملاً از خاطر می‌برد و ذهن و ضمیرش معطوف به معنای حکیمانه‌ای می‌شود که مراد و منظور شاعر است.

حضرت مولانا به متفاوت بودن سروده‌های هزل‌آمیز خود وقوف داشت. هم از این‌رو به مخاطبانش تذکر می‌داد که مبادا تنها به ظاهر ماجرا اکتفا کنند و از معنای حقیقی سخن او غافل شوند و به تأسی از حکیم سنایی که می‌گفت:

«هزل من هزل نیست تعلیم است» سرود:

هزل تعلیم است آن را جد شنو
تو مشو بر ظاهر هزلش گرو
هر جدی هزل است پیش هازلان
هزل‌ها جد است پیش هازلان

کاملاً واضح است آنچه ما امروزه هزل می‌نامیم هیچ نسبتی با هزلی که مولانا از آن سخن می‌گوید ندارد اما همین نمونه‌های متمایز گواهی است بر آنچه در آغاز دعوی می‌کردیم مبنی بر دشواری تعریفی جامع و مانع از انواع طنز.

در ادبیات کهن فارسی «هزل» در مقابل «جد» آمده است. هر دو اصطلاح بار «ارزشی» دارند. یعنی با اطلاق این دو صفت به «متنی» جایگاه و پایگاه آن را مشخص می‌کنیم. «جد» سخنی است قابل تأمل و درنگ و مفهوم و معنایی ارزشمند دارد اما در مقابل، «هزل» سخنی است بیهوده و بی‌ارزش که نه تنها ارزش تأمل و درنگ ندارد بلکه تباه‌کنندهٔ اخلاق و معنویت است.

هجو

هجاگو همهٔ توان خود را برای تخریب به‌کار می‌گیرد. هدف مورد نظر، اغلب اشخاصی هستند که هجاگو با آنها مشکل دارد به همین دلیل بسیاری بر این عقیده‌اند که عمده‌ترین ویژگی هجو انگیزهٔ شخصی است. البته در ادبیات فارسی گاه به مواردی بر می‌خوریم که گروه یا صنفی خاص و گاه حتی حیوانی خاص – فی‌المثل اسبی که شاعر به‌عنوان صله دریافت کرده است – توسط شاعر هجو شده‌اند اما صورت غالب هجویه‌ها به اشخاصی حقیقی مربوط می‌شود. هجو نوعی دشنام با آرایه‌های ادبی است که اغلب اوقات حد و مرزی برای آن متصور نیست. هجو را می‌توان نوعی انتقام‌گیری دانست. البته این گونهٔ ادبی گاه کارکردهای دیگری هم داشته و در مواردی توانسته به‌عنوان سلاحی کارآمد در برابر ظلم و ستم فرادستان به‌کار گرفته شود. از نجیبانه‌ترین هجویه‌های شعر فارسی می‌توان به هجو معروفی که شاعر بزرگ حماسی ایران حکیم ابوالقاسم فردوسی در حق سلطان وقت محمود غزنوی سروده است اشاره کرد. در هجویهٔ مورد نظر شاعر حتی یک کلمه رکیک به‌کار نبرده اما در نهایت ادب و احترام پست‌ترین صفات را به قدرتمندترین شخص زمان نسبت داده است.

این نکته را هم نباید از یاد برد که هجویهٔ جناب فردوسی در میان هجویه‌های بی‌شمار شعر فارسی حکم «النادر کالمعدوم» را دارد. چند بیت از این هجویهٔ معروف را می‌خوانیم:

ایا شاه محمود کشورگشای — ز کس گر نترسی بترس از خدای

...

اگر شاه را شاه بودی پدر — به‌سر بر نهادی مرا تاج زر
و گر مادر شاه بانو بدی — مرا سیم و زر تا به زانو بدی
چو اندر تبارش بزرگی نبود — نیاراست نام بزرگان شنود
سر ناسزایان بر افراشتن — وز ایشان امید بهی داشتن
سر رشته‌ی خویش گم کردن است — به جیب اندرون مار پروردن است

....

ز نا پاکزاده مدارید امید — که زنگی به شستن نگردد سپید
بزرگی سراسر به گفتار نیست — دو صد گفته چون نیم کردار نیست
از آن گفتم این بیت‌های بلند — که تا شاه گیرد از این کار پند
دگر شاعران را نیازارد او — همان حرمت خود نگهدارد او
که شاعر چون رنجد بگوید هجا — بماند هجا تا قیامت به جا

طنز

شاعران فارسی در گذشته «طنز» را به همان معنای عربی لفظ که همانا فسوس‌کردن و بر کسی خندیدن و طعنه‌زدن باشد به‌کار می‌برده‌اند.

فی‌المثل خاقانی در شعری می‌گوید: من از ماه سی‌روزه زار و نزارترم اما کسی مرا به طنز، خورشید خوانده است. طنز به معنایی که امروزه آن را به‌کار می‌گیریم اصطلاحی است امروزی.

«ایرج پزشکزاد» طنزنویس و پژوهش‌گر معاصر دربارهٔ خاستگاه این کلمه می‌نویسد: «لفظ طنز به معنای امروزی مربوط به دههٔ بیست است که بعضی بزرگان ادب به خاطر تفکیک و تمیز طنز از هجویه‌های رکیک و زشت رایج در مطبوعات، اصطلاح طنز را باب کردند. عباس اقبال آشتیانی در مجلهٔ ارمغان و دکتر پرویز ناتل خانلری در مجلهٔ سخن به خصوص به مناسبت معرفی عبید زاکانی لفظ طنز را کم‌کم برابر «ساتیر» غربی، معمول کردند و به مرور از طرف جامعه پذیرفته شد. (طنز فاخر سعدی، تهران، شهاب، ۱۳۸۱، ص ۳۹)

چنان که پیداست پیشنهاد هوشمندانه اساتید مسلم ادبیات فارسی مورد اقبال عام و خاص واقع می‌شود و همه برسر معنایی که اساتید از طنز ارائه دادند توافق می‌کنند. حالا دیگر طنز در قیاس با هزل و هجو دارای ارزش و اعتبار ویژه‌ای است. طنز در تعریف جدید، علاوه بر عرضهٔ مفاهیم متعالی و ارزشمند، رسالتی اجتماعی را نیز با خود حمل می‌کند.

رسالتی که غایت آن اصلاح نابسامانی‌ها و زشتی‌های رایج در جامعه است.

مطایبه

«مطایبه» در لغت به معنی شوخی و خوش‌طبعی کردن است. نوعی ظرافت که معمولاً در مواجهه با دوستان و آشنایان صورت می‌گیرد که گاه این دوست و آشنا می‌تواند در نقش معشوق ظاهر شود. مطایبه معمولاً قصد و هدف خاصی جز انبساط خاطر یا طرح نکته‌ای ظریف را دنبال نمی‌کند.

مطایبه در ادب فارسی جایگاه ویژه‌ای ندارد بلکه بیشتر نوعی تفنن محسوب می‌شود. البته این موضوع تا حدودی به روحیات شخصی هنرمند هم بستگی دارد. بعضی از شاعران ذاتاً روحیه‌ای شوخ و شنگ دارند که این روحیه در مدایح و قصاید انتقادی آنها نیز رخ می‌نماید. حکیم انوری ابیوردی از شاعران و قصیده‌سرایان نامی زبان فارسی از این جمله است. گمان می‌کنم این رباعی عاشقانه گواه خوبی است بر آنچه گفتیم:

پیوسته حدیث من به گوشت بادا — قوتم زلب شکر فروشت باد
بی من چون شراب ناب گیری در دست — شرمت بادا و لیک نوشت بادا

در آغاز طنز بود

از همان آغاز شعر فارسی می‌توان نمونه‌هایی را برشمرد که از طنز تهی نیستند. به این تغزل طنزآمیز که از شاعری به‌نام «ابوسلیک گرگانی» برجای مانده است توجه کنید:

به مژه دل ز من بدزدیدی — ای به لب قاضی و به مژگان دزد
مزد خواهی که دل ز من ببری — این شگفتی که دید، دزد به مزد

اگر برای تعاریفی که ارائه شد اصالتی قائل باشیم این شعر که از دوران صفاریان به ما رسیده است در زمره مطایبات قرار می‌گیرد. متأسفانه از نخستین طبع‌آزمایی‌های شاعران فارسی در قرون اولیه هجری قمری جز ابیاتی پراکنده در دست نیست. حتی بخش عظیمی از دیوان شاعر بزرگی چون رودکی که در آغاز قرن چهارم هجری می‌زیسته، مفقود شده است اما همان ابیات پراکنده و به‌ویژه دیوان کم حجم اما به شدت گران‌سنگ جناب رودکی گواهی است آشکار بر حضور طنز در شعر فارسی. اگرچه این حضور چندان پررنگ و آشکار نیست اما نشان می‌دهد شاعران فارسی هم از ابتدا این شیوه از سخن‌سرایی را ارج می‌نهادند و از آن بهره می‌بردند.

یکی از معروف‌ترین اشـعار به‌جا مانده از رودکی قصیده‌ایی است که موضوع محوری آن «دندان» است. نمونه‌ای درخشان از یک قصیده لطیف و خواندنی که در سرتاسر آن نگاه طنزآمیز و نکته‌بین شاعر نمایان است:

مرا بسود و فرو ریخت هرچه دندان بود — نبـود دنـدان لا بل چـراغ تابـان بود
سپید سیم رده بود و درّ و مرجان بـود — ستاره سـحری بود و قطره باران بود
یکی نماند کنون زان همه بسود و بریخت — چه نحس بود همانا که نحس کیوان بود

افسوس جگرسوزی که شاعر برای دندان‌هایش می‌خورد و اغراقی که در توصیف زیبایی از دست رفتهٔ آنها به‌کار می‌گیرد در ملاحت شعر نقشی اساسی ایفا می‌کند. اگرچه امروز طنزهای اندکی از رودکی در دست ماست اما همین اندک نیز به‌دلیل نسبتی که شاعر با «حکمت» داشته، تأمل برانگیز و متفکرانه‌اند. ببینید چگونه گذر عمر و فرا رسیدن ایام پیری را با ظرافتی حکیمانه طرح می‌کند:

من موی خویش را نه از آن می‌کنم سیاه — تا بـاز نوجـوان شـوم و نو کنـم گناه
چون جامه‌ها به وقت مصیبت سیه کنند — من مـوی از مصیبـت پیری کنم سـیاه

در دو بیت دیگر تلاش زاهدان ریایی را برای به‌دست آوردن رضای حق تعالی به سخره می‌گیرد و آنها را به عشق دعوت می‌کند:

روی به محراب نهادن چه سود؟ — دل بـه بخارا و بتـان طراز
ایـزد مـا وسوسـه عاشقـی — از تـو پذیرد نپذیـرد نماز

توجه کنید که هنوز شـعر فارسی در آغاز راه است و چنان که شاید و باید دامنهٔ سخن گسترده نشده با این حال همین مقدار توجه به قابلیت‌های کلام طنزآمیز نشـان از میزان وقوف شاعران به نفوذ و تأثیر این نحوه از سخن گفتن دارد. حجم اندک «طنز» در دواوین شعر فارسی نیز بیش از آنکه نشان کم‌توجهی شاعران به سخن طنزآمیز باشد دلیلی است بر دشوار بودن طنزسرایی.

به تعبیر نویسـنده‌ای «طنز» حکم «کیمیا» دارد و درست به همین دلیل نمی‌توان از آن به مقدار زیاد سراغ گرفت. مضمون طنزآمیز به سهولت

به تعبیر نویسنده‌ای «طنز» حکم «کیمیا» دارد و درست به همین دلیل نمی‌توان از آن به مقدار زیاد سراغ گرفت. مضمون طنزآمیز به سهولت به دست نمی‌آید و مستلزم ظرافت و باریک‌بینی خاصی است که نزد هر کسی یافت نمی‌شود.

به دست نمی‌آید و مستلزم ظرافت و باریک‌بینی خاصی است که نزد هر کسی یافت نمی‌شود. قضاوت ما دربارهٔ قرون اولیهٔ شعر فارسی به‌دلیل عدم‌دسترسی به بخش اعظمی از آنچه سروده شده کاملا نسبی است. فی‌المثل اگر دیوان «منجیک ترمذی» که از شـاعران بزرگ نیمهٔ چهارم قرن هجری است در دسترس بود قضاوت ما از اساس شکلی دیگرگونه می‌یافت. همین اندک ابیاتی که از منجیک به یادگار مانده این احتمال را قوت می‌بخشد که شاعری حیرت‌انگیز در دربار چغانیان به سر می‌برده. البته بر قوت شاعری او شواهدی دیگر نیز موجود است که از آن جمله اشارتی است که «سوزنی سمرقندی»؛ هجاگوی نامدار شعر فارسی به نام او در دیوانش دارد. در چند تذکره نیز از او به‌عنوان شاعری فحل یاد شده است. برای اثبات آنچه گفته آمد قطعه‌ای که او درباره بخل و امساک یکی از بزرگان هم‌روزگارش سروده کافیست. «بخل» یکی از موضوعاتی است که مورد توجه بسیاری از شاعران پارسی‌گو قرار داشته، گویی این صفت در منظر آنان چندان شنیع بوده که هر شاعری وظیفهٔ خود می‌دانسته به نکوهش آن بپردازد اما انصاف باید داد سرودهٔ منجیک در میان آن همه درخششی ویژه دارد و نمونهٔ اعلای نکوهش بخل و امساک به شمار می‌آید. منجیک در قطعه‌ای که می‌خوانید نان بخیل مورد نظر را از دست یافتن به گوگرد سرخ که نوعی اکسیر است دشوارتر دانسته و می‌گوید:

گوگرد سرخ خواست زمن سبز من پریر — امروز اگر نیافتمی روی زردمی
گفتم که نیک بود که گوگرد سرخ خواست — گر نان خواجه خواستی از من چه کردمی؟

و اما نامی‌ترین شاعر سرآغاز شعر فارسی حکیم ابوالقاسم فردوسی است. شاعری که اگرچه قریب به ۶۰ هزار بیت در شاهنامهٔ او ثبت شده اما هیچ‌گاه به هزل و هجو گرایش پیدا نکرد.

او تصویرگر منش و کنش پهوانان ایرانی و ستایشگر پاکی‌ها و راستی‌ها بـود. در دیوان بی‌همانند او گاه از زبان پهلوانان به اقتضای موقعیت‌های دراماتیک طعنه و کنایه می‌شـنویم اما طنـز به آن معنا که ذکر آن رفت در کار او دیده نمی‌شـود. هرچه هست همان ابیاتی است که در گلایه از محمود غزنوی سروده. ابیاتی که به زعم عمده اهل ادب نمونه‌ای است از هجو پاکیزه و عفیف. سندی تاریخی از بلندطبعی و دلیری شاعری حکیم و فرومایگی سلطانی لئیم که به کشورگشایی و گشاده‌دستی شهره بود.

پس از فردوسی بزرگ شعر فارسی با چهرهٔ درخشان و ممتاز دیگری در قرن پنجم هجری مواجه می‌شود؛ حکیم ناصرخسرو قبادیانی. قصیده‌سرایی چیره‌دست که همهٔ عمر خود را بر سر اشاعه و ترویج عقاید دینی خود گذارد و شعرش را نیز تمام و کمال در خدمت عقاید خود درآورد.

حکیم در پایبندی به عقایدش بسـیار جدی و اسـتوار بود و شعرش همانند آینه‌ای که احوال او را می‌نمایاند سیمای مردی مصمم و تا حدودی

طنز هم از تأثیر زلزله‌ای که حکیم سنایی در خانهٔ شعر فارسی انداخت بی‌نصیب نماند. یکی از ویژگی‌های بارز اشعار حکیم انتقاد صریح و تند و تیز از گروه‌ها و اقشار و اصناف مختلف است. اصل و اساس طنز نیز بر انتقاد بنا شده است. به همین دلیل در بسیاری از اشعار انتقادی سنایی – حتی در جدی‌ترینشان – رگه‌هایی از طنز یافت می‌شود. به نظر می‌رسد هیچ‌کس از تیغ آبدار او در امان نمانده است. امیران و فقیهان و زاهدان و شاعران و کاسبان هر یک به سهم خود مورد حمله بی‌پروایانهٔ او قرار می‌گیرند.

خشـــن را به ما نشان می‌دهد. شاید به همین دلیل انتظار یافتن سروده‌های طنزآمیز در دیوان او چندان معقول نباشد. ناصرخسرو در سروده‌ای مخالفت خود را با گروهی که تنها به خنداندن و خندیدن می‌اندیشند به صراحت اعلام می‌کند:

با گروهـی کـه بخندند و بخــندانـــنــد	چـون کنم چون نه بخندم نه بخندانم
خنده از بی‌خردی خیـزد چون خندم من؟	کـه خـرد سـخـت گرفته است گریبانم
از غم آنک دی از بـهر چــه خندیـــدم	خـود من امـروز به دل خسته و گریانم

آیا می‌توان از شاعری که از خندیدن خود دل‌خسته و گریان می‌شود و از دمی شادی خود احساس گناه می‌کند توقع طنزآوری داشت؟ گمان نمی‌کنم پاسخ این پرسش مثبت باشد اما جالب اینجاست که همین شاعر به ظاهر عبوس و درشتگو هنگامی که به رد و نفی دنیامداران و دنیاپرستان می‌پردازد ابیات طنزآمیز و در عین حال سخت متفکرانه و دردمندانه‌ای را رقم می‌زند:

ناصرخسرو بـه راهی می‌گذشت	مست و لایعقل نه چون می‌خوارگان
دیـد قبرستان و مبـرز روبـه‌رو	بانـگ بـرزد گفت کای نظارگان
نعمت دنیا و نعمت‌خوارـه بیـــن	اینش نعمت، اینش نعمت‌خوارگان

طنز جدی می‌شود

آنچه آمد گزارشـــی مختصر بود از وضعیت طنز در شعر فارسی، از آغاز تا دورهٔ حکومت سلجوقیان. البته می‌توانستیم به نام‌های دیگری هم اشـــاره کنیم. به‌ویژه به «لبیبی» که از قصیده‌سرایان مشهور نیمه اول قرن پنجم هجری است و یا «کافرک غزنوی» از شاعران هزال اواخر قرن پنجم. منتهی هم رکاکت لفظی اشعارشان مانع از آوردن شاهد مثال می‌شد و هم شاخصهٔ چندانی در کار آنها نبود تا موجب امتیازشـــان از دیگر شاعران طنزپرداز شود. در دورهٔ سلجوقی که پایان آن مصادف با آغاز دورهٔ مغول در ایران اسـت شاعران نامدار و بزرگی ظهور کردند. به تبع این تجلی حیرت‌انگیز در زبان فارسی طنز نیز جایگاه و پایگاه ویژه‌ای یافت. در اواخر قرن پنجم و اوایل قرن ششـــم هجری مردی به نام «ابوالمجد مجدودبن آدم سنایی» که بعدها به سنایی غزنوی شهره شد در خراسان ظهور کرد. این شاعر حکیم که شاید بتوان او را تأثیرگذارترین شاعر زبان فارسی نامید در اندک زمانی مسیر شعر فارسی را تا حدود زیادی تغییر داد و امکان‌های بسیار بدیع و شگفتی را پیش‌روی دیگر شاعران قرار داد. او در قصایدش طرحی نو درافکند. شریعت و عرفان و انتقادهای اجتماعی را در هم آمیخت و تجربه ناصرخسروی حکیم را به کمال رساند؛ معجونی بی‌مانند که حقیقتا مایهٔ شگفتی بود. غزل عرفانی و قلندری را بنا نهاد و در مثنوی نخستین بار حکمت و ذوق و مثل را در هم آمیخت.

شیوه‌ای که بعدها حضرت مولانا با تأسی از آن و نیم‌نگاهی به آثار شیخ فریدالدین عطار نیشابوری، توانست دیوان شمس و مثنوی معنوی را به جهانیان عرضه کند. طنز هم از تأثیر زلزله‌ای که حکیم سنایی در خانهٔ شعر فارسی انداخت بی‌نصیب نماند. یکی از ویژگی‌های بارز اشعار حکیم انتقاد صریح و تند و تیز

از گروه‌ها و اقشار و اصناف مختلف است. اصل و اساس طنز نیز بر انتقاد بنا شده است. به همین دلیل در بسیاری از اشعار انتقادی سنایی- حتی در جدی‌ترینشان- رگه‌هایی از طنز یافت می‌شود. به نظر می‌رسد هیچ‌کس از تیغ آبدار او در امان نمانده است. امیران و فقیهان و زاهدان و شاعران و کاسبان هر یک به سهم خود مورد حمله بی‌پروایانهٔ او قرار می‌گیرند. این قطعهٔ زیبای حکیم را بخوانید:

خواجه بفزود ولیکن به درم / روی بفروخت ولیکن ز الم
میزبان بود ولیکن به رباط / نانم آورد و لیکن به درم
دست بگشاد ولیکن در بخل / لب فرو بست ولیکن ز نعم
مغز پر کرد ولیکن ز فضول / دل تهی کرد ولیکن ز کرم
خواجه رنجور ولیکن ز فجور / خواجه مشغول ولیکن به شکم
بس حریص است ولیکن به حرام / بس جواد است ولیکن به حرم
دولتش باد ولیکن بر باد / نعمتش باد ولیکن شده کم
جاودان باد ولیکن به سقر / ناتوان باد ولیکن به سقم

در «حدیقه‌الحقیقه» که در قالب مثنوی سروده شده نوع تازه‌ای از هزل و هجو را ارائه می‌کند. هزل در حدیقه صرفا رکاکت لفظی نیست. در این کتاب، یک داستان به ظاهر غیراخلاقی منتج به حکمت می‌شود. شیوه‌ای که بعدها مولانا در مثنوی معنوی آن را به اوج رساند. هجو نیز در حدیقه شأنی دیگرگونه می‌یابد. این بار فقط انگیزهٔ شخصی به معنای انتقام‌جویی از فردی مشخص نیست که شاعر را به واکنش وامی‌دارد بلکه شاعر در مقام یک مبارز یا یک مصلح اجتماعی برای رسوا کردن منافقان دین‌فروش، زاهدان ریایی، دزدان بیت‌المال، قاضیان رشوت‌گیر، حاکمان ظالم و حتی طبیبان ناجوانمرد وارد میدان می‌شود و زبردستانه تیغ هجو را بر پیکر آنان فرو می‌آورد. در فرازی از حدیقه، در حق درویشان دروغین می‌خوانیم:

وین گروهی که نو رسیدستند / عشوه جاه و زر خریدستند
سر باغ و دل زمین دارند / کی دل عقل و شرع و دین دارند
ماه‌رویان تیره هوشانند / جاه جویان دین فروشانند
اصل بگذاشتند از پی فرع / بر عوام و بهانه‌شان از شرع
به جدل کوثر و به علم ابتر / به سخن فربه و به دین لاغر
با فراغند و بی‌فروغ همه / گه دریغند و گه دروغ همه
آن چه نیک از حدیث بگذارند / آنچه باشد شنیع بردارند

در قرن ششم شاعرانی که طنز در آثارشان حضوری پررنگ و جدی دارد بسیارند اما متأسفانه فرصت پرداختن به یک‌یک شاعران در این نوشتار فراهم نیست و اگر نه طنز شاعرانی همچون دهقان علی شطرنجی، مجیر بیلقانی، رشید و طواط، ظهیر فاریابی و ظهیرالدین سرخسی تأمل و تدقیق بیشتری می‌طلبد. پس به ناگزیر از کنار این بزرگان می‌گذریم و به آثار مشاهیر شعر فارسی بیشتر توجه می‌کنیم. یکی دیگر از شگفتی‌های تاریخ شعر فارسی که در قرن ششم ظهوری خیره‌کننده داشت «خاقانی

شروانی» است. شاعری دشوارگو و دور از دسترس مخاطب عام. فرهیخته‌ای که هر کس را لایق سخن گران‌بهای خویش نمی‌داند و در قصر باشکوه و جلالش به سادگی نمی‌توان راه یافت. سخن‌سرای سترگی که در قصیده و غزل و قطعه از سرآمدان شعر فارسی به شمار می‌آید اما آنچه سبب اشتهار و ماندگاری او در زبان فارسی شده است قصاید بشکوه و استوار اوست. خاقانی در مدح و مرثیه و حکمت آثاری از خود برجای گذاشته که به زعم بسیاری از بزرگان ادب و فرهنگ روزگار ما بر غنای زبان فارسی افزوده است. چیره‌دستی در کلام و همچنین احاطه بی‌مثالش بر علوم متعدد زمان خود از ویژگی‌های بارز او محسوب می‌شود. در طنز حکیم خاقانی دو موضوع بسیار به چشم می‌آید. نخست «تفاخر»؛ چیزی که در اشعار جد حکیم نیز به وضوح دیده می‌شود. حکیم بر علم و فضل و قدرت شاعری خود می‌بالیده و همواره از اینکه دیگران قدر و مرتبهٔ حقیقی او را نمی‌دانستند بسیار مکدر بود. این دلخوری بارها و بارها موضوع محوری شعر او قرار گرفته. گلایه از زمانه دون‌پرور و چرخ سفله کج‌مدار هم پس از تفاخر جایگاه ویژه‌ای در شعر حکیم دارد که البته این دومی را به نوعی می‌توان زاییدهٔ همان موضوع نخست دانست. شأن نزول برخی از سروده‌های خاقانی نیز شنیدنی و درخور توجه است. داستان شکل‌گیری یکی از زیباترین سروده‌های او بدین شرح است: حکیم روزی در مجلسی وارد می‌شود، اهل مجلس که طبق معمول قدر و قیمت این یگانهٔ دوران را نمی‌شناسند او را در پایین مجلس می‌نشانند. خاقانی متأثر می‌شود و حاصل تأثرش، این چند بیت می‌شود:

کارکرد جهان دون عجب است	همه‌سوگ است و نام او طرب است
وان که نادان کمیت او به تک است	وان که دانا کمیت او عقب است
گر فروتر نشست خاقانی	چه کند، روزگار بی‌ادب است
«قل هوالله» نیز در قرآن	زیر «تبت یدا ابی لهب» است

شعر طنز خاقانی همراه با درد و داغ است و درست همان لحظه که لبخندی بر لب می‌نشاند نیشی نیز دل را به درد می‌آورد. گویی حکیم با شادی معمول و مرسوم سنخیتی ندارد. دقت بفرمایید چگونه با استفادهٔ هنرمندانه از ضرب‌المثل مشهور «کوه به کوه نمی‌رسد اما آدم به آدم می‌رسد» یکی از تلخ‌ترین سروده‌های شعر فارسی را عرضه می‌کند:

باور نکردمی که رسد کوه سوی کوه	مردم رسد به مردم باور بکردمی
کوهی بد این تنم که بدو کوه غم رسید	من مردمم چرا نرسیدم به مردمی

اگر قرار باشد در شعر گذشته فارسی به‌دنبال «طنز تلخ» یا «طنز سیاه» باشیم و نمونه‌ای از آن به دست دهیم بدون شک خاقانی را باید در صدر بنشانیم. اما قرن ششم پدیده‌های غریب دیگری نیز در دامان خود پرورده است. بزرگ‌ترین هزال و هجاگوی شعر فارسی که در به‌کارگیری الفاظ رکیک شهرهٔ خاص و عام است در همین قرن ظهور کرد؛ «سوزنی سمرقندی.» شاعری توانمند در سرودن قصیده و قطعه که ترجیح می‌داد طبع خود را بیشتر معطوف هزل و هجو کند.

هزل و هجوی که اگرچه نشان از شاعری فحل و سخنور می‌داد اما در آنها کمتر نشانی از طنز دیده

می‌شد. سوزنی چنان در هزل و هجو مستغرق بود که حتی چند بار خود را موضوع سروده‌هایش قرار داد. در یکی از قطعاتی که در مذمت ازدواجش سروده این‌گونه به سرزنش خویش می‌پردازد:

مـرد مـردان بُـدم چـو زن کـردم — گشـتم از بهـر زن، زنِ زنِ خویش

هر زمان زین خطـا کـه مـن کـردم — سـیلی‌ای در زنم به گردن خویش

در قطعه‌ای نیز پسر خود را تهدید به هجو کرده که ملیح است و در آن از رکاکت لفظی نشانی دیده نمی‌شود:

ای دزد هـجـا و مـدح دیـوان پـدر — گویی که شـدی سـوار میدان پدر

من رسـتم شعـرم و تـو سهـراب منـی — از خنجـر من جان نبـری، جانِ پدر

کمال‌الدین اسـماعیل اصفهانی فرزند جمال‌الدین عبدالرزاق اصفهانی از دیگر شاعران نامدار قرن ششم هجری اسـت. پدر کمال‌الدین نیز شاعری توانمند و نام‌دار بود و در قصاید و قطعات انتقادی‌اش از طنز بهره می‌برد اما کمال‌الدین در شـاعری از پدر فراتر رفت و چندان در سخنوری مهارت یافت که به «خلاق‌المعانی» شـهره شد. کمال‌الدین یکی دیگر از قربانیان زمانهٔ دون‌پرور و نامراد است. دیوان او سیمای شاعری را به نمایش می‌گذارد که بارها و بارها برای رفع نیاز روزانه‌اش، قیمتی دُر دَری را به پای خوکان می‌ریزد. آن هم خوکانی که از حکمت و سخنِ هیچ در نمی‌یابند.

به تعبیر دکتر حسین بهزادی اندوهجردی ظاهراً در دورهٔ او قحط سال وفا و جوانمردی و شعر بوده. توصیف آن روزگار در کلام کمال‌الدین چنین است:

به عهدهای گذشـته امـیـد مـن آن بـود — که شعر خوانم بر آن که سیم بستانم

به قحط‌سالی افـتـادم از هـنرمـنـدان — که گر بیان کنم آن را به شرح نتوانم

اگر بـیابـم آن را کـه شـعـر دریـابـد — بدو دهم صلتی تا سخن بر او خوانم

بر سخن نافهمی حاکمان، خسّت و امساک را هم بیفزایید تا دریابید شاعر چه رنج مضاعفی را متحمل می‌شده. البته این ماجرا مصیبت همهٔ شاعران فارسی‌زبان بوده. اغلب شاعران مجبور بوده‌اند از راه شاعری ارتزاق کنند و تنها حاکمانِ بابت شاعری و مدح و ثنایی که در حق آنها سروده می‌شده حاضر می‌شدند خاصه خرجی کنند. قاعدتاً در چنین فضایی شاعر در قبال صله‌ای که عایدش می‌شد زبان به مدح و ثنا می‌گشود و در قبال بی‌اعتنایی، سلاح هجو را به کار می‌گرفت. کمال‌الدین در جایی شاعرانی را که هجاگو نیستند به شیرانی تشبیه می‌کند که از چنگال و دندان محرومند. او در ادامه و در توجیه سخن هجوآمیز می‌گوید اهل امساک دردی دارند که تنها با هجو درمان می‌شود و من چاره‌ای جز این‌گونه سخن گفتن با آنان ندارم. توجیهاتی از این دست در شعر فارسیِ کم نیست. مولانا عبدالقادر بیدل دهلوی با آن جایگاه رفیعی که در عرفان و ادب اسـلامی دارد صراحتاً از دشـنام دادن به گروهی که خود آنها راه «بدرگ» می‌خواند دفاع می‌کند و می‌گوید:

در مزاج بدرگان جز فحش کم دارد اثر — زخم‌سگ‌رابی‌لعاب‌سگ‌چسان‌مرهم‌کنم

الغرض، کمال‌الدین اسـماعیل در هجو اهل امساک جایگاه ویژه‌ای دارد. بسیاری از هجوهای او در

شمار طنزهای درخشان شعر فارسی قرار می‌گیرد. در قطعه‌ای بزرگی را که متهم به امساک است این‌گونه به سخره می‌گیرد:

دی مرا گفت دوستی که مرا / با فلان خواجه از پی دو، سه کار
سخنی چند هست و ز پی آن / خلوتی می‌ببایدم ناچار
خلوتی آنچنان که اندر وی / هیچ مخلوق رانباشد یار
گفتم این فرصت ار توانی یافت / وقت نان خوردنش نگه می دار

و اما درخشان‌ترین چهره شعر فارسی در قرن ششم، بی‌تردید کسی نیست جز «حکیم انوری ابیوردی.» شاعری بلندمرتبه که عبدالرحمن جامی او را در کنار فردوسی و سعدی از پیامبران شعر فارسی خوانده است و گروهی از منتقدان و فضلای ادب فارسی او را قصیده‌سرای تاریخ شعر فارسی می‌دانند. متاسفانه این شاعر بزرگ و نام‌آور که در بسیاری از علوم زمانهٔ خود از سرآمدان محسوب می‌شد چنان که شاید و باید قدر و قیمت خود را نشناخت و به دلیل غلبه خوی عشرت‌طلبانه بر دیگر ساحات وجودی‌اش، طبع بی‌بدیلش را اغلب صرف موضوعاتی کرد که جز ارزش تاریخی و صنعت‌گری الفاظ چیز دیگری ندارد. فصل عظیمی از دیوان او را مدایحی تشکیل می‌دهد که در اغراق در مداهنه نظیری برای آنها نمی‌توان یافت. البته این شاعر بزرگ به وضعیت تراژیک خود وقوفی تام و تمام داشت. از سویی می‌دانست شأن و مرتبهٔ کلام او چنان ارجمند است که نباید به پای خودکامگان و مستبدان روزگار ریخته شود و از سویی دیگر نفسِ ضعیف و تمنای عشرت‌طلبی او را به آستان‌بوسی می‌کشاند.

گاه از نفس سرکش به ستوه می‌آمد و راه توبه و استغفار در پیش می‌گرفت اما چندی نمی‌گذشت که توبه می‌شکست و برای به چنگ آوردن مطامع دنیوی به همان شیوه پیشین بازمی‌گشت. انوری همه عمر در تردد بین دنائت و مناعت طبع بود. شعر او به خوبی از اوضاع و احوال درونی او خبر می‌دهد. علی ایّ‌حال همان‌گونه که گفتیم او در شعر طنز جایگاه ممتاز و ویژه‌ای دارد.

در بساط او همه چیز می‌توان یافت؛ از هزل و هجو و مطایبه تا طنز متعالی و فاخر. اشعار طنز او حجم قابل توجهی از دیوانش را شکل می‌دهد. برخی از اشعار هزل و هجو او در رکاکت لفظی و معنایی گوی سبقت را از اشعار سوزنی سمرقندی برده‌اند. با این حال اگر این دسته از اشعار او را نادیده بگیریم باز هم سهم او در طنز شعر فارسی، سهم بسزایی است. طنز انوری هم موجب انبساط خاطر مخاطب می‌شود و هم مخاطب را به تأمل وا می‌دارد. معمولاً این دو ویژگی در یک شعر طنز کمتر جمع می‌شود یا اگر جمع شود سهم یکی از آنها بیش از دیگری است. به‌ویژه در اشعاری که

«ایرج پزشکزاد» طنزنویس و پژوهش‌گر معاصر دربارهٔ خاستگاه این کلمه می‌نویسد: «لفظ طنز به معنای امروزی مربوط به دههٔ بیست است که بعضی بزرگان ادب به خاطر تفکیک و تمیز طنز از هجویه‌های رکیک و زشت رایج در مطبوعات، اصطلاح طنز را باب کردند. عباس اقبال آشتیانی در مجلهٔ ارمغان و دکتر پرویز ناتل خانلری در مجلهٔ سخن به خصوص به مناسبت معرفی عبید زاکانی لفظ طنز را کم‌کم برابر «ساتیر» غربی، معمول کردند و به مرور از طرف جامعه پذیرفته شد.

ما آن را طنز حکیمانه نام نهادیم، سهم تأمل و تفکر بیش از انبساط خاطر است. اما در شعر حکیم انوری این دو ویژگی هم‌سنگ یکدیگرند و پیداست که چنین توقیفی به سادگی به دست نیامده است. حکیم در قطعه‌ای در بیان عمری که به بطالت گذشته است می‌گوید:

دوستی گفت: صبر کن زیراک — صبر کار تو خوب زود کند

آب رفته به جوی باز آرد — کار بهتر از آن که بود کند

گفتم آب ار به جوی باز آید — ماهی مرده را چه سود کند؟

انوری مطایبات خواندنی نیز بسیار دارد که می‌توان آنها را در زمرۀ اعلا نمونۀ مطایبه در شعر فارسی دانست. در مطایبه با درازقدی سروده است:

ای خواجه! رسیدست بلندیت به جایی — کز اهلِ سماوات به گوش تو رسد صوت

گر عمر تو چون قد تو باشد به درازی — تو زنده بمانی و بمیرد ملک‌الموت

نمی‌توان سخن از طنز حکیمانه گفت اما یادی از حکیم عمر خیام نیشابوری به میان نیاورد. عالم و ریاضی‌دانی که با چند رباعی شهرتی جهانی یافت. رباعیات او در حقیقت پرسش‌های بنیادینی هستند از کنه وجود. پرسش‌هایی به ظاهر ساده اما ازلی- ابدی که هیچ‌گاه بشر نتوانست پاسخی صریح و روشن برای آنها بیابد. جسارت شبهه‌افکنی در باورهایی که ظاهراً از مسلمات و امور بدیهی به شمار می‌آیند سبب شده تا مواجهه با اشعار حکیم نیشابوری چندان هم سهل نباشد. معمولا در رباعیات حکیم، تراژدی و کمدی، شانه به شانه یکدیگر حرکت می‌کنند. چنان که پیش از این هم نوشته‌ام، بسیاری از شاعران و شاید بتوان گفت همۀ شاعران از بی‌قدر و ناچیز بودن وجود آدمی در عالم امکان سخن گفته‌اند. او را به خس و خاشاک، غبار، قطره و گاه به هیچ و عدم نیز تشبیه کرده‌اند اما حکیم صریح و بی‌پروا آدمی را به «مگس» تشبیه می‌کند:

آمد شدن تو اندر این عالم چیست؟ — آمد مگسی پدید و ناپیدا شد

حقیقتاً «کمیک» است و در عین حال سخت «تراژیک.» آدمیزاد را که اغلب دعوی خدایی دارد به «مگس» تشبیه کردن- آن هم مگسی که در چشم به هم زدنی پدید می‌آید و ناپدید می‌شود- و مدام به او یادآور شدن که تو هیچ‌کاره حسنی و چرخ و فلکی که شادی و غم خود را به او نسبت می‌دهی از تو هزار بار بیچاره‌تر است، هم کمیک است و هم تراژیک:

نیکی و بدی که در نهاد بشر است — شادی و غمی که در قضا و قدر است

با چرخ مکن حواله کاندر ره عشق — چرخ از تو هزار بار بیچاره‌تر است

قدر و منزلت همه شاعران گرانسنگ فارسی از آغاز تا پایان قرن ششم هجری بر هیچ سخن‌سنجی پوشیده نیست. حتی آنان‌که صرفاً هزّالی پیشه کردند بر غنای زبان و ادبیات فارسی افزودند و دست‌کم امکان‌های نوینی را به نمایش گذاشتند که برای اهل ذوق همواره قابل توجه و تأمل خواهد بود. اما آنچه در کار این چهار شاعر (حکیم خاقانی، حکیم سنایی، حکیم انوری، حکیم خیام) و یا بهتر است بگویم چهار حکیم حیرت‌آور مشاهده می‌شود چیزی فراتر از «صنعت الفاظ» است. آنان از نفوذ و تأثیری که

کلام «طنزآمیر» در عقول و نفوس مخاطب ایجاد می‌کند، بهره می‌گیرند تا من و تو را هم بخندانند و هم بگریانند. تا ملتفت شویم در چه موقعیت کمیکی قرار گرفته‌ایم و در عین حال بدانیم تا تراژدی فاصله چندانی نداریم. آنها به ما می‌گویند بسیاری از اموری که اغلب آدمیان جدی می‌پندارند مضحکه‌ای بیش نیست، ملعبه‌ای است که تنها ما را از حقیقت وجودی‌مان غافل می‌کند. آنها به ما می‌گویند مرگ بسیار نزدیک‌تر از آن چیزی است که تصور می‌کنیم. زندگی فرصت بسیار کوتاهی است و جهان و خلق جهان جمله هیچ در هیچند. شنیدن سخنانی از این دست آن هم برای موجودی که غایتی جز خور و خواب و خشم و شهوت نمی‌شناسد، خوشایند نخواهد بود. عیش او را منغص خواهد کرد و خلق او را تنگ. حکیم این موضوع را بهتر از هر کس دیگری می‌داند. هم از این رو سخن تلخ خود را به ملاحت طیبت و طنز آمیخته می‌کند تا در گوش‌های بیشتری طنین اندازد. سخنی که حتی غافلان و ظالمان نیز از شنیدنش ابایی ندارند و غایت حکیم از کلام «طنزآمیز» همین است: سخنی عرضه کند که بیش از هر متاع دیگری خریدار داشته باشد. حکیم امیدوار است حکمت طنزآمیزش چونان دوای تلخی که اندکی شیرینی به آن می‌افزایند تا طفلان از خوردنش نهراسند، مشتریان بیشتری را به دکان علم و معرفت بکشاند. گیرم بسیاری به سودای دیگری به سراغ کلام طنزآمیز حکیم بیایند اما کسی چه می‌داند فرجام کار چه خواهد شد. شاید همین شوخ و شنگی‌ها و مطایبات و ظرایف، جانی را شعله‌ور سازد، همتی را برانگیزد، غیرتی را بجنباند که اگر چنین شود مقصود حاصل آمده است.

شاعران پس از این - یعنی پس از قرن ششم- تجربیات گرانبهایی را در اختیار دارند و درست به همین دلیل «طنز» به شدت قوت می‌گیرد و فربه می‌شود. در ادب فارسی همهٔ شاعران بزرگ ریشه در گذشته داشتند و نگاهی به آینده. یعنی اگرچه از تجربیات پیشینیان غافل نبودند اما به تقلید و تکرار بسنده نمی‌کردند و خود نیز در پی گشایش افق‌های تازه برمی‌آمدند. بدعت و نوآوری در خلأ و بی‌پشتوانه صورت نمی‌گرفت. هم از این رو سخن گفتن مولانا جلال‌الدین اگرچه عجیب است اما غریب نیست چرا که پیش‌تر از او حضرت سنایی و حضرت عطار گوش‌های ما را مستعد شنیدن سخنانی از جنس سخن مولانا کرده بودند. مولانا هم اگرچه از همهٔ اسلاف خویش پیشی گرفت اما هیچ‌گاه خاستگاه خود را از یاد نبرد و فراموش نکرد که وامدار چه کسانی است. این بیت نیز گواهی است بر قدرشناسی آن مرد بزرگ از اساتید مسلمش:

عطار روح بود و سنایی دو چشم او
ما از پی سنایی و عطار آمدیم

نمی‌خواهم بگویم تکامل لزوماً سیر خطی دارد اما بدون شک اگر تجربیات سنایی نبود شاید عطار به راه و روش دیگری متمایل می‌شد و

آنچه در کار این چهار شاعر (حکیم خاقانی، حکیم سنایی، حکیم انوری، حکیم خیام) و یا بهتر است بگویم چهار حکیم حیرت‌آور مشاهده می‌شود چیزی فراتر از «صنعت الفاظ» است. آنان از نفوذ و تأثیری که کلام «طنزآمیر» در عقول و نفوس مخاطب ایجاد می‌کند، بهره می‌گیرند تا من و تو را هم بخندانند و هم بگریانند. تا ملتفت شویم در چه موقعیت کمیکی قرار گرفته‌ایم و در عین حال بدانیم تا تراژدی فاصله چندانی نداریم.

اگر عطاری در کار نمی‌بود شاید مثنوی معنوی هم شکل نمی‌گرفت. غرض اینکه تجربیات گران‌بهای شاعران قرن چهارم و پنجم و به ویژه قرن ششم هجری یکی از عوامل اساسی تناور شدن و پربار شدن طنز فارسی است. در همین روزگار است که اندک اندک نثر هم به میدان می‌آید.

گلستان سعدی و رسالات عبید زاکانی از نخستین متون نثر فارسی هستند که تمام قد به یاری طنز فارسی می‌آیند. حالا دیگر طنز غریب نیست و تنها بخش کوچکی از دیوان حجیم شاعران فارسی به طنز اختصاص نمی‌یابد. در ادامهٔ آنچه می‌خوانید به شاعران قرن هفتم، هشتم و نهم هجری پرداخته‌ایم و از میان آنها به عطار و مولانا و سعدی و حافظ کمی بیشتر. توضیح ضروری اینکه به دواوین همه کسانی که نامشان در این وجیزه آمده دسترسی نداشتم و به ناچار در برخی موارد به اثر جناب «دکتر حسین بهزادی اندوهجردی» اعتماد و بسنده کردم. امیدوارم عدم مراجعه به متون اصلی مرا در قضاوت‌هایم به اشتباهات فاحش نینداخته باشد.

یکی از چهره‌های درخشان ادب فارسی که سیمای درخشانش به دلیل در دسترس نبودن دیوان اشعار او سالیان سال در محاق گمنانی گرفتار آمده بود دلیرمردی است به نام سیف‌الدین ابوالمحامد محمد الفرغانی که به سیف فرغانی مشهور است؛ شاعری شیعی و مبارز که در قرن هفتم و هشتم هجری می‌زیست. کلام او بسیار برنده و ستیهنده بود. سوگنامه‌ای که برای سید و سالار شهیدان امام حسین (ع) سروده بسیار مشهور است و هنوز هم در مجالس و مراسم عزاداری خوانده می‌شود. مطلع آن چنین است:

ای قوم در این عزا بگریید   من می‌گویم شما بگریید

در اشعاری که خطاب به حاکمان ظالم و جابر سروده است طنز و طعنه بسیار می‌توان یافت که مشهورترین آن قصیده‌واره‌ای است که با ردیف «شما نیز بگذرد» در دیوان او به ثبت رسیده. بسیاری سیف فرغانی را فقط با همین چند بیت می‌شناسند:

هم مرگ بر جهان شما نیز بگذرد   هم رونق زمان شما نیز بگذرد
آب اجل که هست گلوگیر خاص و عام   بر حلق و بر دهان شما نیز بگذرد
در مملکت چو غرش شیران گذشت و رفت   این عوعو سگان شما نیز بگذرد
زین کاروان‌سرای بسی کاروان گذشت   ناچار کاروان شما نیز بگذرد
آن کس که اسب داشت غبارش فرو نشست   گرد سُم خران شما نیز بگذرد

از دیگر شاعران قرن هفتم و اوایل قرن هشتم هجری که از مشاهیر زمان خود بودند باید به همام تبریزی اشاره کرد. میزان هزل و هجو و مطایبه اگرچه در دیوانش قابل توجه است ولی ویژگی ممتازی در آنها مشاهده نمی‌شود. اما آن دسته از اشعار او که سمت و سویی انتقادی دارند و روی سخن‌شان با دین‌فروشان و زاهدان ریایی است، رنگ و بوی دیگری دارد. همام به تقلید از سعدی متهم است اما به نظر می‌رسد در اشعار انتقادی‌اش بیشتر میل به سبک و سیاق عطار و سنایی دارد:

دزد و خازن چو یار غار شوند   آفت حال شهریار شوند
شیخ چون با مرید باده خورد   آبروی مربیان ببرد

گر خری را به مرغـــزار بـری / بـــر ســر بـــرگ گل ریـــد ز خری

ابلهان را حریف خویش مساز / عیـــش بـــا زنگیـــان زشـــت مباز

این هم نمونه‌ای از مطایبهٔ او با شخصی که «کل» بود:

کریم‌الدین کلان کل را بگو کـــل / امین‌الدیـــن کل را شـــو مـــوکّل

نظر کن در سر کل تـا ببینـــی / صفـــای جان یـــاران را مشـــکلّ

همی ترسم که کل دیوانه گردد / مرا گویـــد مکن بیهـــوده کل‌کل

کسی کافسوس دارد بر سر کل / زند بـــر ریـــش او کل نیز گنکل

حتی اگر تاریخ نخوانده باشیم و صرفاً دلبستهٔ ادبیات باشیم نام شاه شجاع را حتماً شنیده‌ایم آنجا که خواجه شیراز فرموده است:

سحر ز هاتف غیبم رسید مژده به گوش / که دور شاه شجاع است می دلیر بنوش

در تاریخ البته شاه شجاع اصلاً خوش‌نام نیست چرا که برای رسیدن به مسند شاهی پدر خود را کور کرد و با دیگر اعضای خانواده نیز رفتار نامناســبی داشت. با این همه آنچه از او به یادگار مانده نه تاج و تخت که چند بیت شکسته و بسته است که از آن میان نمی‌توان از این دو بیت که در مرگ برادر خود سروده به راحتی گذشت:

محـــمـــود بـــرادرم شـــه شـــیر مـکیـــن / می‌کـــرد خصومت از پی تاج و نگین

کردیم دو بخش تـــا بـــیاسـاید خـلـــق / او زیر زمین گرفت و من روی زمین

از قطعه‌سرایان بنام شعر فارسی ابن یمین است و از آنجا که اغلب مطایبات و هزل و هجوهای شعر فارسی در این قالب سروده شده‌اند پس بی‌وجه نیست اگر در اشعار ابن یمین سراغی از طنز بگیریم. اکثر قطعات طنزآمیز او در ستایش طبع بلند و کرامت و گشاده‌دستی و هجو بخیلان و تنگ‌نظران و فرومایگان است. از بیت‌بیت او بوی دلیری و مردی می‌آید؛ گواهی روشن و آشکار برای ابطال سخن فاضل‌مآبانی که بدون هیچ شناختی از گذشته ادبی ما، شاعران فارسی را یکسره مداح حاکمان و ظالمان خونریز می‌دانند.

در قطعات ابن یمین ظالمان و جابران به شدیدترین شکل ممکن مورد تمسخر قرار می‌گیرند چندان که سخن به هجو و هزل نزدیک می‌شود اما با این حال نمی‌توان آنها را از دایره طنز متعالی و حکیمانه خارج دانست. فی‌المثل در این قطعه حال ظالمی را این‌گونه توصیف می‌کند:

ظالمی را خـانه غـارت کـرد روزی کـافـری / خلق را دیدم که مالش را به غارت می‌برند

گفتم ای ظالم چه حال افتاده است اکنون ترا / گفت آنچ از غارت آوردم به غارت می‌برند

یا در پس این قطعه که در آن از الفاظ به ظاهر نامناسب استفاده شده، می‌توان غیض و غضب شاعر را نسبت به لئیمان و فرومایگان به روشنی احساس کرد:

کریم‌زاده چون مفلس شود در او پیـوند / که شاخ گل چو تهی گشت بارور گردد

لئیم‌زاده چو منعم شود از او بـگـریـــز / که مستراح چو پر گشت گنده‌تر گردد

آنچه از اوحدی مراغه‌ای از شاعران مشهور قرن هفتم و هشتم هجری بر جای مانده اعم از غزل و

قصیده و مثنوی بیشتر رنگ و بوی عرفانی دارد. با این حال او به تأسی از اسلاف خویش در طرح مسائل عرفانی و اخلاقی از بیان طنزآمیز برخی نکات نیز غافل نمانده است. این نکته قابل تأمل است که پس از ظهور بزرگانی چون سنایی و عطار و مولانا و جسارت در طرح موضوعات ممنوع و شکستن تابوهای دیرپا، بسیاری از شاعران این تهور را یافتند که در دل وعظ و خطاب و پند و شرح لطایف و دقایق حکمی و دینی، طنز را هم چاشنی سخن خود سازند تا مخاطب به شنیدن سخنشان رغبت بیشتری نشان دهد. البته هر کسی استعداد پرداختن به چنین هنر ظریفی را ندارد. قائل چنین سخنانی باید به چنان پایگاهی از علم و معرفت و سخندانی دست یابد که خدای ناکرده مفاهیم متعالی را متنزّل و لوث نکند. تأملی در آثار اوحدی مراغه‌ای نشان می‌دهد که او نیز همانند معلمان بزرگش از چنین آزمون دشواری سربلند بیرون آمده و طنز و مطایبه نه تنها سخن او را به حضیض سخافت و حقارت نکشانده بلکه در تعالی و بلندمرتبگی سخنش نیز تأثیر بسزایی داشته. البته علاوه بر طنزهای حکمی و عرفانی و در عین حال انتقادی و انقلابی، نمونه‌های دیگری هم در کار اوحدی یافت می‌شود که از آن جمله است اشعاری که او در نکوهش زنان و ازدواج سروده. اگر بخواهیم حکم به ظاهر کنیم باید بگوییم چنان که از اشعار اوحدی برمی‌آید وضعیت خانوادگی او چندان رضایت‌بخش نبوده. این حکایت را بخوانید:

پسری با پدر به زاری گفت — که مرا یار شو به همسر و جفت
گفت بابا زنا کن و زن نه — پندگیر از خلایق از من نه
در زنا گر بگیردت عسسی — بهلد کو گرفت چون تو بسی
زن بخواهی تو را رها نکند — ور تو بگذاریش چه‌ها نکند
از من و مادرت نگیری پند — چند دیدی و نیز دیدم چند
آن رها کن که نان و هیمه نماند — ریش بابا ببین که نیمه نماند

در کوران حمله مغول به سرزمین ایران شاعران بسیاری می‌زیستند. اثیرالدین اومانی از جمله شاعرانی است که سبعیت و ددمنشی سپاه مغول را با همه وجود لمس کرده. هم پریشان‌حالی مردمان را دیده و هم بی‌کفایتی حاکمان را. بی‌ارج و قرب شدن خرد و آیین و فرهنگ و زوال مردمی و فتوت را نیز. برای پی بردن به وضعیتی که اثیرالدین اومانی در آن می‌زیسته نیازی به تورق کتب تاریخی نیست. کافی است چند بیت از اشعار این شاعر دردمند را بخوانی تا دریابی چه مایه مصیبت و بلا بر این سرزمین رفته است؛ مصیبتی که حتی شعر را در چشم این شاعر فحل، خوار و بی‌مقدار جلوه دهد مصیبت عظمایی است:

یارب این قاعده شعر به گیتی که نهاد؟ — که چو جمع شعرا خیر دو گیتیش مباد
ای برادر به جهان بدتر از این کاری نیست — هان و هان تا نکنی تکیه بر این بی‌بنیاد
گفتنش کندن جان است و نوشتن غم دل — محنت خواندنش آن به که نیاری در یاد
این چه صنعت بود آخر بنگویی که از آن — در همه عمر یکی لحظه نباشی دل شاد

شعر اثیرالدین اومانی گواهی دیگر است بر این مدعا که استبداد و ظلم و جور به طنز به‌ویژه به طنز دردمندانه و ستیهنده مدد می‌رساند. بی‌شک اگر اثیرالدین در میانهٔ فاجعهٔ یورش بی‌رحمانهٔ مغول نمی‌بود

و آن همه تباهی و سیاهی را از نزدیک نمی‌دید این همه طعنه و کنایه نسبت به زمانه دون‌پرور از طبع او زاییده نمی‌شد و تاریخ ادبیات چنین ابیات بلند و درخشانی را در حافظهٔ خود ثبت نمی‌کرد:

ای چرخ ز گردش تو خرسند نیم — آزادم کن که لایق بند نیم
ور میل تو با بی‌خرد و نادان است — من نیز چنان اهل و خردمند نیم

نظام اصفهانی را اگر نه کاریکاتوری از خیام که می‌توان مقلّد تام و تمام حکیم نیشابوری خواند. مقلدی صرف که چیز تازه‌ای برای افزودن به هنر مرجع خود در چنته ندارد. نظام ظاهراً قصد کرده بود همچون مقتدای خود برخی از مشهورات و مسلمات زمانه را که در زمرهٔ مقدسات دینی درآمده بودند به چالش کشد اما سخنش چنان که شاید و باید درنگرفت. شاید به این دلیل که از عمق و ژرف‌اندیشی خیام بی‌بهره بود و همین فقدان تفکر سبب شد شعرش به جای اینکه لرزه در باورها و پندارها بیندازد از مطایبه و شوخی‌های بامزه فراتر نرود. این یکی دو نمونه را بخوانید:

خمر خوش‌تر هزار بار از آب — و من الخمر کل شیخ شاب
می‌خورم می‌خورم که غم ببرد — چند دارم روان به رنج و عذاب؟
چون شوم مست و بی‌خبر افتم — نه خطا آید از من و نه صواب
روز محشر به موقف عرفات — نه گنه دامنم کشد نه ثواب

یا این ابیات:

برگ‌ریزان گذشت و دی‌ماه است — خنک آن را که خیمه خرگاه است
اندرین فصل، آتش و باده — بهترین مال و خوش‌ترین جاه است
آتشی بر فروز و باده بخواه — کاین بهشت است و آن در افواه است
این سخن در بهشت جسمانی است — تا نگویی نظام گمراه است

ناگفته پیداست که این مضمون بارها در شعر خیام البته به شکل هنرمندانه‌تری طرح شده است به ویژه آنجا که می‌گوید:

گویند بهشت عدن با حور خوش است — من می‌گویم که آب انگور خوش است
این نقد بگیر و دست از آن نسیه بدار — کآواز دهل شنیدن از دور خوش است

یکی از شاعران خوش‌ذوق روزگار ما در ستایش بزرگی سروده است:

چنان دستبردی به دل‌های ما زد — که حافظ به دیوان خواجو نمی‌زد

این نکته را عرض کردم تا بگویم به راستی اگر حضرت لسان‌الغیب خواجه حافظ شیرازی ظهور نمی‌کرد کمال‌الدین ابوالعطاء محمود بن علی مرشدی کرمانی ملقب به خواجوی کرمانی، ارج و قرب دیگری در میان فارسی‌زبانان پیدا می‌کرد. خواجهٔ شیراز چنان رندانه و هنرمندانه سخن خواجو را به یغما برده که دیگر کمتر کسی به دیوان آن بزرگوار مراجعه می‌کند. البته در عین اعتراف به بزرگی و سخنوری حضرت خواجو باید به این نکته اذعان داشت که آنچه سبب تمایز کلام خواجو و حافظ می‌شود «رندی»

حضرت لسان‌الغیب است. سهم صنعت‌گری الفاظ و دقت و وسواس در به کارگیری آنها هم البته به جای خود محفوظ اما تأملی در طنزآوری هر دو بزرگ نشان می‌دهد هر چه قدر حضرت حافظ ظرافت و رندی به خرج می‌دهد حضرت خواجو صراحت و زمختی را پیشـــه خود می‌سازد تا داد از کهتر و مهتر بستاند. این چند بیت را بخوانید و ببینید جناب خواجو چگونه از جنازه امیری که در اصفهان درگذشته یاد می‌کند:

روزی وفـــات یافت امیری در اصفهان — زآنها که در عراق به شاهی رسیده‌اند
دیدم جنـــازه بر کتـــف تونیان و من — حیران که این جماعت از این تا چه دیده‌اند
پرسیدم از کسی که چرا تونیان شهر — از کارهـــا جنازه‌کشی برگزیده‌انـــد
حمال مرده در همه شـــهری جدا بود — هر شـــغل را برای کســـی آفریده‌اند
برزد بروت و گفت که تا ما شنیده‌ایم — حمامیان همیشـــه نجاست کشیده‌اند

البته مواجهه شاعر با امیران هم‌روزگارش هم چندان تعریفی ندارد. در قطعه‌ای صدرالدین نامی را این گونه نواخته است:

صـــدر بلندمرتبـــه یحیی کـــه معطی‌ای — ماننـــد او ز مـــادر ارکان نـــزاده اســـت
صـــدر از بـــرای آن لقبش بـــر نهاده‌اند — کو ســـینه سال‌ها به زمین بر نهاده است
رویش چو پشت دیگ سیه گشته است از آنک — کز کودکی همیشـــه به رو در فتاده است

البته سخن طنزآمیز خواجه همواره بدین طریق و منوال نیست اما صورت غالب طنزهای او به هزل و هجو گرایش بیشـــتری دارد. برای آنکه چندان هم نامنصفانه دربارهٔ شـــیوهٔ سخن آن بزرگوار قضاوت نکرده باشیم این چند بیت را هم بخوانید، دربارهٔ کسی که ظاهراً در سخن حضرت خواجه به چشم طمع می‌نگریسته و قصد دزدی کلام او را داشته. خواجه شیراز خوش‌شانس بوده که در زمان حیات خواجو به دیوان او دستبرد نزده:

زغن شـــکلی که در فصل بهاران — صفیـــر از بلبل خوش‌گـــو بدزدد
اگـــر ره یابـــد اندر بـــاغ رضوان — درخـــت طوبـــی از مینـــو بدزدد
وگر بر زلف خوبان دســـت یابد — ســـواد از طـــرهٔ هنـــدو بـــدزدد
سحر چون بگذرد بر طرف بستان — نســـیم از ســـنبل خوش‌بو بدزدد
نشـــاید کو بـــه صحـــرا راه یابد — کـــه رنـــگ از لاله خـــودرو بدزدد
گهی بینی کـــه فرصت گوش دارد — ز پیـــش هر دو چشـــم ابرو بدزدد
اگـــر در بحـــر عمان غـــرق گردد — یقینـــم کز صـــدف لؤلـــؤ بدزدد
سرمویی مر او را دسترس نیست — وگر باشـــد ز ســـرها مـــو بدزدد
گـــرم در خاطـــر آید معنـــی بکر — نیـــارم گفتـــن آن را کـــو بـــدزدد
عجـــب نبود اگـــر این‌گونه دزدی — لقـــب از کنیـــت خواجـــو بـــدزدد

به ضرس قاطع می‌توان گفت مشهورترین طنزنویس زبان فارسی عبید زاکانی است. حتی آنها که

هیچ شناختی از طنزنویسی قدیم و جدید فارسی ندارند عبید را به طنزآوری می‌شناسند. به تعبیری دیگر نام عبید زاکانی مرادف است با طنز چنان که فی‌المثل نام محمدرضا شجریان تداعی‌کننده موسیقی سنتی و اصیل ایرانی اســـت. عبید هم شـــاعر است و هم نویسنده. مشهور است که عالم و فقیهی فحل بوده. رساله‌ای تدارک می‌بیند که در آن به مسائل مهم و نکات جدی مورد نظر اهل علم می‌پردازد اما ظاهراً کسی به رساله او وقعی نمی‌نهد، این واقعه تأثیر مهمی در زندگی عبید می‌گذارد و او را به سمت هزل و هجو و طنز سوق می‌دهد.

دیری نمی‌گذرد که عالم فرزانه مولانا عبید زاکانی به نام‌آورترین طنزنویس زبان فارسی بدل می‌شود. یکی از علل نام‌آوری عبید در حوزه طنز، همت و جد و جهدی است که او در این راه به خرج داده. به تعبیر زنده‌یاد عمران صلاحی او به صورت همه‌جانبه به سمت طنز هجوم آورد. آثار عبید هم به لحاظ کمّی و هم به لحاظ کیفی به شدت قابل توجه‌اند. اگر شعر را فراتر از دایره وزن و قافیه بدانیم و اصل و اساس آن را سنخوری و حکمت فرض کنیم باید عبید زاکانی را نیز در شمار شاعران طراز اول طنز فارسی به حساب بیاوریم اما اگر قرار باشد به تفکیک مرسوم و معمول قائل شویم و نظم و نثر را در همان چارچوب سنتی و از پیش تعیین شده معنا کنیم باید بگوییم درخشش جناب عبید بیشتر در حوزه نثر است تا نظم. آنچه از عبید در قالب شعر باقی مانده چندان جدی نیست. اغلب آنها، هم در لفظ و هم در معنا چندان رکیک‌اند که هیچ جایی برای ظرافت و رندی و شوخی و شنگی باقی نمی‌ماند. عریان و صریح موضوعات جنسی را دســـتمایه قرار داده و این مسائل با کمترین لطافت و ذوق‌ورزی بیان شده‌اند. البته گاه ابیاتی را که در میانه حکایات منثور آمده باید مستثنی دانست و همین طور منظومه نود بیتی «موش و گربه» را که ظاهراً تعریضی است در حق «امیر مبارزالدین» و یادی از «شیخ ابواسحاق» و یارانش که در جنگی نابرابر کشته شده‌اند. گربه مظهر دین‌فروشی و ریاکاری و خباثت و بی‌رحمی و ظلم و جور است و موش نماد ساده‌دلی و ستمدیدگی و حق‌طلبی. بی‌اعتنایی عبید به تعریف سنتی و کلاسیک قافیه و به کارگیری دل‌بخواهی آن به فضای طنزآمیز شعر کمک شایانی کرده. علاوه بر این منظومه، گاه رباعی‌های جالبی از عبید می‌خوانیم که با تعریف ما از طنز چندان بی‌ارتباط نیست:

تـــا بتوانی مـــی مصفّـــا می‌خور — با دوســـت بـــه رغم دل اعـــدا می‌خور
مندیش که فردا رمضان است، امروز — می می‌خـــور و فردا غم فـــردا می‌خور

بدون شک اگر عنوان این مختصری که در دست دارید به قید «شعر طنز» محدود نمی‌شد باید حجم بیشتری از این وجیزه به آثار گرانسنگ و مثال‌زدنی جناب عبید اختصاص می‌یافت و نمونه‌هایی از طنز درخشان ایشان مورد تأمل و مداقه قرار می‌گرفت. با این حال از آنجا که دربارهٔ آثار بی‌مثال حضرت عبید سخن بسیار رفته و علاقه‌مندان می‌توانند به نوشته‌های اساتید بزرگوار ادبیات فارسی در این زمینه مراجعه بفرمایند، صاحب این قلم دریغ خوردن در این مقام را بی‌وجه می‌داند و امیدوار است در فرصت و بهانه‌ای دیگر بتواند ارادت بی‌چند و چون خود را به مقام شامخ آن بزرگ به نمایش بگذارد.

رویای کاذبه

شاعری مهمل‌گوی پیش ایشان گفت که: دوش خواجه خضر علیه‌السلام را به خواب دیدم که آب دهان مبارک در دهان من انداخت. ایشان گفتند: غلط دیده‌ای، خضر می‌خواست که تف در روی و ریش تو افکند تو دهان بازداشتی در دهان تو افتاد.

عین‌الیقین

یکی از شیخ‌زاده‌های شهر که خالی از بلادتی نبود و دعوی شعر و شاعری می‌کرد این غزل ایشان را تتبع کرده بود:

بس که در جان فکار و چشم بیدارم تویی — هرکه پیدامی‌شوداز دور پندارم تویی

بعد از آن که غزل خود را تمام گذرانید بر مطلع ایشان اعتراض کرد که شما در این مطلع فرموده‌اید: هر که پیدا می‌شود از دور پندارم تویی، شاید خری یا گاوی پیدا شود؟ ایشان فرمودند: «پندارم تویی.»

گبر مسلمان‌نما

مولانا شیخ حسین در زمان میرزاسلطان ابوسعید، محتسب به استقلال بود. چنان که میرزا گفته بود که مولانا شریک ملک من است. روزی گبری را مسلمان ساخته و دستار خود را بر سر او نهاده و از خزانه میرزا برای او جامه گرفته بود و سوار کرده و با دهل و نقاره و سرنا و کرنا گرد بازار می‌گردانید. پیش ایشان گفته شد که مولانا گبری را مسلمان ساخته و دستار خود را بر سر او نهاده. ایشان گفتند: «مولانا شصت سال است که دستار خود را بر سر گبر می‌نهد.»

آنچه خواندید گزیده‌ای بود از «لطایف عارف جام» که در کتاب «لطائف الطوائف» آمده است. مولانا فخرالدین علی کاشفی کتاب مذکور را چهل سال بعد از وفات جامی به رشتهٔ تحریر درآورده است. همین چند حکایت به خوبی گواهی می‌دهد که شیخ تا چه اندازه از موهبت ظرافت و رندی بهره داشت. علاوه بر این اختصاص دادن فصلی جداگانه در کتاب ارزشمند «لطائف‌الطوائف» به نکته‌پردازی‌ها و ظریف‌بینی شیخ نشان می‌دهد شیخ بدین صفات متعالی و دوست‌داشتنی شهره بوده. در روزگار ما مرحوم «عباس فرات» نیز بدین صفات شهره بود چنانکه زنده‌یاد «عمران صلاحی» تعدادی از حکایات حاضر جوابی‌های منحصر به فرد او را در کتاب «خنده‌سازان و خنده‌پردازان» ثبت کرده است. جالب اینکه شاید کمتر کسی از عباس فرات شعری در خاطر داشته باشد ولی حاضرجوابی‌ها و نکته‌پردازی‌های او در اذهان بسیاری از علاقه‌مندان شعر و ادب فارسی جا خوش کرده است.

«مطایبه» در لغت به معنی شوخی و خوش‌طبعی کردن است. نوعی ظرافت که معمولاً در مواجهه با دوستان و آشنایان صورت می‌گیرد که گاه این دوست و آشنا می‌تواند در نقش معشوق ظاهر شود. مطایبه معمولاً قصد و هدف خاصی جز انبساط خاطر یا طرح نکته‌ای ظریف را دنبال نمی‌کند.

آنچه از رندی‌های جامی می‌خوانیم انتظاری را در ما ایجاد می‌کند که با خواندن اشعار آن بزرگوار چنان که شاید و باید برآورده نمی‌شود. با این حال نمی‌توان در بررسی طنز شعر فارسی از کنار نام عبدالرحمان جامی به سادگی گذشت. به ویژه آنکه حجم حکایات طنزآمیزی که توسط او منظوم شده‌اند نیز قابل توجه است.

این حکایت را بخوانید، حکایتی که شاید از زبان شاعران و نویسندگان پیش از جامی شنیده باشید اما شنیدنش آن هم با نحوه روایت جامی خالی از لطف نیست:

خرسی از حرص طعمه بر لب رود — بهر ماهی گرفتن آمده بود
ناگه از آب ماهی‌ای برجست — برد حالی به صید ماهی دست
پایش از جای شد در آب افتاد — پوستین از خطا در آب نهاد
ای بسا کس که حرص زد راهش — آب ناخورده ماند در چاهش
آب بهر حیات خود طلبید — لیک از آن جز هلاک خویش ندید
آب بس تیره بود و پهناور — خرس مسکین در آب شد مضطر
دست و پا زد بسی و سود نداشت — عاقبت خویش را به آب گذاشت
از بلا چون به حیله نتوان رست — باید آن جا ز حیله، شستن دست
هم چو خیکی که پشت ناکنده — باشد از رخت و پخت آکنده
بر سر آب چرخ زن می‌رفت — دست شسته ز جان و تن می‌رفت
دو شناور ز دور بر لب آب — بهر کاری همی شدند شتاب
کان چه چیزست مرده یا زنده است — پوستی از قماش آکنده است
آن یکی بر کناره منزل ساخت — وان دگر خویش را در آب انداخت
آشنا کرد تا بدان برسید — خرس خود مخلصی همی طلبید
در شناور دو دست زد محکم — باز ماند از شنا شناور هم
اندرآن موج گشته از جان سیر — گاه بالا همی شد و گه زیر
یار چون دید حال او ز کنار — بانگ برداشت کای گرامی یار
گر گران است پوست بگذارش — هم بدان موج آب بسپارش
گفت من پوست را گذاشته‌ام — دست از پوست بازداشته‌ام
پوست از من همی ندارد دست — بلکه پشتم به زور پنجه شکست

چهار شاعر متفاوت

همان‌طور که اشاره شد طنز از قرن ششم به بعد از لحاظ کیفی و کمّی رشد چشم‌گیری پیدا کرد و جالب اینکه همانند دوره نخست باز هم چهار شاعر متفاوت و خیره‌کننده ظهور کرد که طنز در آثارشان به شدت قابل توجه و تأمل است. چهار شاعر که در شکل‌گیری فرهنگ ما نقش بسیار دارند و پایگاه و

جایگاهشان در تاریخ ما فراتر از حد معمول و مرسوم است. به پاس شأن و مرتبهٔ بلند آن بزرگواران فصل جداگانه‌ای را به ایشـــان اختصاص دادم. با این امید که باطن آن بزرگواران دســـتگیر همه رنود در دنیا و آخرت شود. آمین!

شیخ فریدالدین عطار نیشابوری

فریدالدین محمدبن ابراهیم اســحاق کدکنی مشـــهور به شیخ فریدالدین عطار نیشابوری که در نیمهٔ دوم قرن ششم و ربع اول قرن هفتم می‌زیسته از نوابغ فرهنگ ایرانی- اسلامی است. آثار منثور و منظوم او شرح حال شوریدگانی‌ست که بر هست و نیست جهان چارتکبیر زده و سرمایه‌ای جز عشق و دردمندی در بساط ندارند. خود در این مقام می‌گوید: «نقل احوال و اقوال درد آنها را که نه مرد راهند مرد می‌کند، مردان را شیرمرد می‌کند، شیرمردان را فرد می‌کند و فردان را عین درد می‌گرداند.» با این همه در سخن دردمندانه او ملاحتی است که خواندنش را برای مخاطب سهل می‌کند. بدون شک اگر این ملاحت در سخن شیخ نمی‌بود کسی نمی‌توانست آن همه جنون و دردمندی را تاب بیاورد. تمامی آثار شیخ از ملاحت به میزان کافی و وافی بهره دارند تا ســخن قابل عرضه شود اما در یکی از آثار ایشان دردمندی و ملاحت به اوج می‌رسد تا یکی از شاهکارهای طنز فارسی در اثری به نام «مصیبت‌نامه» شکل بگیرد. طنز از همان ابتدا یعنی از نام‌گذاری اثر شکل می‌گیرد. کتابی که پر است از حکایات طنزآمیز، مصیبت‌نامه نام می‌گیرد تا بدانیم از منظر شیخ طنز و تراژدی چندان فاصله‌ای با یکدیگر ندارند و موقعیت انسان در جهان آفرینش به همان اندازه که خنده‌دار است می‌تواند مصیبت‌بار هم باشد یا بالعکس. قهرمانان یا شخصیت‌های اصلی مصیبت‌نامه را نیز کسانی تشکیل می‌دهند که نامی «پارادوکسیکال» دارند: «عقلاءالمجانین» یا به تعبیر پارسی «دیوانگان فرزانه»؛ خردمندان حکیمی که لباس مجانین را به تن می‌کنند تا بتوانند حقایقی را بر زبان آورند. حقایقی که هر گوشی را طاقت شنیدن آن نیست. اهل تحقیق بهلول را سرآمد عقلاءالمجانین ذکر کرده‌اند. دانشمند فرزانه‌ای که به دستور امام جعفر صادق علیه‌السلام دیوانگی پیشه کرد تا از ظلم و جور خلیفه وقت (هارون‌الرشید) در امان بماند. پیشه دیوانگی به بهلول اجازه می‌داد بسیاری از سخنانی را که عقلای روزگار جرأت به زبان آوردنش را نداشـــتند، بی‌پروا به زبان آورد و حقایق تلخ و گزنده را از این راه به گوش همگان برساند. عطار نیز به تأسی از بهلول، شخصیت اصلی داستان‌هایش را از مجانین انتخاب کرد تا بتواند هر آنچه دل تنگش می‌خواهد از زبانِ آنان بر کاغذ ثبت کند. هم‌دلی و هم‌سخنی شیخ نیشابور با دیوانگان دوست‌داشتنی مصیبت‌نامه کاملاً آشکار است. البته او چنین سخنانی را که گاه بوی کفر و زندقه از آنها به مشام می‌رسد فقط و فقط زیبندهٔ دیوانگان فرزانه می‌داند و عاقلان را از تکرار آن سخنان نامتعارف و ناهنجار به شدت پرهیز می‌دهد:

عاقلی گر گوید این شیوه سخن — هم به شرعش حد زن و هم زجر کن
این سخن گر عاقلی گوید خطاست — لیکن از دیوانه و عاشـــق رواســـت

این سخن دیوانگان را خوش بود عاشـــقان را گرمـــی و آتـــش بود

از نکات بســـیار جالب «مصیبت‌نامه» طنزهای انقلابی و عدالت‌خواهانه است که نمونه‌اش را کمتر دیده‌ایم به‌ویژه از ســـوی کسانی که لقب «عارف» بر ایشان می‌نهیم. صد البته سخنان انقلابی شیخ از حکمت و معنویت نیز تهی نیســـت. به عبارتی صحیح‌تر روحیه انقلابی و معنوی در برخی از حکایات مصیبت‌نامه چندان هم‌تافت شده‌اند که تفکیک آنها از یکدیگر ممکن نمی‌نماید. در حکایتی خواجه اکّافی پادشاه وقت را مستحق دریافت زکات می‌داند. چرا؟ از زبان شیخ بشنویم:

گر ترا ملک و زری هست این زمان هســـت آن جملـــه از آن مردمـــان
کـــرده‌ای از خلـــق حاصل آن همه بر تو واجب می‌شـــود تـــاوان همه
چون از آن خود نبودت هیچ چیز زین همه منصب چه سودت هیچ نیز
از همه کس گرچـــه داری بیش‌تر می‌ندانـــم کـــس ز تـــو درویش‌تر

دردمندی اصل و اســـاس آثار عطار را شکل می‌دهد. شاید در کار کمتر نویسنده یا شاعری تا بدین اندازه با واژه «درد» مواجه باشیم. البته این موضوع به تنهایی نمی‌تواند دال بر دردمندانه بودن آثار عطار باشد اما به هر حال آنجا که هر ظاهری، تجلی باطنی است و به هر حال بین این دو مفهوم نسبتی برقرار است می‌توان این پدیده ظاهری را نیز گواهی دیگر دانست بر مدعای ما.

برای مصیبت‌نامه عطار امتیازات بســـیاری می‌توان برشمرد. از گستردگی و تنوع مضامین گرفته تا سخنانِ خلاف‌آمد عادت اما از آنجا که در مجلدی جداگانه با عنوان «دیوانگان فرزانه» که حاوی گزیده‌ای از طنزهای مصیبت‌نامه است در این باره سخن گفته‌ام به همین مقدار بسنده می‌کنم و علاقه‌مندان را به آثار بی‌بدیل شیخ نیشابور حواله می‌دهم. چنان که پیش از این نیز گفته‌ام هیچ راهی برای درک و دریافت اصیل از متونِ ادبی جز مواجهه بی‌واسطه با آن آثار وجود ندارد. هرچه دیگران بگویند قرائت آنان از متنی اســـت که خوانده‌اند و بدون شک قرائت هر کس بسته به ذائقه و سلیقه‌ای که دارد، متفاوت با دیگری است. به قول نیچه: «حقیقت وجود ندارد، تفسیر حقیقت وجود دارد.» دقت کنید که دارم درباره ادبیات و هنر سخن می‌گویم و منظورم از تفسیر حقیقت در اینجا تفسیری است که ما از متون ادبی داریم و نه چیز دیگر. اگر بگویید پس آنچه شما ذیل عنوان «گزیده» و این حرف‌ها انجام می‌دهید چیست خواهم گفت: این کارها اگر خوب و توسط یک آدم خوش‌ذوق انجام شود حکم محرکی را خواهد داشت برای رجوع به اصل ماجرا، وگرنه جز گمراه‌کردن و تلف کردن اوقات خلق‌الله به هیچ کار دیگری نمی‌آید. انس و الفت گرفتن با متون کلاسیک حقیقتاً کار دشواری است. به قول ظریفی آثار کلاسیک را همه می‌خرند و در کتابخانه‌هایشان می‌گذارند اما کسی آنها را نمی‌خواند، گویی این آثار جزو مقدساتی هستند که باید در هر خانه‌ای وجود داشته باشد. بلاتشبیه کاری که ما با آثار کلاسیک انجام می‌دهیم همانندی بسیاری دارد به رفتار ما با کلام‌الله مجید. کتابی که بسیار آن را حرمت می‌نهیم اغلب بر تاقچه خانه‌هایمان جا خوش کرده و جز به هنگام سفر یا درگذشت یکی از نزدیکانمان کاربرد دیگری ندارد. این مقاله‌ها و گزینش‌ها اگر بتواند شوق و ذوقی را در کسی برانگیزد تا گاه‌گداری به تورق آثار کلاسیک همت بگمارد کافی است. نه تنها

کافی است بلکه اتفاق بزرگی رخ داده است. بنده خود به واسطه چند تن از شاعران و ادیبان خوش‌ذوق هم‌روزگارمان با چنین آثاری آشنایی پیدا کردم، حال آیا می‌توانم امیدوار باشم که از آن همه خوش‌ذوقی، من نیز اندک بهره‌ای برده و توانسته باشم دست‌کم مقدمات آشنایی عده‌ای – هرچند محدود و اندک- را با متون گرانسنگ ادب فارسی فراهم آورم؟!

مولانا جلال‌الدین محمد بلخی

«مولانا» لقبی است که علاوه بر جلال‌الدین محمد بلخی به بسیاری از بزرگان عرفان و ادب اسلامی اعطا شده اما گویی این لقب بیش از همه در خور صاحب «مثنوی معنوی» و «دیوان شمس» است. چنان‌که حتی اگر این لقب را بدون هیچ پسوندی به کار ببریم خواه ناخواه نام حضرت جلال‌لدین به ذهن می‌رسد. درباره غزلیات حضرت مولانا در کتاب «جان جهان» و درباره کتاب «فیه‌مافیه» ایشان در کتاب «خیال یار» چیزهایی قلمی کرده‌ام، پس از تکرار مکررات پرهیز می‌کنم و بی‌مقدمه به سراغ طنز در آثار جناب مولانا می‌روم. مولانا در فیه مافیه به صراحت می‌گوید من از شعر بیزارم و آنچه به نام شعر می‌گویم بنا به خواست و تقاضای دیگران است. این معنا البته صرفاً خاص ایشان نیست. صاحب قابوس‌نامه نیز می‌گوید شعر از برای مردمان گویند نه از بهر خویش. اشتباه نکنیم. این حرف‌ها به معنای انکار هنر شعر نیست بلکه بدین معناست که شعر به ماهو شعر در نزد این عزیزان ارزش چندانی ندارد. شعر به مثابه یک اثر هنری خواهان بسیاری دارد پس می‌توان از این طریق حقایقی را به گوش طالبان مهر و معرفت رساند. امیدوارم از سخنانم برداشت ایدئولوژیک نشود و مخاطب عزیز گمان نکند که این گروه، هیچ شأن هنری‌ای برای شعر قائل نبودند و صرفاً از آن برای بیان عقاید و اندیشه‌های خود سود می‌جستند. البته که آنها شعر را محملی برای بیان باورها و عقاید خود می‌دانستند اما درست به همین دلیل از شأن هنری آن هم فاغل نبودند چرا که به این نکته وقوف داشتند که سخن هر مقدار آراسته‌تر و پیراسته‌تر باشد در نفوس و عقول مردم نفوذ و تاثیر بیشتری دارد. حضرت مولانا که می‌گفت: مفتعلن، مفتعلن کشت مرا، از سر تعارف و اغراق نمی‌گفت. حقیقت سخن او در حصار و چارچوب تنگ وزن و قافیه نمی‌گنجید. وزن و قافیه او را به زحمت می‌انداخت اما با این حال هیچ‌گاه ترک وزن و قافیه نگفت چرا که می‌دانست همین وزن و قافیه واسطه ارتباط او با خلق خداست. بسیاری در ابتدا مجذوب همین کلام آهنگین و طرب‌انگیز مولانا شدند و بعد اندک اندک توسط همین آهنگ و کلام به طریقی روی آوردند که منظور و مراد مولانا بود. نیما یوشیج با همه نوآوری‌هایی که در حوزه شکل شعر فارسی انجام داد هیچ‌گاه وزن را رها نکرد. چون معقد بود وزن مهم‌ترین عنصر ارتباطی بین مخاطب و شاعر است و با همین باور بود که هیچ‌گاه شعر منثور نسرود. از منظر او عدم وزن در شعر منثور خلأ بزرگی بود که به هیچ طریقی نمی‌شد آن را جبران کرد.

منظور اینکه حتی نیما که برخی از متجددان افراطی هم‌روزگار ما او را نخستین شاعر فارسی‌زبان

می‌دانند به مخاطب و عناصری که سبب جذب و ارتباط او با کلام می‌شوند اهمیت بسیار می‌داد. به نظر این بنده حقیر، هیچ شـاعر قابل اعتنایی را نمی‌توان یافت که نسبت به مخاطب بی‌اهمیت باشد و این البته به عوام‌زدگی و درافتادن در مناسبات تاریخ‌مصرف‌دار روزمره هیچ دخلی ندارد. اتفاقاً شاعری که به مخاطب اهمیت می‌دهد سـخن خود را همچون شاعران بزرگ پارسی به گونه‌ای تدارک می‌بیند که تا روزگاران دراز در ذهن و ضمیر مخاطب خوش‌ذوق و سـخت‌گیر فارسـی‌زبان پا سفت کند. مثال بارز و عینی‌اش: حضرت لسـان غیب خواجه حافظ شیرازی که از پس قرن‌ها سخنش تازه‌ترین سخن زمانهٔ ماست. اینها را گفتم تا بگویم وقتی صاحبدلی بیزار از شعر بدین حد به مخاطب اهمیت می‌دهد که برای رضای خاطر او دیوان حجیمی از مفتعلن مفتعلن فراهم آورد بدون هیچ شـک و تردیدی از «طنز» که پرمشتری‌ترین متاع عالم کلام است چشم‌پوشی نخواهد کرد. بهره گرفتن مولانا از طنز کاملاً آگاهانه و هشیارانه است. از شگفتی‌ها و کیمیاگری‌های ویژه مولانا همین در هم‌آمیختگی عالم هشیاری و مستی است. او به همان اندازه که خودآگاه است، ناخودآگاه است. به همین دلیل هر یک از آثار سه‌گانهٔ او زبان خاص خود را دارد. در «فیه‌مافیه» زبانِ مولانا، زبانی فراگیر اسـت چرا که مخاطب فیه‌مافیه آمیخته‌ای از خاص و عام است. در آن مجالس هم عالمان، مخاطب مولانا بوده‌اند و هم عامه مردم و او ناچار بود برای تصرف در اذهان پامنبری‌هایش زبانی را برمی‌گزید که هم خاصان را خوش آید و هم مقبول عوام افتد. «مثنوی معنوی» دربرگیرنده همان مفاهیم و معانی است و حتی برخی از تمثیل‌ها و حکایات طابق النعل‌بالنعل در فیه‌مافیه آمده است اما ظاهراً از آنجا که در مثنوی بیش‌تر خواص مخاطب بوده‌اند، مولانا از ثقیل و رمزی سخن گفتن پروایی نداشته است. غزلیات پرشور شمس اما یکسره حکایت دیگری دارد. غزل، ساحت تجلی روح شوریده و شیدای حضرت مولاناست. او به هنگام غزل‌گویی دیگر نه فقیه است و نه عالمِ متکلمِ فرهیخته. دیوانه‌ای است پای‌کوبان و دست‌افشان که با سماع فلک فرسایش قصد برهم زدن مناسبات و عادات زمانه را دارد.

پس جلال‌الدین به اختیار و از سـر خود به «طنزآوری» روی آورده است. یعنی ذاتاً طنزآور نیست. فی‌المثل انوری شاعری است باالذات طنزنویس. او حتی در مدایح و شکوائیه‌هایش شوخ و شنگ است و لحنی مطایبه‌آمیز و طنزآورانه دارد. البته حضور عارف نامدار و شگفت‌انگیز عالم اسلام شمس‌الدین ملکداد تبریزی را در زندگی و نحوه نگاه مولانا به هستی نمی‌توان نادیده گرفت. شمس که جان و جهان مولانا را دیگرگون کرد و او را از فراز منبر فقه و کلام به کوی و برزن شاعری و عاشقی کشاند، دیوانهٔ بزرگی بود که در کلام برنده و آتشـینش، جنون کبریایی موج می‌زد؛ کلامی که هنوز هم غریب می‌نماید و با کلام دیگر عارفان نامی پارسی‌زبان یکسره متفاوت است. از جمله ویژگی‌های خاص زبان مقتدای مولانا طنز شیرین و در عین حال ستیهنده‌ای بودکه نظیر و بدیلی برای آن نمی‌توان یافت. بخش اعظمی از این طنزها در مجادلاتی است که بین شمس و مدعیان درک حقیقت رخ می‌داد. فی‌المثل شمس در پاسخ به مدعی متکبری که می‌گفت: من خدا را به چند دلیل اثبات کرده‌ام، پرخاشگرانه پاسخ می‌دهد: ای غَر خواهر، خدا بی‌هیچ دلیلی اثبات است، برو خود را اثبات کن. یا خطاب به مریدان اوحدالدین کرمانی که

در توجیه گرایش اوحدالدین به پسـران نکوروی می‌گفتند شیخ ما در طشت آب، ماه را تماشا می‌کند و مرادشان از این تمثیل این بود که شیخ محو تجلی حضرت حق در جمال خوبرویان است، می‌گوید: شیخ اگر دمل برگردن ندارد چرا ماه را در آسمان نمی‌نگرد؟! بی‌پروایی، ستیهندگی و به سخره گرفتن دعوی پرمدعیان از ویژگی‌های بارز طنز مولاناسـت، ویژگی‌هایی که در جای جای مقالات شمس تبریزی به چشم می‌خورد و تأثیر آنها بر سخن مولانا کاملا آشکار و غیرقابل انکار است. سخن گفتن درباره طنز در مثنوی معنوی در این مجال اندک میسر نیست. با این همه گمان می‌کنم ذکر یکی – دو نکته در این مقام خالی از لطف نباشد. اول آنکه غالب آنچه از مثنوی بر زبان ما جاریست و در واقع به زندگی ما راه یافته و به عنوان امثال و حکم در زبان روزمره از آن استفاده می‌کنیم، ابیات یا مصاریعی است که به جرأت می‌توان «طنزآمیز» شان خواند که از آن جمله‌اند:

گر تـو بهتر می‌زنی بسـتان بزن

•

گفت خـود پیداسـت از زانوی تو

•

ای بـرادر ذکـر نیـک آورده‌ای
لیـک سـوراخ دعـا گم‌کـرده‌ای

•

کـی توان حق گفت جـز زیر لحاف

•

صیـد گرگاننـد ایـن ابلـه رمه

•

آن کـدو پنهـان بمانـدت از نظر

و این خود گواه دیگری بر تأثیر و نفوذ کلام طنزآمیز اسـت. دیگر آنکه تابوشکنی‌هایی که حضرت مولانا انجام داده اسـت جز با زبان طنز با هیچ زبان دیگری میسر نمی‌شد. مولانا در پرتو زبان طنزآمیز است که می‌تواند فقیهان و دین‌فروشان و صوفیان و دیگر صنوف با نفوذ عصر خود را آن‌چنان به تمسخر بگیرد. او با زبان طنز می‌تواند سـوگواران اباعبدالله‌الحسین (ع) را که از حقیقت سوگ و شهادت غافلند ریشخند کند.

او در فضایـی طنزآمیز می‌توانـد الفاظ رکیک و مفاهیم مقدس و متعال را در کنار یکدیگر بیاورد تا بزرگ‌ترین تابوشـکنی‌های محتوایی و صوری را در تاریخ شعر فارسی رقم بزند. بنده هنگام مواجهه با «مصیبت‌نامه» عطار نیشابوری آن قدر هیجان‌زده شدم که نوشتم مولانا با همه عظمتش نتوانسته است به قدرت و قوت عطار در طنزآوری نزدیک شود. به هر حال یکی از نشانه‌های خامی و کم‌دانشی همین قضاوت‌های عجولانه و صدور احکام قطعی است. امروز که از آن هیجان فاصله گرفته‌ام نمی‌خواهم حکم

دیگری صادر کنم و فی‌المثل کلام مولانا را بر شیخ نیشابور برتری دهم بلکه می‌خواهم بگویم هر دو بزرگ کاری سترگ انجام داده‌اند در خور نام و شأن خود. کلام عطار رنگ و بوی خاص خود را دارد چنان که کلام مولانا و هر یک از آن دو بزرگ مناظری را پیش چشم و روی ما نهاده‌اند که در نوع خود بدیع است و بی‌بدیل. مجال اندک بیش از این سخن گفتن درباره مولانا را اجازه نمی‌دهد. ختم کلام را اشاره به یکی از حکایات مثنوی قرار می‌دهیم. در دفتر دوم مولانا حکایت کوری را روایت می‌کند که در کوچه‌ای به سگی برمی‌خورد. کور از هول و بیم به ستایش سگ می‌پردازد. موقعیت کمیکی ایجاد می‌شود. مدایحی که کور در حق سگ به زبان می‌آورد بسیار جالب است اما جالب‌تر از آن، نتیجه حیرت‌آوری است که مولانا از این حکایت ساده می‌گیرد و معارفی را بر زبان می‌آورد که حقیقتاً شگفت‌آور است. بخوانید:

... گفت او هم از ضرورت ای اسد — از چو من لاغر شکارت چه رسد
گور می‌گیرند یارانت به دشت — کور می‌گیری تو در کوی این به دست
گور می‌جویند یارانت به صید — کور می‌جویی تو در کوچه به کید
آن سگِ عالم شکار گور کرد — وین سگ بی‌مایه قصد کور کرد
علم چون آموخت سگ رست از ضلال — می‌کند در بیشه‌ها صید حلال
سگ چون عالم گشت شد چالاک زحف — سگ چو عارف گشت شد اصحاب کهف
سگ شناسا شد که میر صید کیست — ای خدا آن نور اشناسنده چیست
کور نشناسد نه از بی‌چشمی است — بلکه این زآنست کز جهل است مست

سعدی

ایرج پزشکزاد در کتاب «طنز فاخر سعدی» مدعی می‌شود که فرنگیان سال‌هاست درباره طنز سعدی سخن گفته و می‌گویند اما ما ایرانیان نسبت به این وجه از خداوندگار سخن پارسی بی‌اعتنا بوده و هستیم. علتش چیست؟! فکر می‌کنم تعمدی در این ماجرا در کار نبوده. ما اصولاً به پدیده‌ای به نام «طنز» تا همین چند سال پیش بی‌اعتنا بودیم. اگر در پی پاسخیم باید پرسش را درست طرح کنیم. ما تا همین چندی پیش به «عبید زاکانی» هم اعتنای جدی نداشتیم، به شاعر بزرگی همچون ایرج میرزا هم. می‌خواهم بگویم ما اصولاً به شاعران و نویسندگان دلیری که آینه‌ای روشن روبه‌روی ما گرفته‌اند تا سرشت و ماهیت فردی و جمعی ما را به ما بنمایانند روی خوش نشان نمی‌دهیم. البته در مقام تعارف و تفاخر، حرمت بزرگان را نگه می‌داریم و تا دلتان بخواهد پسوند و پیشوند مبالغه‌آمیز به نام مبارکشان اضافه می‌کنیم اما از مواجهه جدی با آنها همواره گریزانیم. آنچه مولانا عبید زاکانی درباره مذهب مختار و مذهب منسوخ فرموده است تا به امروز حقیقت حال ماست و آنچه حکیم ایرج میرزا درباره دلبستگی ما به امور ظاهری بیان کرده دائرمدار تاریخ و فرهنگ ما. بعضی گفته‌اند در نظر ما ایرانیان سعدی دارای چنان جایگاه رفیعی بوده که به اسطوره پهلو می‌زده است هم از این رو نسبت طنزنویسی به او دادن در نظر ما چندان موجه

نمی‌آمده و چنین تهمتی را به او بستن جایز نمی‌دانستیم. نمی‌دانم. شاید این حرف هم چندان خالی از حقیقت نباشد اما شاید درست‌تر این باشـــد که بگوییم تا چند دهه پیش در ادبیات ما چیزی به نام «طنز» اصلا رسمیت نداشت. نه اینکه لفظ طنز نبود؛ چرا، واژه طنز از زمان بسیار قدیم به معنای تقریبی طعنه و کنایه در ادبیات فارسی وجود داشت اما اینکه برای «طنز» و «طنزنویسی» جایگاه ویژه‌ای قائل باشـــند و درباره آن به تحقیق و تفحـــص بپردازند، خیر. این نحوه از برخورد با طنز متعلق به همین چند سال اخیر است. شاید بدین علت که ما چیزی به نام «نقد» را در تاریخ‌مان به رســـمیت نمی‌شـــناختیم و از آنجا که اصل و اساس طنز بر «انتقاد» بنا شده، ترجیح می‌دادیم از کنار آن محترمانه بگذریم و نادیده بینگاریمش. اگر چنین فرضیه‌ای را صحیح بدانیم- شما می‌توانید این فرضیه را یکســـره مردود بدانید، هیچ اتفاقی نمی‌افتد- باید خوشحال باشیم چراکه به رسمیت شناختن طنز یعنی به رسمیت شناخته شدن نقد. یعنی ما ایرانی‌ها تصمیم گرفته‌ایم به جای شکستن آینه‌ای که حقیقت نقش ما را به ما می‌نمایاند، تصویر کج و کوله خودمان را ترمیم کنیم و این اتفاق کوچکی نیست. به تلافی آن همه سال غفلتی که نسبت به طنز ســـعدی داشـــته‌ایم در همین چند سال اخیر درباره طنز او کم سخن نگفته‌ایم که این هم نشانهٔ مبارکی است.

با قرائتی که ما امروزه از طنز داریم شیخ اجلّ سخنی خارج از دایرهٔ طنز بر کاغذ نیاورده است. امروزه طنز سخنی در مقابل جد نیست. چه بسیار سخن جد که در آن طنز بسیار یافت می‌شود و چه بسیار سخن طنزآمیز که خالی از جد نیست. در این سخن مولانا که می‌فرمود: «هزل، تعلیم است آن را جد شنو» ظاهرا گلایه‌ای نهفته است از مخاطبان آن روزگار که هزل را شوخی و سخن غیر جدی تلقی می‌کردند. شاید ما مخاطبان امروزی، سخن حضرت مولانا را بهتر از معاصران او درک می‌کنیم. چرا که در سخن هزل حضرت مولانا و همگنانش همان‌گونه می‌نگریم که در سخن جد ایشان. البته شما می‌توانید به جای هزل بگویید «طنز» تا همه زیرشاخه‌های طنز ازجمله هزل در آن بگنجد. می‌گفتم که با قرائت امروزین ما از طنز جناب سعدی طنزنویسی تمام‌عیار بوده. حتی کار به جایی رسیده که دوست عزیزم آقای اسماعیل امینی کتابی فراهم آورده با نام «لبخند سعدی» که گزیده‌ای است از غزل‌های طنزآمیز شیخ اجلّ. حجم قابل توجهی از غزل‌های شـــیخ در این گزیده آمده. تعداد غزل‌های به زعم آقای امینی طنزآمیز سعدی آنقدر در این مجموعه زیاد اســـت که به مزاح به او گفتم اگر دیوان غزلیات ســـعدی را بی‌کم و کاست با عنوان مجموعه شعر طنز چاپ می‌کردید آسوده‌تر نبودید؟ من البته ممکن است همانند آقای امینی آنقدر دایره طنز را فراخ نبینم که بخش اعظمی از غزلیات شیخ را طنزآمیز بخوانم اما در اینکه شیخ غالبا جهان و

کار جهان را از منظری طنزآمیز می‌دید شک ندارم و در پاره‌ای موارد با امینی عزیز همداستانم که سعدی شیرین‌سخن گاه غزلیاتش را یکسره با نیت طنز نوشتن سروده است.

درست مانند این غزل:

هر که هر بامداد پیش کسی‌ست — هر شبانگاه در سرش هوسی‌ست
دل منه بر وفای صحبت او — کآن چنان را حریف چون تو بسی‌ست
مهربانی و دوستی ورزد — تا تو را مکنتی و دسترسی‌ست
گوید اندر جهان تویی امروز — گر مرا مونسی و هم نفسی‌ست
باز با دیگری همین گوید — کاین جهان بی‌تو بر دلم قفسی‌ست
همچو زنبور در به در پویان — هر کجا طعمه‌ای بود مگسی‌ست
همه دعوی و فارغ از معنی — راستگویی میان‌تهی جرسی‌ست
پیش آن ذم این کند که خری‌ست — نزد این عیب آن کند که خسی‌ست
هر کجا بینی این چنین کس را — التفاتش مکن که هیچ‌کسی‌ست

سعدی را شاعر زندگی خوانده‌اند چرا که بیش از دیگر شاعران ما پای بر زمین دارد. البته که او نیز همچون دیگر شاعران به‌دلیل نسبتی که با جنون دارد نمی‌تواند به عالم معنا بی‌اعتنا باشد اما نگاه معنوی‌اش به افراط و لاجرم به انکار امور دنیوی ختم نمی‌شود. او جهان را نه زندان تن که تفرجگاهی رنگارنگ می‌بیند؛ هدیتی گرانبها از سوی حضرت باری تا چند روزی سرخوش و عاشقانه در آن روزگار بسپاری:

به جهان خرم از آنم که جهان خرم از اوست — عاشقم برهمه عالم که همه عالم از اوست

وجه افتراق سعدی با شاعران وحدت وجودی در همین واژه دو حرفی «از» است. عارفان موسوم به وحدت وجودی همه عالم را او می‌بینند و به این معنی قائلند که جز او چیزی در میان نیست اما شیخ اجل برای موجودی به نام «انسان» ارج و قربی ویژه قائل است. آن هم نه انسانی که معانی عجیب و غریب و فانتزی بر او بار کرده‌اند بلکه انسانی با پوست و گوشت و خون و عصب. انسانی که راه می‌رود، گرسنه می‌شود، ازدواج می‌کند، گاه شاد است و گاه غمگین، بیماری به سراغش می‌آید و سرانجام می‌میرد. سعدی از چنین انسانی سخن می‌گوید. انسانی که به‌دلیل انسان بودنش عاشق زیبایی است و لاجرم نمی‌تواند سخن ناهیانی که او را از پرستش زیبایی منع می‌کنند به مسخره نگیرد:

جماعتی که نظر را حرام می‌گویند — نظر حرام بکردند و خون خلق حلال

اگر به من و شما بگویند در زمانه سعدی بوده‌اند کسانی که لحن و بیان شوخ و شنگ سعدی را خوش نمی‌داشته‌اند و درست به همین علت که ما امروزه او را ستایش می‌کنیم در سخنش به دیده انکار می‌نگریستند، باور نمی‌کنیم. مگر می‌شود این همه ظرافت و لطافت را خوش نداشت و دنیایی از سرزندگی و طراوت را نپسندید؟ اما ظاهرا می‌شود. به استناد سخن خود شیخ در خاتمه باب هشتم گلستان می‌گویم. آنجا که می‌گوید: «غالب گفتار سعدی طرب‌انگیز است و طیبت‌آمیز و کوته‌نظران را بدین علت زبان

طعن دراز گردد که مغز دماغ بیهوده بردن و دود چراغ بی‌فایده خوردن، کار خردمندان نیست. ولیکن بر رأی روشن صاحبدلان که روی سخن در ایشان است پوشیده نماند که درّ موعظه‌های شافی را در سلک عبارت کشیده است و داروی تلخ نصیحت، به شهد ظرافت برآمیخته تا طبع ملول ایشان از دولت قبول محروم نماند.

ما نصیحت به جای خود کردیم — روزگاری در این به سر بردیم
گر نیاید به گوش رغبت کس — بر رسولان پیام باشد و بس.»

خدا را بی‌نهایت شکر که شیخ اجلّ، طرب‌انگیز و طیبت‌آمیز سخن گفتن را وظیفه‌ای پیامبرگونه می‌دانسته و به ترهات خشک مغزان و کوته‌نظران وقعی نمی‌نهاده که اگر جز این بود بشریت خسرانی عظیم می‌دید و از نعمتی گرانبها محروم می‌شد. همان‌گونه که شیخ فرموده است صورت غالب گفتار ایشان «طرب‌انگیز است و طیبت‌آمیز.» چنان که در جلد پیشین عرض کردم «مطایبه» حجم عظیمی از ادبیات فارسی را تشکیل می‌دهد. مطایبه یا به قول فرنگی‌ها «wit» در لغت به معنی شوخی و خوش‌طبعی کردن است. مطایبه به هر قصد و نیتی که انجام شود خواه ناخواه انبساط خاطر را در پی دارد. منظور اینکه «انبساط خاطر ایجاد کردن» پیش‌پاافتاده‌ترین و بدیهی‌ترین اتفاقی است که توسط سخن مطایبه‌آمیز انجام می‌شود. اگر این مطایبه به طرح نکته‌ای حکیمانه و ظریف هم منجر شود که نورعلی نور است. در آن صورت هم کامی شیرین شده است و هم به طنز رسیده‌ایم. می‌خواهم بگویم جناب سعدی حتی آنجا که طنزآوری نکرده است سخنش طیبت‌آمیز است، همانند دیباچه درخشان گلستان که اوج هنرنمایی در سخنوری است. اما آنجا که مطایبه به طنز می‌رسد درخشش سخن دوچندان می‌شود و میران تأثیر و نفوذ آن در وصف نمی‌آید. بخوانید:

«ناخوش آوازی به بانگ بلند، قرآن همی‌خواند. صاحب دلی بر او بگذشت، گفت: تو را مشاهره چند است؟ گفت: هیچ. گفت: پس چرا زحمت خود همی‌دهی؟ گفت: از بهر خدا می‌خوانم. گفت: از بهر خدان مخوان:

گر تو قرآن بدین نمط‌خوانی — ببری رونق مسلمانی.»

و این حکایت کوتاه و ظریف را از بوستان:

«شبی کردی از درد پهلو نخفت — طبیبی در آن ناحیت بود و گفت
از این دست کو برگ رز می‌خورد — عجب دارم ار شب به پایان برد
که در سینه پیکان تیر تتار — به از ثقل مأکول ناسازگار
گر افتد به یک لقمه در روده پیچ — همه عمر نادان برآید به هیچ
قضا را طبیب اندر آن شب بمرد — چهل سال از این رفت و زنده‌ست کرد.»

حافظ

اگر «رنـدی» یکی از ارکان بنیادین طنز باشـد بی‌هیچ تردیـدی باید خواجه شمس‌الدین محمد شیرازی ملقب به حافظ را از سرآمدان این هنر شریف دانست. رندی البته معنای گسترده، مبهم و رمزآمیز دارد. ارباب رأی و نظر درباره این مفهوم شگفت و اسرارآمیز سخن‌هایی گفته‌اند شنیدنی و درخور تأمل که از آن میان اثر ارزشمند جناب دکتر رضا داوری‌اردکانی با نام «شاعران در زمانه عسرت» سخت خواندنی است و برای اهل نظر بسیار آموزنده. علاقه‌مندان به این مبحث را به همان کتاب ارجاع می‌دهیم و برای آنکه از آنچه می‌خواهیم طرح کنیم تصویر روشنی در ذهن داشته باشیم به اختصار می‌گوییم مراد ما از «رندی» در این مقام نحوه‌ای از رفتار و گفتار است که در آن شخص مورد نظر- رند- حقایق را به گونه‌ای طرح کند که دشمنان حقیقت نتوانند برای او دردسر درست کنند. یعنی همواره راهی برای گریز از جنگ مفتی و محتسب باقی بگذارد. البته مفتی و محتسب آنقدر عقب‌مانده نیستند که متوجه نشوند رند چه مقصود و منظوری دارد اما چه می‌توانند کرد؟! رند سخن صریح و آشکار نمی‌گوید تا بتوان او را به راحتی به سیاه‌نمایی و تشویش اذهان عمومی متهم کرد. اصلا یکی از ویژگی‌های سخن رندانه چندپهلو سخن گفتن است تا هر کسی از ظن خود یار صاحب سخن شود. شاید خیلی‌ها در ادبیات فارسی سعی داشته‌اند این‌گونه سخن بگویند اما از آن همه فقط حافظ شیرازی توانسته به گونه‌ای سخن خود را تدارک ببیند تا هر کس نقش خویش را در آینه کلام او ببیند. درباره اغلب شاعران به راحتی می‌توان حکم صادر کرد که به چه مذهب و طریقی تمایل داشـته‌اند و یا پیرو چه دین و آیینی بوده‌اند اما هنوز بر سر عقاید حافظ نزاع و چالش‌های جدی وجود دارد. روشنفکری همچون شاملو او را یکسره فاقد باورهای مذهبی و به نوعی لائیک می‌داند و عالمی همچون شهید مطهری او را عارفی وارسته می‌خواند. چنین تفاسیر متضادی کماکان درباره حافظ ارائه می‌شود و مخالفان و موافقان خاص خودش را دارد. تفاسیری که فارغ از درسـت یا نادرست بودنشان گواهی است محکم بر «رند» بودن خواجه. پیش از این نوشته‌ام و گمان می‌کنم بازگویی‌اش در اینجا بی‌مناسبت نباشد؛ زنده‌یاد مهدی اخوان‌ثالث به‌دلیل ارادتی که به خیام داشت لقب «ابر رند همه آفاق» را سزاوار مقام شامخ حکیم نیشابوری می‌دانست اما این بنده کمترین معتقدم چنین لقبی بیش از حکیم عمر خیام برازنده حضرت لسان‌الغیب خواجه حافظ شیرازی است. این درست که جناب خیام از سرآمدان فرهنگ ایرانی است و در شعر فارسی نیز جایگاه ویژه‌ای دارد و به همین دلایل نمی‌تواند از «رندی» تهی باشد اما صراحت ویژه‌ای که در کلام ایشان وجود داشت سبب شد تا برخی از بزرگان از جمله صاحب مرصاد العباد حکم تکفیر حکیم را صادر کند؛ نکته‌ای که در عالم رندی امتیازی منفی محسوب می‌شود. دیگر اینکه درگذشته اعطای لقب به این و آن حساب و کتاب داشته و بی‌خود و بی‌جهت به کسـی شیخ و حکیم و خواجه نمی‌گفته‌اند. اگر به خواجه حافظ گفته‌اند «لسان‌الغیب» یا «رند»، می‌دانستند چه می‌گویند. پیش از این در تفاوت مقام «حکیم» و «رند» نوشته بودم: سخن «رند»

و «حکیم» گاه بسیار شباهت به هم می‌رسانند. چرا که نه؟ آنکه به همه شاعران پیش از خود نظر داشته و حتی آثار شاعران متوسط را مصادره به مطلوب کرده است چگونه می‌تواند از رباعیات حیرت‌انگیز «خیام» چشم بپوشد و چه بسیارند رباعیاتی که به لطف تردستی‌های رند کیمیاگر به کلی رنگ و بویی دیگرگونه یافته‌اند. تأملی هرچند کوتاه در مضامین مشابه این دو خداوندگار، تفاوت مقام «حکیم» و «رند» را نشان می‌دهد. حکیم می‌فرماید:

بر من قلم قضا چو بی من رانند — پس نیک و بدش ز من چرا می‌دانند
دی بی من و امروز چو دی بی من و تو — فردا به چه حجتم به داور خوانند

خواجه رندان همین معنی را بارها آورده است اما نه به صراحت و بی‌پروایی حکیم. فی‌المثل:

چو قسمت ازلی بی‌حضور ما کردند — گر «اندکی» نه به وفق رضاست خرده مگیر

همان کلمه «اندکی» گواهی‌ست بر اوج رندی خواجه. خواجه رند نیز هیچ فعلی و قولی را از آن خود نمی‌داند و همچون حکیم بر آن است که بنده را از خود اختیاری نیست. هم از این رو نمی‌توان گنهکاران را مستوجب عقوبت دانست اما رندی او سبب می‌شود تا در مقام «ادب» برآید و بگوید:

گناه اگر چه نبود اختیار ما «حافظ» — تو در طریق ادب باش و گو گناه من است

توضیح ضروری اینکه آنچه گفته شد نافی مقام حکیمانه خواجه حافظ شیرازی نیست. چنانکه نمی‌توان خیام نیشابوری را تهی از رندی دانست اما اگر قرار باشد لقب «رند» به یکی از این دو بزرگوار اختصاص یابد حضرت لسان غیب شایستگی بیشتری برای احراز چنین مقامی دارد. به دلایلی که ذکر کردیم. دوپهلو سخن گفتن صنعتی است که شاعران علاقه ویژه‌ای به آن دارند. شیطنت و ظرافت نهفته در آن شکلی معماگونه و رمزآمیز به کلام می‌بخشد و خلقی را دل مشغول می‌دارد که به‌منظور و مراد شاعر پی ببرند و ظاهرا همین نکته قصد غایی شاعران است: لذت به آسانی در دسترس دیگران قرار نگرفتن. اگر با من همداستان باشید و بپذیرید این نحو از سخن گفتن خود یک نوع موقعیت طنزآمیز ایجاد می‌کند باید در این نکته نیز تردید به خود راه ندهید که حافظ شیرازی استاد مسلم چنین ادبیاتی است:

ای دل طریق رندی از محتسب بیاموز — مست است و در حق او کس این گمان ندارد

حقیقتا نقش «محتسب» نگونبخت در این بیت چیست؟ نقش «رند» چیست؟ اصلا رندی در اینجا منفی است یا مثبت؟ محتسب مدح شده یا ذم؟ یا در بیت زیر قومی که قرآن می‌خوانند چگونه قومی‌اند؟

زاهد ار رندی حافظ نکند فهم چه شد — دیو بگریزد از آن قوم که قرآن خوانند

می‌توانید بگویید حافظ در این بیت نگران کدام طرف ماجراست؟

ترسم که صرفه‌ای نبرد روز بازخواست — نان حلال شیخ ز آب حرام ما

البته جناب خواجه همواره در پرده سخن نمی‌گوید اما حتی آنجا که لحنش صریح می‌شود، مطایبه و ظرافت و رندی را از یاد نمی‌برد:

دانی که چنگ و عود چه تقریر می‌کنند — پنهان خورید باده که تعزیز می‌کنند
ناموس عشق و رونق عشاق می‌برند — عیب جوان و سرزنش پیر می‌کنند

جز قلب تیره هیچ نشد حاصل و هنوز / باطل در این خیال که اکسیر می‌کنند
گویند رمز عشق مگویید و مشنوید / مشکل حکایتی‌ست که تقریر می‌کنند
می‌خورکه‌شیخ‌وحافظ‌ومفتی‌ومحتسب / چون نیک بنگری همه تزویر می‌کنند

نمی‌دانیم. شاید خواجه هرگاه مجال می‌یافت صراحت پیشه می‌کرد و هرگاه خطر را نزدیک احساس می‌کرد به اشارت سخن می‌گفت. شاید در حالت معمول قضایا را با طعنه و کنایه‌ای ظریف از سر می‌گذراند و فی‌المثل با شوخی و شنگی می‌سرود:

با محتسبم عیب مگویید که او نیز / پیوسته‌چو‌ما‌در‌طلب‌عیش‌مدام‌است

و آنگاه که از پلشتی بندگان رنگ و ریا به تنگ می‌آمد تیغ زبان از نیام دهان بیرون می‌کشید و می‌گفت:

صوفی شهر بین که چون لقمهٔ شبهه می‌خورد / پاردمش دراز باد این حیوان خوش علف

نمی‌دانیم. اما این را خوب می‌دانیم که اگر قرار باشد طنزی حکیمانه، متعالی، رندانه، پاکیزه، برنده و اثرگذار معرفی کنیم و نمونه‌ای به دست دهیم از ناب‌ترین گونه این هنر شریف، چاره‌ای نداریم جز آنکه به دیوان حافظ مراجعه کنیم. والسلام.

خاقانی شروانی

«تقلید کار زاغ است»

خاقانی آن کسان که طریق تو می‌روند / زاغند و زاغ را روش کبک آرزوست
بس طفل کآرزوی ترازوی زر کند / نارنج‌از‌آن‌خرد‌که‌ترازو‌کند‌ز‌پوست
گیرم که مارچوبه کند تن به شکل مار / کو‌زهر‌بهر‌دشمن‌و‌کو‌مهره‌بهر‌دوست

« مشکل جا»

گر نشستی ورای خاقانی / نه ورا عیب و نه تو را هنر است
زحل نحسن تیره‌روی نگر / کز بر مشتری ورا مقر است

«خواجه اسعد»

خواجه اسعد چو می خورد پیوست / طرفه شکلی شود چو گردد مست
پارساروی هست لیکن نیست / قلبتان شکل نیست لیکن هست

«در شباهت ما و مرغ»

مرغکی را وقت کشتن می‌دوانید ابلهی / گفت‌مقصود‌از‌دوانیدنش‌نازک‌گشتن‌است
ما همان مرغیم خاقانی که ما را روزگار / می‌دواند وین دویدن را فذلک کشتن است

«الاعمال بالنیات»

نیت من نکوست در حق دوست — دوستان را نیت نکو باشد
بد او نیک من بود چه عجب — زشت من نیز خوب او باشد

«استفاده درست از دست و پا»

دست بر پای آز نه یک چند — تاسری بر تو سرگران نشود
شو سر پای را به دست بگیر — تا دگر بر در سران نشود

«در نسبت دال و الف»

خاقانی اگر چه راست پیوندی — پیوند تو کژنهاد نپسندد
آری همه کژ ز راست بگریزد — چون دال که با الف نپیوندد

«نا رفیق»

تار مویم به من نمود سپید — زان نمودن غمان به من بفزود
بهترین دوستی که بود مرا — بدترین دشمنی به من بنمود

«در نسبت عمر و آرزو»

وقت مردن رشید را گفتم — که بخواه آنچه آرزوت آید
گفت کو عمر کارزو خواهم — کارزو بهر عمر می‌باید

«خرابی چون که از حد بگذرد»

فتنه تا اندکی بود صعب است — سهلش انگار تا فراوان شد
آبله تا یکی است درد کند — چون همه تن گرفت آسان شد

«مقابله به مثل»

خواجه بر من در نیکی در بست — چه کنم لب به بدی نگشایم
نیک بد گفتن من پیشه گرفت — تا به بد گفتن او پیش آیم
حاش لله که به بد گفتن کس — من سگ‌جان لب پاک آلایم
هرچه او بیشترم بنکوهد — من از آن بیشترش بستایم

او بدی گوید و او را شاید
من نکو گویم و آن را شایم
او به من جوهر خود بنموده است
من بدو گوهر خود بنمایم

«سیاه و سپید»

هست او سیاه‌چرده و من هم سپیدسر
با یار، من موافقه زین باب می‌کنم
او بر رخ سیاه، سپیداب می‌کند
من بر سر سپید، سیاه‌آب می‌کنم

«تقسیم عادلانه»

یک سر سفله نیست کز فلکش
بر کله صد گهر ندوخته‌اند
نیست آزاده را قبا نمدی
که بر او پاره برندوخته‌اند

«پادشاه بنده‌نواز»

شه مرا نان داد، من جان دادمش یعنی سخن
نان او تخمی است فانی، جان من گنج بقاست
من چراغم، نور داده بازنستانم ز کس
شاه خورشید است، اینک نان داده بازخواست
طفل می‌نالید یعنی قرص رنگین کوچک است
سگ دوید آن قرص او بربود و آنک رفت راست

خیام نیشابوری

«بهرام گور و گور بهرام»

آن قصر که جمشید در او جام گرفت
آهو بچه کرد و روبه آرام
بهرام که گور می‌گرفتی همه عمر
دیدی که چگونه گور بهرام

«نه خانی اومده نه خانی رفته»

ای بس که نباشم و جهان خواهد بود
نی نام ز ما و نی نشان خواهد بود
زین پیش نبودیم و نبد هیچ خلل
زین پس چو نباشیم همان خواهد بود

«خالق بی‌خیال»

ای دوست حقیقت شنو از من سخنی
با باده‌ی لعل باش و با سیم‌تنی
کان کس که جهان کرد فراغت دارد
از سبلت چون تویی و ریش چو منی

«طویله»

گاوی است در آسمان و نامش پروین
یک گاو دگـــر نهفتـــه در زیر زمین
چشم خـردت بـاز کـن از روی یـقـین
زیـــر و زبر دو گاو مشـــتی خر بین

«فرق میان من و تو»

ناکرده گنه در این جهان کیست؟ بگو
آن کس که گنه نکرد چون زیست؟ بگو
من بد کـنـم و تــو بـد مکـافـات دهـی
پس فرق من میان من و تو چیست؟ بگو

«وعده سر خرمن»

گویند بهشت عدن با حور خوش است
من می‌گویم که آب انگور خوش است
این نقد بگیر و دست از آن نسیه بردار
کآواز دهل شنیدن از دور خوش است

«آرزوی معقول»

گــر آمـدنم بــه مــن بـدی نامـدمــی
ور نیز شدن به من بدی، کی شدمی
بـه زان نبدی که اندریـن دیـر خـراب
نـــه آمدمـــی نه شـــدمی نـــه بدمی

«مناظره صادقانه»

شیـخی به زن فاحشـه گـفتا مـــستی
هر لحظه بـــه دام دگری پابســـتی
گفتا شیـخا هـر آنـچه گـویی هــستم
اما تو چنان که می‌نمایی هســـتی؟

حکیم سنایی غزنوی

«مشکل از توست»

آن تو کوری نه جهان تاریک است
آن تو کرّی نه ســخن باریک اســت
گر سر این سخنـت نیسـت برو
روی دیوار و ســـرت نزدیک اســت

«نه خود خورد نه کس دهد»

چه ممسکی که ز جود تو قطره‌ای نچکد
اگر در آب کســی جامه تــو برتابد
به مجلسی که تو باشی ز بخل نگذاری
که رادمردی از آن صدر نیکویی یابد
به ابر بر شده مانی بلند و بـی‌بــاران
کدام زائر و شاعر سوی تو بشتابد
که خود نباری بر هیچ خلق و نـگذاری
مـــر آفتاب فلک را که بر کســی تابد

«وقت ظهور است»

مردمان یک چند از تقوی و دین راندند کار / زین دو چون بگذشت باز آزرم و شرم آمد شعار
باز یک‌چندی به رغبت بود و منت بود کار / زین پس اندر عصر ما نه پود می‌ماند نه تار
گر منازع خواهی ای مهدی فرود آی از حصار / ور متابع خواهی ای دجال گمره سر برآر

«در مذمت می»

نکند دانا مستی نخورد عاقل می / در ره مستی هرگز ننهد دانا پی
چه خوری چیزی کز خوردن آن چیز تو را / نی چون سرو نماید به مثل سرو چونی
گر کنی بخشش گویند که می کرد نه او / ور کنی عربده گویند که او کرد نه می

انوری ابیوردی

«در شباهت ختنه و صله امیر»

گر اندک صلتی بخشد امیرت / از او بستان کزو بسیار باشد
عطای او بود چون ختنه کردن / که اندر عمر خود یکبار باشد

«خر تو خر»

روبهی می‌دوید از غم جان / روبه دیگرش بدید چنان
گفت: خیر است بازگوی خبر / گفت: خرگیر می‌کند سلطان
گفت: تو خر نه‌ای چه می‌ترسی؟ / گفت: دانم و لیک آدمیان
می‌ندانند و فهم می‌نکنند / خر و روباهشان بود یکسان

«گدایی چیست؟»

آن شنیدستی که روزی زیرکی با ابلهی / گفت: کاین والی شهر ما گدایی بی‌حیاست
گفت: چون باشد گدا؟ آن کز کلاهش تکمه‌ای / صد چو ما را روزها بل سال‌ها برگ و نواست
گفتم ای مسکین غلط اینک از اینجا کرده‌ای / آن همه برگ و نوا دانی که آنجا از کجاست؟
درّ و مروارید طوقش اشک طفلان من است / لعل و یاقوت ستامش خون ایتام شماست
او که تا آب سبو پیوسته از ما خواسته است / گر بجویی تا به مغز استخوانش زان ماست
خواستن کدیه‌ست خواهی باج دان خواهی خراج / زان که گر ده نام باشد یک حقیقت را رواست
چون گدایی چیز دیگر نیست جز خواهندگی / هرکه خواهد گر سلیمان است و گر قارون گداست

عطار

«معامله پایاپای»

بود مجنونی نکردی یک نماز / کرد یک روزی نماز آغاز باز
سائلی گفتش که ای شوریده رای / گوییا خشنودی امروز از خدای
کاین چنین گرمی به طاعت کردنش / سر نمی‌پیچی ز فرمان بردنش
گفت آری گرسنه بودم چو شیر / چون مرا امروز حق کرده‌ست سیر
می‌گذارم پیش او نیکو نماز / زان که او با من نکویی کرد ساز

«در نسبت شاه و چربی»

ناگهان بهلول را خشکی بخاست / رفت پیش شاه و از وی دنبه خواست
آزمایش کرد آن شاهش مگر / تا شناسد هیچ باز از یکدگر
گفت شلغم پاره باید کرد خرد / پاره کرد آن خادمیش و پیش برد
اندکی چون نان و آن شلغم بخورد / بر زمین افکند و مشتی غم بخورد
شاه را گفتا که تا گشتی تو شاه / چربی از دنبه برفت این جایگاه
بی‌حلاوت شد طعام از قهر تو / می‌بباید شد برون از شهر تو

«بی حرمتی به سگان»

بامدادی شهریار شادکام / داد بهلول ستمکش را طعام
او به سگ داد آن همه تا گَه بخورد / آن یکی گفتش که هرگز این که کرد
از چنین شاهی نداری آگهی / چون طعام او سگان را می‌دهی
این چنین بی‌حرمتی کردن خطاست / کار بی‌حرمت نیاید هیچ راست
گفت بهلولش خموش ای جمله پوست / گر بدانندی سگان کین آن اوست
سر به‌سوی او نبردندی به سنگ / یعلم الله گر بخوردندی ز ننگ

مولانا

«حکایت بقال و طوطی و روغن ریختن طوطی در دکان»

بود بقالی و وی را طوطی‌ای / خوش نوایی، سبز و گویا طوطی‌ای
بر دکان بودی نگهبان دکان / نکته گفتی با همه سوداگران
در خطاب آدمی ناطق بُدی / در نوای طوطیان حاذق بُدی

جست از سوی دکان سویی گریخت   شیشه‌های روغن گل را بریخت
از سوی خانه بیامد خواجه‌اش   بر دکان بنشست، فارغ، خواجه‌وش
دید پر روغن دکان و جامه چرب   بر سرش زد، گشت طوطی کل ز ضرب
روزکی چندی سخن کوتاه کرد   مرد بقال از ندامت آه کرد
ریش بر می‌کند و می‌گفت: ای دریغ   کآفتاب نعمتم شد زیر میغ
دست من بشکسته بودی آن زمان   که زدم من بر سر آن خوش زبان
هدیه‌ها می‌داد هر درویش را   تا بیابد نطق مرغ خویش را
بعد سه روز و سه شب، حیران و زار   بر دکان بنشسته بُد، نومیدوار
می‌نمود آن مرغ را هرگون نهفت   تا که باشد اندر آید او به گفت
جولقی‌ای سر برهنه می‌گذشت   با سر بی‌مو، چو پشت طاس و تشت
آمد اندر گفت طوطی آن زمان   بانگ بر درویش زد چون عاقلان
کز چه ای کَل با کلان آمیختی؟   تو مگر از شیشه روغن ریختی؟
از قیاسش خنده آمد خلق را   کاو چون خود پنداشت صاحب دلق را

«کبودی زدن قزوینی بر شانه گاه، صورت شیر و پشیمان شدن او»

این حکایت بشنو از صاحب بیان   در طریق عادت قزوینیان
بر تن و دست و کتف‌ها بی‌گزند   از سر سوزن کبودی‌ها زنند
سوی دلاکی بشد قزوینی‌ای   که کبودم زن، بکن شیرینی‌ای
گفت: چه صورت زنم ای پهلوان؟   گفت: بر زن صورت شیر ژیان
طالعم شیر است، نقش شیر زن   جهد کن، رنگ کبودی سیر زن
گفت: بر چه موضعت صورت زنم؟   گفت: بر شانه‌گهم زن آن رقم
چون که او سوزن فرو بردن گرفت   درد در آن شانه‌گه مسکن گرفت
پهلوان در ناله آمد کای سنی   مرمرا کشتی، چه صورت می‌زنی؟
گفت: آخر شیر فرمودی مرا   گفت: از چه عضو کردی ابتدا؟
گفت: از دمگاه آغازیده‌ام   گفت: دُم بگذار ای دو دیده‌ام
از دم و دمگاه شیر دَم گرفت   دُمگه او دَمگهم محکم گرفت
شیر بی‌دم باش گو، ای شیرساز   که دلم سستی گرفت از زخم گاز
جانب دیگر گرفت آن شخص، زخم   بی‌محابا، بی‌مواسایی و رحم
بانگ کرد او: کاین چه اندام است از او؟   گفت: این گوش است ای مرد نکو
گفت: تا گوشش نباشد ای حکیم   گوش را بگذار و کوته کن گلیم
جانب دیگر خلش آغاز کرد   باز قزوینی فغان را ساز کرد

کاین سوم جانب چه اندام است نیز؟ / گفت: این است اشکم شیر ای عزیز
گفت: تا اشکم نباشد شیر را / گشت افزون درد، کم زن زخم‌ها
خیره شد دلاک و بس حیران بماند / تا به دیر، انگشت در دندان بماند
بر زمین زد سوزن از خشم، اوستاد / گفت در عالم کسی را این فتاد؟
شیر بی‌دمّ و سر و اشکم که دید؟ / این چنین شیری خداهم نافرید

«به عیادت رفتن بر همسایهٔ بیمار خویش»

آن کری را گفت افزون‌مایه‌ای / که: تو را رنجور شد همسایه‌ای
گفت با خود کر که با گوش گران / من چه دریابم ز گفت آن جوان؟
خاصه، رنجور و ضعیف‌آواز شد / لیک باید رفت آنجا، نیست بد
چون ببینم کان لبش جنبان شود / من قیاسی گیرم آن را هم ز خود
چون بگویم چونی ای محنت کشم؟ / او بخواهد گفت: نیکم یا خوشم
من بگویم: شکر! چه خوردی ابا؟ / او بگوید: شربتی یا ماش با
من بگویم: صحه، نوشت، کیست آن / از طبیبان پیش تو؟ گوید فلان
من بگویم: بس مبارک پاست او / چون که او آمد، شود کارت نکو
پای او را آزمودستیم ما / هرکجا شد، می‌شود حاجت روا
این جوابات قیاسی راست کرد / پیش آن رنجور شد آن نیک مرد
گفت: چونی؟ گفت: مُردم، گفت: شکر! / شد از این رنجور و پرآزار و نکر
کاین چه شکر است؟ او مگر با ما بد است؟ / که قیاسی کرد و آن کژ آمده است
بعد از آن گفتش چه خوردی؟ گفت: زهر / گفت: نوشت باد! افزون گشت قهر
بعد از آن گفت از طبیبان کیست او / که همی آید به چاره پیش تو؟
گفت: عزرائیل می‌آید، برو / گفت: پایش بس مبارک، شادشو
کر برون آمد، بگفت او شادمان / شکر، کش کردم مراعات این زمان
گفت رنجور: این عدوّ جان ماست / ما ندانستیم کاو کانِ جفاست
خاطر رنجور جویان شد سَقَط / تا که پیغامش کند از هر نَمَط
چون کسی که خورده باشد آش بد / می‌بشوراند دلش تا قی کند
کظم غیظ است این، آن را قی مکن / تا بیابی در جزا شیرین سخن
چون نبودش صبر، می‌پیچید او / کاین سگِ زن روسپی حیز کو؟
تا بریزی بر وی آنچه گفته بود / کان زمان شیر ضمیرم خفته بود
چون عیادت بهر دل آرامی است / این عیادت نیست دشمن کامی است
تا ببیند دشمن خود را نزار / تا بگیرد خاطر زشتش قرار

«حکایت آن شخص که از ترس، خویشتن را در خانه‌ای انداخت»

آن یکی در خانه‌ای در می‌گریخت — زرد رو و لب‌کبود و رنگ ریخت
صاحب خانه بگفتش: خیر هست — که همی لرزد تو را چون پیر دست
واقعه چون است؟ چون بگریختی؟ — رنگِ رخساره چنین چون ریختی؟
گفت: بهر سخرهٔ شاه حرون — خر همی گیرند امروز از برون
گفت: می‌گیرند، کو خر جان عم؟! — چون نه‌ای خر، رو، تو را زین چیست غم؟!
گفت بس جدّند و گرم اندر گرفت — گر خرم گیرند هم نبود شگفت
بهر خرگیری برآوردند دست — جدجِد، تمییز هم برخاسته است
چون که بی‌تمییزیان‌مان سرورند — صاحب خر را به جای خر برند
نیست شاهِ شهر ما بیهوده‌گیر — هست تمییزش، سمیع است و بصیر
آدمی باش و ز خرگیران مترس — خر نه‌ای، ای عیسی دوران مترس
چرخ چارم هم ز نور تو پُر است — حاش لله که مقامت آخُر است
تو ز چرخ و اختران هم برتری — گرچه بهر مصلحت در آخُری

سعدی

«روباهِ خر»

یکی روبهی دید بی دست و پای — فرو ماند در لطف و صنع خدای
که چون زندگانی به سر می‌برد؟ — بدین دست و پای از کجا می‌خورد؟
در این بود درویش شوریده‌رنگ — که شیری درآمد، شغالی به چنگ
شغال نگون‌بخت را شیر خورد — بماند آنچه، روباه از آن سیر خورد
دگر روز باز اتفاق اوفتاد — که روزی‌رسان قوت روزش بداد
یقین مرد را دیده بیننده کرد — شد و تکیه بر آفریننده کرد
کزین پس به کنجی نشینم چو مور — که روزی نخوردند پیلان به زور
زنخدان فرو برد چندی به جیب — که بخشنده روزی فرستد ز غیب
نه بیگانه تیمار خوردش نه دوست — چو چنگش رگ و استخوان ماند و پوست
چو صبرش نماند از ضعیفی و هوش — ز دیوار محرابش آمد به گوش
برو شیر درنده باش ای دغل — مینداز خود را چو روباه شل
چنان سعی کن کز تو ماند چو شیر — چه باشی چو روبه به وامانده سیر
چو شیر آنکه را گردنی فربه است — گر افتد چو روبه، سگ از وی به است

به چنگ آر و با دیگران نوش کن
نه بر فضلهٔ دیگران گوش کن
بخور تا توانی به بازوی خویش
که سعی‌ات بود در ترازوی خویش
چو مردان ببر رنج و راحت رسان
مخنث خورد دسترنج کسان
بگیر ای جوان، دستِ درویش پیر
نه خود را بیفکن که دستم بگیر
خدا را بر آن بنده بخشایش است
که خلق از وجودش در آسایش است

«ضایع شدن پدر توسط پسرش»

یکی پرطمع پیش خوارزمشاه
شنیدم که شد بامدادی پگاه
چو دیدش، به خدمت دو تا گشت و راست
دگر روی بر خاک مالید و خاست
پسر گفتش ای بابک نامجوی
یکی مشکلت می‌بپرسم بگو
نگفتی که قبله است سوی حجاز
چرا کردی امروز از این سو نماز
مبر طاعت نفس شهوت‌پرست
که هر ساعتی قبلهٔ دیگرست

«مسلمان بدبخت»

طریقت‌شناسان ثابت‌قدم
به خلوت نشستند چندی به هم
یکی زان میان غیبت آغاز کرد
در ذکر بیچاره‌ای باز کرد
کسی گفتش ای یار شوریده‌رنگ
تو هرگز غزا کرده‌ای در فرنگ؟
بگفت از پس چار دیوار خویش
همه عمر ننهاده‌ام پای پیش
چنین گفت درویش صادق‌نفس
ندیدم چنین بخت‌برگشته کس
که کافر ز پیکارش ایمن نشست
مسلمان ز جور زبانش نرست

«مقصد یکی‌ست»

مرا در نظامیه ادرار بود
شب و روز تلقین و تکرار بود
مر استاد را گفتم ای پر خرد
فلان یار بر من حسد می‌برد
چون من داد معنی دهم در حدیث
برآید به هم اندرون خبیث
شنید این سخن پیشوای ادب
به تندی بر آشفت و گفت ای عجب
حسودی پسندت نیامد ز دوست
چه معلوم کردت که غیبت نکوست؟
گر او راه دوزخ گرفت از خسی
از این راه دیگر تو در وی رسی

حافظ

(۱)

بود آیا که در میکده‌ها بگشایند / گره از کار فرو بسته ما بگشایند
اگر از بهر دل زاهد خودبین بستند / دل قوی دار که از بهر خدا بگشایند
در میخانه ببستند خدایا مپسند / که در خانه تزویر و ریا بگشایند
حافظ این خرقه که داری تو ببینی فردا / که چه زنّار ز زیرش به دغا بگشایند

(۲)

روزه یکسو شد و عید آمد و دل‌ها برخاست / می ز خمخانه به جوش آمد و می‌باید خواست
باده نوشی که در او روی و ریایی نبود / بهتر از زهدفروشی که در او روی و ریاست
چه شود گر من و تو چند قدح باده خوریم / باده از خونِ رزان است نه از خون شماست
این چه عیب است کز آن عیب خلل خواهد بود / ور بود نیز چه شد، مردم بی‌عیب کجاست؟

(۳)

زاهد ظاهرپرست از حال ما آگاه نیست / در حق ما هرچه گوید جای هیچ اکراه نیست
تا چه بازی رخ نماید؟ بیدقی خواهیم راند / عرصه شطرنج رندان را مجال شاه نیست
صاحب دیوان ما گویی نمی‌داند حساب / کاندرین طغرا نشان حسبه لله نیست
بنده پیر خراباتم که لطفش دائم است / ورنه لطف شیخ و زاهد گاه هست و گاه نیست

(۴)

واعظان کاین جلوه در محراب و منبر می‌کنند / چون به خلوت می‌روند آن کار دیگر می‌کنند
مشکلی دارم،زدانشمندمجلس بازپرس / توبه‌فرمایان چرا خود توبه کمتر می‌کنند
گوییا باور نمی‌دارند روز داوری / کاین همه قلب و دغل در کار داور می‌کنند
یارب این نودولتان را بر خر خودشان نشان / کاین همه ناز از غلام ترک و استر می‌کنند
صبحدم از عرش می‌آمد خروشی، عقل گفت / قدسیان گویی که شعر حافظ از بر می‌کنند

(۵)

گرچه بر واعظ شهر این سخن آسان نشود / تاریاورزدوسالوس مسلمان نشود
رندی آموز و کرم کن که نه چندان هنر است / حیوانی که ننوشد می و انسان نشود
عشق می‌ورزم و امید که این فن شریف / چون‌هنرهای دگر موجب حرمان نشود
دوش می‌گفت که فردا بدهم کام دلت / سببی ساز خدایا که پشیمان نشود

مثل پریدن غوک در آب

به بهانهٔ دفتر «هایکوهای طنزآمیز»

ترجمهٔ رضی هیرمندی و مهرنوش پارسانژاد

■ مسیح طالبیان

ماتیو آرنولد شاعر و منتقد انگلیسی قرن نوزدهم عبارتی در مورد وُردوُرث (wordworth) گفته اســـت:« ...اما نگاه و چشم‌های وُردوُرث به نیمی از تقدیر و سرنوشت بشر چشم پوشیده است !» منظور آرنولد این است که طنز روزگاری که بر بشر حاکم است از دید وُردوُرث غافل مانده است.

به همین لحاظ در تعریف چیســـتی سن‌ریو می‌گویند:«سن‌ریو همیشه به آن نیمه‌ای که هایکو جا گذاشته یا حذف کرده اســـت نظر دارد. در واقع سن‌ریو تقلیدی طنزآمیز از هایکو است که خاستگاه آن آگاهی دادن به کسانی است که چیزهای بی‌ارزش را ارزش می‌شمارند.»

عنوان کتابی که رضی هیرمندی و مهرنوش پارسانژاد آن را به فارسی برگردانده‌اند haiku humor یا «طنزِ هایکو» اســـت که به نظر من ترجمهٔ (هایکوهای طنزآمیز) ترجمهٔ درستی نیست چون طنز یا humor جزء لاینفک هایکو است. اما طنز مستتر در هایکو با طنز مستتر در سن‌ریو متفاوت است.

کتاب با پیش‌گفتاری از مترجم آغاز می‌شود که شرح مختصری از ژانر سن‌ریو و هایکو را در برمی‌گیرد. ســـپس مقدمه‌ای آمده است که اشـــاره به ویژگی طنز در شعر ژاپن دارد و پس از آن در سه فصل مجزا ترکیبی از سن‌ریو و هایکو تحت عناوین ضعف‌های بشری، ریزه‌کاری‌های بشری و لبخندهایی در کنار طبیعت از شاعران مشهور و شاعران ناشناس آمده است.

اما چرا بیشتر شاعران ســـن‌ریو در ژاپن ناشناس هستند؟ در قرن هیجدهم میلادی شاعری به نام سن‌ریو کارای (Senryu Karaai,۱۷۱۸–۱۷۹۰) شعری طنزآمیز را ابداع کرد که به آن شعر مااِکوزوکی (maekuzuke) می‌گفتند و دارای دو بخش بود. یک بخش چهارده هجا به نام مااِکو (maeku) و یک بخش هفده هجا به نام تِســـوکِکو (Tsukeku). قضیه از این قرار بود که اقای سن‌ریو یک شعر چهارده هجایی را به عنوان سرمشق (مااِکو) بر پرده‌ای بلند می‌نوشت و آن را در قهوه‌خانه‌ها، سلمانی‌ها، معابد و کلبه‌های چای آویزان می‌کرد تا هر کسی بر اساس این سرمشق چهارده هجایی یک شعر هفده

هجایی روی پرده بنویسد (مثل طومار). شعر هفده هجایی که مردم عادی بر اساس شعر چهارده هجایی می‌نوشتند تسوککو نامیده می‌شد. هر کسی که در این مشاعره شرکت می‌کرد به همراه شعری که آنجا فی‌البداهه می‌نوشت، سکه‌ای هم در دخل می‌انداخت. سپس آقای سن‌ریو به شاعر بهترین شعر ارائه شده، جایزه‌ای از محل آن سکه‌ها می‌پرداخت.

آقای سن‌ریو شـــعرهای هفده هجایی را که بدین ترتیب جمع‌آوری کرده بود تحت عنوان سن‌ریو منتشـــر می‌کرد و از آنجا که شاعران این ژانر از شـــعر، از مردم عادی بودند و هیچ‌گونه سابقهٔ هنری و حرفه‌ای نداشتند اسمی از آنها در کتابی که به چاپ می‌رسید عنوان نمی‌شد و به همین دلیل اغلب شاعران سن‌ریو ناشناس باقی ماندند. بدین ترتیب بود که ژانری به نام شعر سن‌ریو وارد ادبیات ژاپن شد. این گونهٔ شعری کاملا طنزآمیز است و فرم آن شبیه فرم هایکو است البته بدون فصل واژه. سن‌ریو به مضامینی می‌پردازد که کاربرد آن در هایکو مجاز نیست و به همین دلیل در تعریف سن‌ریو می‌گویند شعری است که آنچه را که هایکو جا می‌گذارد، بر می‌چیند!

زبان سن‌ریو زبانی فوق‌العاده ساده و متمایل به زبان گفتار و محاوره است چه در غیر این صورت طنز مستتر در آن برجسته نخواهد شد.

همهٔ شعرهایی که ذیل عنوان «شاعر ناشناس» در این دفتر آمده‌اند در ژانر سن‌ریو نوشته شده و از کتاب آقای پروفسور بلایت تحت عنوان «زندگی و شخصیت ژاپنی در شعر سن‌ریو» برداشت شده‌اند. در این اثر اغلب شعرهایی که نام شاعرشان (خصوصا کوبایاشی ایسا) مشخص شده است، در ژانر هایکو نوشته شده و ربطی به سن‌ریو ندارند.

در دههٔ نود مجموعه هایکوهای بسیاری به فارسی منتشر شده و کمتر کسی به ترجمه در ژانر سن‌ریو پرداخته بود که جای خالی این ژانر را رضی هیرمندی و مهرنوش پارسانژاد با انتشار کتاب مورد بحث به خوبی پر کردند. اما این دو مترجم پیش از ترجمهٔ سن‌ریو باید به الزامات زبانی این ژانر توجه می‌کردند که یکی فرم است و دیگری زبان. زبان در سن‌ریو نقش اساسی را برعهده دارد. مترجم در برگردان فارسی سن‌ریو در این دفتر، گاهی این زبان ساده و محاوره‌ای را رعایت کرده اما گاه دچار زبان ترجمه می‌شـــود به نحوی که از شیرینی طنز در متن ترجمه شده در مقایسه با متن اصلی می‌کاهد:

همان‌طور که گفته شد این زبان است که در سن‌ریو طنز را برجسته و شیرین جلوه می‌دهد. از این رو اگر در برگردان آن، زبان معادل آن را در فارسی پیدا نکنیم در واقع به تفسیر و تعبیر سن‌ریو پرداخته‌ایم در حالی که سن‌ریو باید فی‌البداهگی خود را در زبان نشان دهد.

خوابی دروغین
و خرناسی
زیاده از صمیم دل (ص ۳۴ از این دفتر)

عبارت «خوابی دروغین» بار طنز سطر اول شعر را نمی‌رساند و در واقع معادل فارسی آن «خودش را به خواب زده» است:

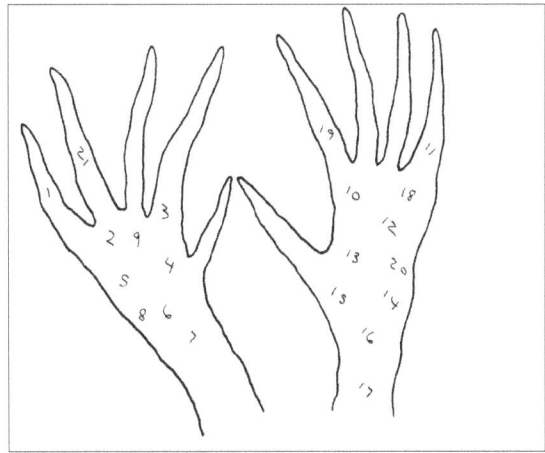

خودش را به خواب زده
با خرناسی
از تَهِ دل

همان‌طور که گفته شد این زبان است که در سن‌ریو طنز را برجسته و شیرین جلوه می‌دهد. از این رو اگر در برگردان آن، زبان معادل آن را در فارسی پیدا نکنیم در واقع به تفسیر و تعبیر سن‌ریو پرداخته‌ایم در حالی که سن‌ریو باید فی‌البداهگی خود را در زبان نشان دهد. به نمونه‌ای دیگر توجه کنید:

تا به زبان می‌آورد
«زن‌ها همه...»
دور و برش را می‌پاید

در صورتی که معادل فارسی آن «لب تر کردن است» که در محاوره می‌گوییم «تا فلانی لب تر کرد»:

تا لب تر می‌کند که
«زن‌ها همه...»
دور و برش را می‌پاید

تا سن‌ریو(Senryu) را نشناسیم و در برزخ تبسم و درد به تهی بودن زندگی پی نبریم، محال است در اشراق هایکو شریک و سهیم باشیم. پروفسور بلایت در مقدمهٔ کتاب «زندگی و شخصیت ژاپنی در شعر سن‌ریو» چنین می‌گوید: «بعضی‌ها کاراکتر و روح و جان شخصیت ژاپنی را در پاییز و برگ‌های رنگارنگ و یا در بهار و شکوفه‌های گیلاس و یا ارتفاعات قلهٔ فوجی و گاهی در اسطوره‌ها و اساطیر و افسانه‌های ژاپنی که تا اندازه‌ای متأثر از فلسفهٔ بدبینی بودیسم است جست‌وجو می‌کنند. اما به نظر من برای شناخت هر ملتی باید در ویژگی‌ها و صفت‌های عجیب و غریب آن ملت جست‌وجو کنیم. اصولا همهٔ ویژگی‌های عجیب و غریب و خصوصیات اخلاقی هر ملتی رشد و بسط ویژه‌ای از طبیعت

مردم عادی است که در محدودهٔ جغرافیایی- فرهنگی خاصی زندگی می‌کنند که اگر این‌گونه نباشد این ویژگی‌ها نه تنها قابل فهم نخواهند بود بلکه غیرمحسوس می‌شوند.»

یکی از ویژگی‌های کاراکتر ژاپنی یگانگی و یکتایی قابل ملاحظهٔ «حس و احساسات» این مردم است؛ آن گرایش و طرز برخورد ویژه با زندگی که طی حداقل دو هزار سال تاریخ ژاپن گویی با کمترین تغییر هنوز در شیوهٔ زندگی ژاپنی برقرار است.

ژاپن سرزمینی است که هیچگاه دارای شهرهای محصور در حصارهای بلند نبوده است. این واقعیت ما را به افق‌های دیگری از ویژگی‌های ژاپن رهنمون می‌کند که یکی از آنها همگونی اندیشه و تفکر و احساسات ژاپنی است.

شاید یکی از راه‌های شناخت منش و ویژگی‌های بنیادین یک ملت، بررسی واژه‌های غیر قابل ترجمه در فرهنگ آن ملت باشد؛ واژه‌هایی که به سادگی تن به ترجمهٔ صریح و آشکار در زبان میزبان نمی‌دهند. در مورد ژاپن یکی از مهم‌ترین واژه‌هایی از این دست شیبویی (Shibui) است.

شیبویی یک صفت است و بر نوعی واپس زدن و سرکوب ملایم و ظریـف در وادی حس زیبایی‌ها دلالت دارد. این بدان معنی اسـت که کاراکتر ژاپنی با رنگ‌های روشن و درخشـنده رابطه‌ای ندارد، او به رنگ‌هایی واکنش و پاسخ احساسی نشـان می‌دهد کـه تا انـدازه‌ای مه‌آلـوده و تیره هسـتند، به نقطه رنگ‌هـا عشـق می‌ورزد تا «رنگ» چیزها و اشیا را تحت سیطرهٔ خود درآورد، رنگ نباید چیزها و پدیده‌ها را محصور کند بلکه باید جزء ویژگی چیزها باشد چرا که «اصل»، چیزها و اشیا هستند و رنگ باید در چیزها نهفته باشـد. کاراکتر ژاپنی در پی انرژی و گرمی رنگ‌ها نیسـت، او رنگ را دسـت‌کم می‌گیرد، اغراق و مبالغه را جایز نمی‌شمارد، گویی تعالیم و آموزه‌های تائوئیزم در لحظه

لحظهٔ زندگی ژاپنی در جریان است و به کار گرفته می‌شود. به‌طور خلاصه می‌توان گفت:

• ژاپنی‌ها هیچ‌گاه بین مرام و اصول از یک طرف و تجربهٔ زندگی فاصله‌ای حس نمی‌کنند.

• مرام، اصل و اشاره نیست، مرام همان زندگی است.

• با زندگی کردن مرام و اصول است که آیین زنده می‌ماند.

• این جماعت هرگز اصول را آلوده به فلسفه نمی‌کنند. فلسفه دور از دسترس زندگی است یا به عبارتی شرح زندگی است در حالی‌که کاراکتر ژاپنی تمایل دارد اصول را زندگی کند تا اینکه به تعریف آنها بپردازد.

• او هرگز به اصول و مرام در رابطه با تجربهٔ زندگی به عنوان مفاهیمی انتزاعی نگاه نمی‌کند، همهٔ این ویژگی‌ها عصاره و ذات سلوک زندگی در ژاپن است.

در واقع می‌توان گفت ژاپنی‌ها هیچ‌وقت قضاوت و نظری نسبت به طبیعت ندارند چرا که یک کاراکتر ژاپنی خود را از طبیعت جدا نمی‌داند. اصولا قضاوت از آنجا ناشی می‌شود که راوی نقش تماشاچی را در برابر طبیعت ایفا کند و درست به همین دلیل ساده است که چون کاراکتر ژاپنی با طبیعت فاصله‌ای حس نمی‌کند، هیچ‌گونه قضاوتی هم دربارهٔ طبیعت ندارد. او اصولا نه شناختی از طبیعت دارد و نه هوس پیوستن به آن را دارد چرا که خود را جزیی از طبیعت می‌پندارد.

اگر از زاویهٔ ذن به این ارتباط بنگریم باید بگوییم: «این رابطه بی هیچ رابطه‌ای است!.»

غایت و هدف یک شخصیت اروپایی بیشترین بهره و سود را از یک کار معمولی بردن است. او در این خیال است که زندگی‌اش با کمترین درد و رنج و زحمت همراه باشد و این ویژگی را برای دیگران هم می‌خواهد. هدف او شاد زیستن است نه تنها برای خودش بلکه برای تعداد بیشتری از افرادی که با او هستند.

اما هدف یک ژاپنی حداقل تا همین اواخر شاد و آسوده زیستن نبوده است. پس غایت آنها چیست؟

به نظر پروفسور بلایت آن نکتهٔ اساسی در کاراکتر ژاپنی، آمیزهٔ عجیبی از شعر و شوخی با حقیقت و واقعیت است که البته این دو واژه یعنی شعر و طنز در اینجا تعابیر ژرف‌تری نسبت به معانی ظاهری‌شان دارند.

از نظر ژاپنی‌ها شعر به معنی توانایی و قابلیت دیدن و نگاه کردن است و همچنین به این معنی است که از طریق کشف و شهود به گوهر و ارزش‌های درونی چیزها و ویژگی‌های دلچسب و قابل ملاحظهٔ آنها برسیم. به عبارت دقیق‌تر شعر برای ژاپنی‌ها، خلق ارزش‌ها و خلق رغبت و علاقه است. اما از آن طرف طنز یا Humour به معنی شادی است، به معنی تأثراتی غیراحساسی که از پارادوکس، تناقض و اضداد که ذات درونی و طبیعت چیزها و اشیاست ناشی می‌شود.

با چنین تعبیری شعر و طنز خیلی به هم نزدیک‌اند. به عبارت دیگر

یکی از ویژگی‌های کاراکتر ژاپنی یگانگی و یکتایی قابل ملاحظهٔ «حس و احساسات» این مردم است؛ آن گرایش و طرز برخورد ویژه با زندگی که طی حداقل دو هزار سال تاریخ ژاپن گویی با کمترین تغییر هنوز در شیوهٔ زندگی ژاپنی برقرار است.

می‌توانیم بگوییم شعر و طنز دو جنبهٔ مختلف از یک چیز واحدند.

شـعر «ساتوری» است که در ذن به آن اشـراق ناگهانی می‌گویند؛ در آن حالت همه چیز، خوب و باارزش دیده می‌شود و به عبارتی شعر، همهٔ چیزها را با چشم نیک نگریستن است. اما طنز یا Humour به معنی خندیدن به همهٔ چیزهاست آنگاه که به تهی و پوچ بودن همه چیز در طبیعت آگاه می‌شویم. در اصطلاح بودیسم طنز یعنی دیدن همه چیز از این زاویه که همه چیز در طبیعت خویش تهی است و پس از اینکه به این واقعیت رسیدیم به این حقیقت می‌خندیم.

بودیسـم از آن جهت در قرن ششـم میلادی و قرون بعد از آن مورد توجه ژاپنی‌ها قرار گرفت که همزادگرایی (Animism) هندی را برایشان به ارمغان آورد. اما چرا همزادگرایی بودیسم مورد توجه ژاپنی‌ها قرارگرفت؟ پاسـخ به این سـئوال را باید در تاریخ باستان ژاپن و ویژگی‌هایی از قبیل پرستش امپراتور و عشق به زیبایی‌ها و طبیعت پیگیری کرد.

ایدهٔ امپراتور گرچه به نوعی یک ایدهٔ رمانتیک و خیالی است اما از طرف دیگر امپراتور تجسم همهٔ ایده‌آل‌ها، اشتیاق‌ها و آرزوهای دیرینهٔ یک ملت است. در این نوع نگاه در کنار اینکه یک انسان، موجودی الهی تلقی می‌شود، بر قامت انتزاعات و تجریدات نیز لباس انسانی پوشانده می‌شود؛ به عبارت دیگر این نوع نگاه، رسیدن از یک مفهوم کلی (خدا) به یک چیز مشخص، ویژه، قابل لمس و زمینی است.

برای کاراکتر ژاپنی، خدا هرگز جدای از او و در آسمان‌ها دارای معنی و مفهوم نیست، او باید با خدای خـودش بر روی خاک زندگی کند. کاراکتر ژاپنی تمایلی به قانـون و مقررات و اصول جدای از زندگی معمولی‌اش ندارد. او باید اصول را زندگی کند، پس باید خدای او هم در کنارش مثل او زندگی کند.

بد نیست به این نکته اشاره کنم که ماتسوباشو، او که هایکو را به حوزهٔ زندگی کشید، هرگز قانون و دستورالعملی برای هایکو و شعر ننوشت بلکه معتقد بود این قواعد را شاعر باید درونی کند و حتی «با آنها» زندگی نکند بلکه آنها را زندگی کند.

این انسانی بودن و مروت طبیعت است که برای انسان جذبه می‌آفریند، چیزی که ما به آن عشق می‌ورزیم این انسان است، همین مرد، همین زن و یا کودک و همین مسیح و همین بودا.

از نظر ژاپنی‌ها شعر به معنی توانایی و قابلیت دیدن و نگاه کردن است و همچنین به این معنی است که از طریق کشف و شهود به گوهر و ارزش‌های درونی چیزها و ویژگی‌های دلچسب و قابل ملاحظهٔ آنها برسیم. به عبارت دقیق‌تر شعر برای ژاپنی‌ها، خلق ارزش‌ها و خلق رغبت و علاقه است.

در هایکوی معروف باشـو که به عبارتی اولین هایکوی مدرن جهان است نه از درستی، نه از نادرستی، نه از خوبی و نه از بدی، نه از زشتی و نه از زیبایی، نه از درد و هجران و نه از عیش و لذت خبری نیست بلکه فقط شعر است که جاری است:

برکهٔ کهن
آه، پریدن غوکی
صدای آب.

در این هایکو فقط شعر است که جاری است یا بهتر بگوییم صدای آب است، صدای همهٔ آب‌های دنیا یا شاید صدای همین حجم محدود آب برکه کهن! اما در اینجا نوعی طنز (Humour) نیز حضور دارد. غوک اصولا در فرهنگ ژاپن موضوع و موجودی کمدی است. در اینجا به وضوح می‌بینیم که چگونه طنز وظیفهٔ دوگانهٔ خود را به انجام می‌رساند؛ نقش نخستین طنز مخرب است یعنی در تقابل با سانتیمانتالیسم، رمانتیسم و دورنگی و خودفریبی قرار می‌گیرد. به عبارتی «این‌چنینی» چیزها را بر می‌شمارد؛ بدون کم و کاست و اغراق، نقش ثانوی طنز ایجاد وجد و شعف و لذت از چیزها است.

این مطلب دلالت بر گفتهٔ وُدوُرث دارد که مورد اشارهٔ سوزوکی (Suzuki) نیز قرار گرفته و همهٔ ذن را اینجا نشان می‌دهد: «هر آنچه ما می‌نگریم ، مملو از موهبت‌های خدادادی است.»

این حالت و مقام سعادت و این تعالی و فراروی از دوگانگی زندگی معمولی و عادی در واقع هم شعر است و هم طنز.

تاریخ طنز در ادبیات ژاپن به تاریخ ادبیات در ژاپن بر می‌گردد یعنی به قدمت ادبیات در این سرزمین است.

عناصر طنز تقریبا و همیشه به نوعی در هایکو نیز حضور دارد. گاهی این حضور برجسته و صریح و آشکار است مثل هایکوهای کیکاکو و تاییگی (Kikaku & Taigi) و گاهی هم آن چنان قدرتمند در هایکو ظاهر نمی‌شود، نه برای اینکه هایکو را به سن‌ریو نزدیک کند بلکه برای مقابله با شدت تراژیک بودن مضمون هایکو به نحوی که هایکو دچار سانتی‌مانتالیسم نشود مثل هایکوهای ایسا (Issa).

اما نبوغ طنزپرداز ژاپنی فقط در سن‌ریو مجال شکوفایی دارد. آنچه بیش از هر چیز، هدف سن‌ریو است جز پرداختن به «حقیقت» (Truth) نیست. در حوزهٔ سن‌ریو هیچ چیز ممنوع و مقدس نیست و این همان حقیقتی است که از آن نام بردیم و سن‌ریو به آن وفادار است.

یامازاکی ســوکان که بنیاد هایکو و سن‌ریو را بنا نهاد (۱۴۵۸–۱۵۸۶) یک شعر تانکا در مود سن‌ریو نوشته است:

اگر حرفِ این شد

که سوکان کجا رفته است؟

بگویید

رفته است به تجارت

به آن دنیا!

هایکوی زیر از این شاعر معروف است:

چه با وقار

دست‌های غوک بر زمین

آواز می‌خواند

شعر طنزآمیز زیر به نام مائکو زوکه (maekuzuke) شعری است که در دوران گنروکو ابداع شد که از دو بخش مثل شعر تانکا تشکیل شده است؛ یک بخش هفده هجایی و سه سطری و یک بخش چهارده هجایی و دوسطری. این شعر طنز هم از سوکان است:

هم می‌خواهم سر به تنش نباشد

هم مویی از سرش کم نشود

دزد به چنگ افتاد

غرق حیرتیم من و او

پسرم بود!

شعر، همهٔ چیزها را با چشم نیک نگریستن است. اما طنز یا Humour به معنی خندیدن به همهٔ چیزهاست آنگاه که به تهی و پوچ بودن همه چیز در طبیعت آگاه می‌شویم. در اصطلاح بودیسم طنز یعنی دیدن همه چیز از این زاویه که همه چیز در طبیعت خویش تهی است و پس از اینکه به این واقعیت رسیدیم به این حقیقت می‌خندیم.

به این هایکو از کیکائو توجه کنید؛ به ســختی می‌توان آن را از سن‌ریو متمایز کرد؟ قبلا گفتیم که
گاهی طنز در هایکو برای متعادل کردن جانسوزی هایکو ضروری است:

حتی روز نوروز هم

ده انگشت ذغال‌فروش

سیاهِ سیاه

اصولا در این شعر منش و رفتار هایکو رعایت شده اما ذات و موضوع شعر به سن‌ریو نزدیک است؛
صدا صدای یعقوب است اما دست‌ها دست‌های عیسی است. (اشاره به کتاب مقدس). ▨

دوشاعر پیر
ایستاده زیر باران
غاز زیر سر پناه!

سعدی و لبخند؟!

نگاهی به کتاب «لبخند سعدی»

■ سید اکبر میرجعفری

موضوع این نوشــته، کتاب «لبخند سعدی» اســت. این کتاب را جناب آقای اسماعیل امینی تألیف کرده‌اند و انتشارات سورۀ مهر آن را به بازار فرستاده است. گرچه از تاریخ انتشار کتاب دو سال می‌گذرد اما از آنجا که سخن سعدی کهنه نمی‌شود، بررسی کتابی که دربارۀ او نوشته شده نیز خالی از لطف نخواهد بود. این نوشته سعی دارد، کتاب لبخند سعدی را «خریدارانه» بنگرد. هر کتاب، مقاله و یادداشتی دربارۀ متون کهن ارجمند است زیرا هر اثری از این دست تذکری است به این نکته که: «گذشتۀ ادبی ما گران‌قدر و پربار است؛ بکوشــیم سکوی پروازمان را به درستی انتخاب کنیم.» از این منظر کتاب «لبخند سـعدی» کوشش ارجمندی است و تلاش جناب امینی ستودنی است.

نام این کتاب «لبخند سـعدی» اســت اما وقتی به مقدمه و متن کتاب می‌نگریم در می‌یابیم کــه مؤلف از طنز سـعدی غالبا خنداندن را اراده نمی‌کند. بنابرایــن بهتر بود عنوان دیگری برای کتاب انتخاب شود تا کسانی که با تصور رایج دربارۀ طنز، به سراغ این اثر می‌آیند به اشتباه نیفتند. به‌خصوص وقتی مؤلف ابیاتی از این دست را طنز دانسته‌اند:

بگذار تا مقابل روی تو بگذریم
دزدیده در شمایل خوب تو بنگریم (ص۲۵)

▓ ▓ ▓

غم زمانه خورم یا فراق یار کشم
به طاقتی که ندارم کدام بار کشم (ص۷۴)

تعریف ایشان از طنز در این کتاب، مبنی بر خنداندن نیست. به همین دلیل بسیاری از شعرهای سعدی که به نظر دیگران غزل‌های سوزناکی است، در این مجموعه آمده است. البته شیوۀ ایشان

یافتن «بیت یا بیت‌های طنز» در یک غزل بوده و کمتر شعری در این کتاب به زعم مؤلف از ابتدا تا انتها طنز است. این موضوع مؤید این نکته است که طنز غزل‌های سعدی اساسا با شعر شاعران طنزپرداز متفاوت است.

شعرها در این کتاب ترتیب مشخصی ندارند و دلیل تقدم و تأخر آنها بر یکدیگر معلوم نیست. در ابتدای کتاب (که ما آن را مقدمه می‌خوانیم اگر چه هیچ عنوانی ندارد!)، شیوه و اسلوب تألیف اثر را شرح داده و گفته‌اند: «... سر آن ندارم منابع نظری را ورق بزنم و تعریف‌های گوناگون طنز را بازنویسی کنم و از میان انبوهی سخن در باب طنز یکی را بر دیگری ترجیح دهم» و در ادامه آورده‌اند: «... بیش از هر چیز دربارهٔ «تلخ عیشی» تأمل کرده‌ام.»

در این باره دو نکته یادآوری می‌شود:

۱- مؤلف اشاره می کنند: بدون تعریف از طنز سراغ تنظیم این کتاب رفته‌ام و سعی کرده‌ام اسلوب را از خود کلام سعدی استخراج کنم. بنابراین شاید طنز سعدی در اسلوب «منحصر به فرد» باشد، اسلوبی که در هیچ طنز دیگری از آن نمی توانیم سراغ بگیریم. تمام کوشش مؤلف در این مجموعه تبیین همین نکته بوده که البته در این زمینه توفیقاتی داشته است. نگاهی به گونه‌های مختلف طنز ما را به این نکته می‌رساند که ارائهٔ هر تعریفی از طنز تمام گونه‌های آن را پوشش نمی‌دهد. به‌ویژه در زمانهٔ ما که رسانه‌های تصویری هر روز نوآوری‌هایی در این عرصه دارند.

۲- درست است که مؤلف هیچ کدام از تعریف‌های طنز را «اصل» قرار نداده است اما همین «تلخ عیشی» که به زعم ایشان بن‌مایهٔ طنز های کتاب است، تعریف مشهور دکتر شفیعی کدکنی را به یاد می آورد که طنز «تصویر هنری اجتماع نقضین» است (شفیعی کدکنی، ص۴۳۳). ضمن آنکه مؤلف در جای‌جای کتاب تلاش کرده با نشان دادن تناقض‌ها و تضادها طنز سعدی را معرفی کند. در اینجا بد نیست کمی دربارهٔ این تعریف تأمل کنیم. استاد شفیعی می‌فرمایند: «طنز عبارت است از تصویر هنری اجتماع نقیضین.» شاید در اغلب طنزها همان‌طور که استاد فرموده‌اند بتوان اجتماع هنری نقیضین را دید. دست‌کم در اغلب طنزهای ادبی این تصویر دیدنی است اما آیا هر تصویر هنری که در آن تناقض و ضدیت باشد، طنز است؟ ظاهرا این گونه نیست. اصلا اگر چنین بود به سادگی می‌توانستیم صنایع ادبی تضاد و طباق و پارادوکس را طنز بنامیم. مثلا آیا این ابیات طنز است؟ قضاوت به عهدهٔ شما:

در نومیدی بسی امید است
پایان شب سیه سپید است

■■■

هم قصهٔ نانموده دانی

تصویری که مؤلف محترم از این بیت برگرفته‌اند، شبیه صحنه‌های فیلم‌های کمدی/ترسناک است؛ فیلم‌هایی که شرکت‌های فیلم‌سازی اروپا و امریکا می‌سازند! به راستی این تصاویر چه نسبتی با شعر سعدی دارد؟ سعدی نیز مانند من و شما واقف است که روز حشر همه زنده می‌شوند و جسدی در کار نیست که تصویر رقص او طنزآمیز باشد.

هم نامهٔ نانوشته خوانی (نظامی)

▪▪▪

می‌کوشم و در تنم توان نیست

کازرم تو هست و باک از آن نیست (نظامی)

▪▪▪

می‌خورم جام غمی هر دم به شادیّ رخت

خرم آن کس کاو بدان غم شادمانی می‌کند (سلمان ساوجی)

▪▪▪

مرده بدم زنده شدم گریه بدم خنده شدم

دولت عشق آمد و من دولت پاینده شدم (مولوی)

▪▪▪

هرگز حدیث حاضر غایب شنیده‌ای

من در میان جمع و دلم جای دیگر است (سعدی)

و..

به نظر می‌آید اگر در نوشــته‌ای شکلی از تعریض به خط قرمزها و کنایه یا طعنی به چیزی یا شخصی وجود نداشته باشد طنز اتفاق نیفتاده است. مسلم است وقتی این بیت را می‌خوانیم:

ز کوی یار می‌آید نسیم باد نوروزی

از این باد ار مدد خواهی چراغ دل برافروزی

با همهٔ طنز پردازی‌هایی که از حافظ سراغ داریم، به این نتیجه نمی‌رسیم که ایشان خواسته باشد با اشاره به «چراغ با باد افروختن» نکتهٔ طنزآمیزی گفته باشد؛ زیرا این بیت تعریض یا کنایه‌ای در خود ندارد. گاهی نیز هنرنمایی‌ها و خلاف آمد عادت گفتن‌ها اگرچه خالی از طنز نیست اما به اصطلاح امروزی به کسی هم بر نمی‌خورد. نظامی گفته است:

رخسار تو مشک است و سر زلف تو خون

من جز به دلیل نایم از عهده برون

رخ مشک، ولی نامده در نافه هنوز

خون زلف، ولی آمده از نافه برون (نظامی)

این رباعی را شــاید بعضی از صاحب‌نظران در حوزهٔ طنز جای دهند اما به نظر می‌آید نوعی طبع آزمایی موفق است که اتفاقا از تضاد بهره برده است.

می‌دانیم که پارادوکس صنعت غالب در سبک هندی به‌ویژه غزلیات بیدل دهلوی است. بعید می‌دانم کسی این ابیات را طنز بداند:

موسی اگر شنیده هم از خود شنیده است

انی انا اللهی که به ایمن نگفته‌ام

■ ■ ■

گوش مروتی کو کز ما نظر نپوشد
دست غریق یعنی فریاد بی‌صداییم

■ ■ ■

که دم زند ز من ما دمی که ما تو نباشی
بدین خیال که ماییم از کجا تونباشی
و...

برگردیـم بـه مقدمهٔ کتاب. مؤلف محترم در انتهای یادداشـت آغازیـن کتاب به صورت فهرست‌وار هشت مورد از نکاتی را که در غزل سعدی قابل تأمل است آورده‌اند. به بعضی از این موارد نظری می‌اندازیم:

۱- نوشته‌اند «رابطهٔ عاشق و معشوق گاهی یک نوع شبیه‌سازی رابطهٔ حاکم ظالم و زیردستان بیچاره است و این شبیه‌سازی مجالی است برای استهزای رفتار غیر انسانی.»

به نظر می آید تشبیه معشوق به سلطان – چه ظالم چه عادل- بخشی از سنت ادبی سبک عراقی و خراسـانی است. گویی در این حوزه حقوق سلطان به رسمیت شناخته شده و حکم «هرچه آن خسـرو کند شـیرین بود» رعایت می‌شده است. نمونه‌هایی از این دسـت را در آثار قبل و بعد از سـعدی بسیار می‌توان دید. به یاد بیاوریم ماجرای کلیله و دمنه را آنجا که در بازجست کار دمنه وقتی عقلای دربار سلطان به محاکمهٔ دمنه می‌پردازند، به هیچ وجه حتی شاره‌ای به گناهکار بودن سـلطان نمی‌کنند در حالی که این سـلطان است که گناه اصلی یعنی کشتن گاو را مرتکب شده اسـت. عجیب‌تر اینکه حتی خوانندهٔ امروزی نیز به این موضوع توجه نمی‌کند. از این نکته غافل نیستیم که سعدی از شاعران و نویسندگانی است که نقدهای جانانه‌ای به سلاطین دارد اما فراموش نکنیم دنیای مثالی غزل با دنیای واقعی متفاوت است. این درست که بسامد استفاده از «تشبیه معشوق به سلطان» در غزل سعدی بسیار زیاد است و طبیعی است که تشبیهات وی گسترده‌تر و متمایزتر شـود اما وقتی دیگران نیز به همین شیوه سخن گفته‌اند و می گویند، آیا این شیوه لزوما می‌تواند محملی برای طنز باشد؟ این ابیات را بخوانیم:

چشمت به غمزه ما را خون خورد و می‌پسندی
جانا روا نباشد خونریز را حمایت (حافظ)

■ ■ ■

تویی که بر سر خوبان کشوری چون تاج
سزد اگر همهٔ دلبران دهندت باج

چرا همی شکنی جان من ز سنگ‌دلی
دل ضعیف که باشد ز نازکی چو زجاج (حافظ)

■■■

چشم من خونریزتر یا چرخ یا شمشیر شاه
غمزهٔ تو تیزتر یا تیغ یا بازار من (منسوب به نظامی)

راستی دربارهٔ این بیت مولوی چه باید گفت؟
وآن دفع گفتنت که برو شه به خانه نیست
آن ناز و باز و تندی دربانم آرزوست

گویی نوعی خود آزاری در آن نهفته است! ظاهرا باید چنین کلامی از صاحب مثنوی معنوی بعید باشد اما کمتر صاحب‌نظری متعرض این موضوع شده است. در همین غزل می‌خوانیم:
زین خلق پرشکایت گریان دلم گرفت
آن های و هوی و نعرهٔ مستانم آرزوست

آیا می‌توانیم بگوییم این غزل نه تنها وحدت موضوع ندارد بلکه دارای تناقض است و لابد چون نقیضین را به شکل هنرمندانه به تصویر کشیده طنز است؟

حقیقت این است که غزل سعدی را باید «غزل به کمال رسیدهٔ سبک خراسانی» بدانیم و ریشه‌های چنین نگاهی را به معشوق، در سبک خراسانی جست‌وجو کنیم. عشق‌ورزی در غزل‌ها و تغزل‌های سبک خراسانی تفاوت‌هایی با غزل دورهٔ سعدی دارد که بی‌تردید بخشی از آن حاصل شرایط اجتماعی دورهٔ سعدی با شاعران پیش از اوست. دکتر داریوش صبور در بارهٔ شعرای سبک خراسانی می‌نویسد: «نکتهٔ چشمگیر اینجاست که به سبب بیشی کنیزکان ترک در دستگاه شاعران بزرگ و وجود رابطهٔ مالک و مملوک میان آنان، مضامین عاشقانهٔ اشعار غنایی این دوران هیچ‌گاه به دلنوازی و پرسوزی و شورانگیزی مضامین عاشقانهٔ غزلیات شاعران قرون بعد که با معشوقان خود رابطهٔ خواجه و کنیز نداشتند، نمی‌تواند باشد و همان‌طور که گفته شد شاعر از معشوقی که در حقیقت مملوک اوست نافرمانی و بی‌مهری نمی‌بیند تا خرمن احساسات و عواطفش شعله‌ور شود و نغمه‌هایش پرسوز و گداز شود. وصال همیشه دمساز چنین شاعری است که معشوق هیچ‌گاه به حکم فرمان از وی روی برنمی‌تابد و او را به آتش هجران نمی‌کشد تا غزل‌هایش رنگ درد و نومیدی به خود گیرد ولی در دوران‌های بعد که این رابطه از میان می‌رود، سوز و شورانگیزی غزلیات هرچه بیشتر جلوه می‌نماید.» (صبور، ص ۱۷۷).

مگر سعدی نام معشوقه یا همسرش را در شعرهایش آورده است؟! آیا در زمان سعدی غیرسنتی‌ها نام زنان و معشوقه‌هایشان را جار می‌زدند؟ در کدام غزل فارسی نام معشوقهٔ شاعر آمده است؟ یادآوری می‌کنم که فقط در منظومه‌های عاشقانه نام معشوق آمده است، آن هم «در حدیث دیگران» نه از زبان خود عاشق.

در عین حال برای اثبات اینکه ابیات عاشقانهٔ سعدی به ستمگری شاهان طعن و تعریض دارد، درست‌تر آن است که زمانهٔ سعدی و شاهان آن عصر را بشناسیم و رابطهٔ تاریخی سعدی با آنان را بررسی کنیم؛ همان‌طور که حافظ‌شناسان برای درک بهتر شعر حافظ چنین کرده‌اند. البته به مؤلف محترم در کتاب مورد بحث مجال چنین تحقیقی را نداشته است.

۲- نوشــته‌اند: «حرف‌های ضد و نقیض و اظهار ذلت عاشق، بازخواست و تحکم، اغراق در ستایش و نکوهش زیبارویان، اغلب عاری از حقیقت است و نوعی نمایش برای جلب نظر معشوق به کامجویی.» (مورد ۳ این نوشته نیز شبیه همین مورد است)

اشاره: سر تاسر ادبیات عاشقانه سرشار از اظهار عاجزانهٔ عاشق در برابر معشوق است. آیا می توان هر نوع ابراز ارادت عاشــق به معشــوق را بهانه‌ای برای کامجویی بدانیم؟ با این نگاه می توان تمام عاشــقان جهان را به عدم صداقت در عشــق متهم کرد! چون هیچ سنجه‌ای در دست نداریم که بدانیم کدام عاشــق صادق اســت و کدام کذاب! عاشق در پی وصال اســت و آن را به هزار زبان بیان می کند. به راستی منظور از کامجویی چیست که با توجه به آن شعر سعدی به حوزهٔ طنز وارد می‌شود؟

در جایی از جناب امینی خواندم: «ســعدی حتی معشوقه‌اش را نیز دست می‌اندازد!» (علامت تعجب از بنده نیست) درست است؛ سعدی در مواردی این کار را کرده مثلا آنجا که سروده است:

ای لعبت خندان لب لعلت که مزیده است
وی باغ لطافت به رویت که گزیده است ...
آن خون کسی ریخته‌ای یا می سرخ است
یا توت سیاه است که بر جامه چکیده است ...
در دجله که مرغابی از اندیشه نرفتی
کشتی رود اکنون که تتر جسر دریده است

ســعدی در این غزل به خوبی تکلیف خود را با معشــوق یا بهتر بگوییم نامعشــوق روشــن کرده و در آخر غزل نیز او را دیگر لایق عشق‌ورزی نمی‌داند (یعنی: او دیگر معشوق نیست) و می گوید:

سعدی در بستان هوای دگری زن
این کشته رها کن که در او گله چریده است

به راستی میان این غزل و غزلی با مطلع: «غم زمانه خورم یا فراق یار کشم/ به طاقتی که ندارم کدام بار کشم» تفاوتی وجود ندارد؟

از سوی دیگر اگر اظهار عجز شعر را به وادی طنز می‌برد، در بارهٔ این ابیات چه باید گفت؟

همه شب نهاده‌ام سر چو سگان بر آستانت

درست است که زیر سوال بردن «خط قرمزها یا اصطلاحا تابوها» می‌تواند یکی از راه‌های ایجاد موقعیت طنزآمیز باشد اما توصیفات عاشقانه و پرداختن به عشق‌های انسانی در ادبیات ما بسیار رایج است و متشرعان چندان متعرض این موضوع نشده‌اند. انبوهی از منظومه‌های عاشقانه در ادبیات فارسی گواه این مدعاست.

که رقیب در نیاید به بهانهٔ گدایی (عراقی)

■■■

دیدی که از غم تو بر من چه خواری آمد
بی‌آنکه هیچ رخنه در دوستداری آمد (نظامی)

■■■

تو پادشاه وقتی و سلمان گدای توست
ای پادشاه وقت ز حال گدا بپرس (سلمان ساوجی)

■■■

ای کمرم به خدمتت شب به شب استوارتر
خدمت من به چشم تو روز به روز خوارتر (نظامی)

اگر به کسی که وضع مالی مناسبی دارد بگوییم: «فلانی دستش به دهانش می‌رسد»، از کنایه استفاده کرده و تنها وضع او را توصیف کرده‌ایم. حالا اگر به جای این جمله بگوییم: «فلانی دستش به دماغش می‌رسد»، کنایه را به حوزهٔ طنز کشانده‌ایم. هچنین اگر به شخص بی‌پولی بگوییم دستت به دهانت می‌رسد، باز هم احتمال طعن و تعریض در کلام وجود دارد. احتمال اینکه سعدی در توصیف وضعیت خود در برابر معشوق، از چنین ترفندهایی بهره گرفته باشد، ضعیف است.

۳- نوشته‌اند: «ذکر جزییات پیکر زیبارویان و توصیف دقیق لحظه‌های کامجویی در غزل سعدی نوعی ستیز طنزآمیز با مقدس‌نمایی اهل زهد و پرهیز است.»

این از مواردی است که کمتر در این کتاب شاهد مثال دارد؛ شاید ابیاتی از این دست دچار ممیزی ارشاد شده است! در ضمن حتما از پرهیزگاری نظامی گنجوی و خلوص در شریعت‌مداری وی خوانده‌ایم و شنیده‌ایم اما همین شاعر متشرع صحنهٔ آبتنی شیرین را چنان هنرمندانه توصیف می‌کند که از شاهکارهای ادب غنایی محسوب می‌شود. آیا نظامی نیز قصد ستیز با مقدس‌نمایی را داشته است؟ می‌دانیم که چند قرن پس از سعدی شاعران مکتب وقوع تمام هنرشان را در شرح حرکات و لحظه‌های عاشقانه به کار بستند. بعید به نظر می‌رسد رویّهٔ شاعران یک عصر تعرض به مقدسات باشد و صدای متشرعان در نیاید!

درست است که زیر سوال بردن «خط قرمزها یا اصطلاحا تابوها» می‌تواند یکی از راه‌های ایجاد موقعیت طنزآمیز باشد اما توصیفات عاشقانه و پرداختن به عشق‌های انسانی در ادبیات ما بسیار رایج است و متشرعان چندان متعرض این موضوع نشده‌اند. انبوهی از منظومه‌های عاشقانه در ادبیات فارسی گواه این مدعاست. اصلا قصهٔ یوسف و زلیخا که یکی از زیباترین قصص قرآنی است، جایی برای «تابو شدن» این موضوع باقی نگذاشته است.

اکنون به بعضی از توضیحات و اشارات مولف دربارهٔ غزل‌ها می‌پردازیم:

در توضیح این ابیات:

ای هر تنی از مهر تو افتاده به کنجی
وی هر دلی از شوق تو آواره به سویی و... (ص۲۴)

نوشــته‌اند: «در این ابیات ضمن ســتایش از زیبایی معشوق به او یادآوری می کند که در کنار زیبایی ظاهری‌اش حیله گری و بداخلاقی و سنگدلی دارد.»

می گویم: سنگدلی معشوق و... امری است که در غزل فارسی سنت ادبی است مگر آنکه این سنت را از بن طنز بنامیم. در عین حال این موضوع فقط منحصر به سعدی نیست. بخوانیم:

هر لحظه به رنگی بیت عیار بر آمد
دل برد و نهان شد (مولوی)

دلم رمیدهٔ لولی‌وشی است شورانگیز
دروغ‌وعده و قتال‌وضع و رنگ‌آمیز (حافظ)

در توضیح بیت:

بگذار تا مقابل روی تو بگذریم
دزدیده در شمایل خوب تو بنگریم (ص۲۵)

نوشته‌اند: «... اما نکتهٔ طنزآمیز آن است که صاحب روی زیبا آنقدر بداخلاق است که یک نظر به روی نیز باید با کسب اجازه باشد.»

اشاره: درست است که عبارت «بگذار تا» اجازه گرفتن را به ذهن متبادر می کند اما شواهدی که در ابیات دیگر ســعدی وجود دارد، نشــان می‌دهد این عبارت تنها به معنای «کسب تکلیف» نیست:

بگذار تا بگریم چون ابر در بهاران
کز سنگ ناله خیزد روز وداع یاران

■■■

چندین چراغ دارد و بیراهه می‌رود
بگذارتا بیفتد و بیند سزای خویش

■■■

من ترک مهر اینان بر خود نمی‌پسندم
بگذار تا بیاید بر من جفای آنان

■■■

نفس درنده پند خردمند نشنود
بگذار تا درشت بیوبارد استخوان

■■■

در توضیح ابیات:

دو تن در جامه‌ای چون پسته در پوست
بر آورده دو سر از یک گریبان
سزای دشمنان این بس که بینند
حبیبان روی در روی حبیبان (ص۳۴)

نوشـــته‌اند: «تصویر کاملا گویاست؛ دو نفر در حال کامجویی‌اند و از یک گریبان ســر در آورده‌اند و سزای دشمنان حسود این است که آنان را در این حال می‌بینند.»

اما نگفته‌اند نکتهٔ طنز آمیز این بیت‌ها چیست.

شاید این بیت از مواردی است که مؤلف در مقدمه در بارهٔ آن گفته‌اند: «شرح جزییات عشق‌بازی طعنه به متشرعان است» اما چون توضیح دیگری در این مورد نداده‌اند، ما نیز آنها را در همین حال رها می کنیم!

در توضیح بیت:

من اهل دوزخم ار بی تو زنده خواهم شد
که در بهشت نیارد خدای غمگینم (ص۴۸)

نوشته‌اند: «چند شرط شگفت برای بیان واقعهٔ قیامت و بهشت و دوزخ آمده است که طعنه‌هایی دارد به اهل شــریعت. نخست تردید در اینکه عاشق نیز مانند دیگران در روز رستاخیز زنده شود، وقتی دور از معشوق باشد و....»

می گوییم: دربارهٔ اینکه چگونه چنین برداشتی از بیت بالا ممکن است، خوانندگان باید قضاوت کنند اما برداشت این ضعیف از بیت مذکور کاملا منطبق بر شریعت است: بهشت جای غم نیست، همان‌طور که شــریعت گفته است بنابراین عاشق بی معشوق چون غمگین است جایی در بهشت ندارد. در ضمن (به فرض محال!) اگر هم تردیدی در زنده شــدن در روز قیامت باشد، تردید در زنده شدن معشوق است نه عاشق.

در توضیح بیت:

ور بدانم به در مرگ که حشرم با توست
از لحد رقص کنان تا به قیامت بروم

نوشـــته‌اند: «...در بیت پایانی تصویری طنزآمیز ترسیم شده است و آن حکایت جسد عاشقی است که روز قیامت به شوق دیدار یار از گور خود تا صحنهٔ محشر رقص کنان می‌رود.»

تصویری که مؤلف محترم از این بیت برگرفته‌اند، شبیه صحنه‌های فیلم‌های کمدی/ترسناک است؛ فیلم‌هایی که شرکت‌های فیلم‌سازی اروپا و امریکا می‌سازند! به راستی این تصاویر چه نسبتی

با شعر سعدی دارد؟ سعدی نیز مانند من و شما واقف است که روز حشر همه زنده می‌شوند و جسدی در کار نیست که تصویر رقص او طنزآمیز باشد.

در توضیح غزل:

امشب مگر به وقت نمی‌خواند این خروس
عشاق بس نکرده هنوز از کنار و بوس

یک شب که دوست فتنهٔ خفته است زینهار
بیدار باش تا نرود عمر بر فسوس

تا نشنوی ز مسجد آدینه بانگ صبح
یا از در سرای اتابک غریو کوس

لب بر لبی چو چشم خروس ابلهی بود
برداشتن ز گفتهٔ بیهودهٔ خروس (ص۱۲۴)

نوشته‌اند: «این غزل کوتاه اعتراضی است به پایان زودهنگام شب در حالی که هنوز کامجویی عاشقان پایان نیافته است. اعتراض طنزآمیز از مصرع اول شروع می‌شود که خروس چرا نابه‌هنگام می‌خواند. در اولین کلمه این اعتراض نمایان است؛ امشب یعنی هنوز صبح نشده است. سپس توصیه به بیداری در شب کامجویی است که طعنه‌ای است به تهجد اهل زهد و اینکه آنان و خادمان سرای امیر عمر بیهوده می‌گذرانند. این معنا در بیت چهارم به صورتی پنهان و ظریف آمده که آن بیدار باش موجب می‌شود بانگ صبح از در سرای اتابک ناشنیده بماند.»

اشاره: اگر سعدی می‌خواست این بیت را بدون کلمهٔ «امشب» بسراید، چه باید می‌گفت؟ بی هیچ توضیحی این ابیات را بخوانیم تا ببینیم کاربرد شب، دوش و سحر در کلام دیگران چگونه است و اگر کسی همین امشب بگوید: «امشب سحر باید فرودگاه باشم» آیا حشوی نابخشودنی در کلام او هست؟ این ابیات را در همین راستا ملاحظه بفرمایید:

امشب وقت سحر پیش سپهر هنر
شعر سنایی بخوان زار نوایی بزن (سنایی)

■■■

سعدیا نوبتی امشب دهل صبح نکوفت
یا مگر روز نباشد شب تنهایی را (سعدی)

■■■

دوش وقت سحر از غصه نجاتم دادند
و اندر آن ظلمت شب آب حیاتم دادند (حافظ)

ای نسیم سحر آرامگه یار کجاست
منزل آن مه عاشق کش عیار کجاست
شب تار است و ره وادی ایمن در پیش
آتش طور کجا وعدهٔ دیدار کجاست (حافظ)

■■■

یارب شب دوشین چه مبارک سحری بود
کو را به سر کشتهٔ هجران گذری بود (محتشم کاشانی)

ظاهــرا مؤلف محترم به جای اینکه دو بیت آخر غزل مورد بحث را موقوف‌المعانی بخوانند، بیت‌های سوم و چهارم را در امتداد هم دانسته و به استنباط فعلی دربارهٔ آنها رسیده‌اند. در حالی که برداشت اولیه از بیت ماقبل آخر و آخر چنین است: «تا وقتی از مسجد آدینه بانگ اذان به گوشت نرسیده یا از در سرای اتابک بانگ کوس برنخاسته است، ابلهانه است که ترک کامجویی شود و لب از لبی که در ظرافت مانند چشم خروس است، برداشته شود.»

در توضیح بیت:

غیرت نگذارد که بگویم که مرا کشت
تا خلق ندانند که معشوقه چه نام است (ص۱۸۴)

نوشته‌اند: «در حال مرگ نیز نمی‌خواهد نام قاتل خود را بگوید تا نام معشوقه‌اش را ندانند. این غیرت تعریضی است به متعصبان سنتی که نام زنانشان را به زبان نمی‌آورند.»

اشاره: «مگر سعدی نام معشوقه یا همسرش را در شعرهایش آورده است؟! آیا در زمان سعدی غیرسنتی‌ها نام زنان و معشوقه‌هایشان را جار می‌زدند؟ در کدام غزل فارسی نام معشوقهٔ شاعر آمده است؟ یادآوری می کنم که فقط در منظومه‌های عاشقانه نام معشوق آمده است، آن هم «در حدیث دیگران» نه از زبان خود عاشق. توجه داشته باشیم همیشه میان معشوق و همسر و نوع رفتار ادبی با آنها تفاوت وجود دارد. نیامدن نام معشوقه در شعر علاوه بر آنکه از غیرت عاشق ناشی می‌شود، از سنت‌های ادبی ماست نه شیوه‌ای برای تعریض و طعن به متعصبان.»

در توضیح بیت:

یار گرفته‌ام بسی چون تو ندیده‌ام کسی
شمع چنین نیامده است از در هیچ مجلسی (ص۳۹۳)

نوشته‌اند: «به‌طور ضمنی (به معشوق) می گوید که پیش از تو یارانی داشته‌ام. این اعتراف آن هم در برابر معشوق مضحک است.»

می گویم: «این بیت کمال‌طلبی عاشق را می‌نمایاند و شاعران و عاشقان قبل و بعد سعدی نیز چنین ابیاتی دارند. مثلا:

همه را بیازمودم ز تو خوشترم نیامد

چو فرو شدم به دریا چو تو گوهرم نیامد (مولوی)

■ ■ ■

آفاق را گردیده‌ام مهربتان ورزیده‌ام

بسیار خوبان دیده‌ام اما تو چیز دیگری (امیر خسرو دهلوی)

■ ■ ■

گشته‌ام در جهان و آخر کار

دلبری برگزیده‌ام که مپرس (حافظ)

در همین غزل در توضیح بیت: عادت بخت من نبود آن که تو یادم آوری/ نقد چنین کم اوفتد

خاصه به دست مفلسی

نوشته‌اند: «یعنی سعدی از نظر ارتباط با ماهرویان دچار تنگدستی است در حالی که در آغاز

گفته بود: یار گرفته‌ام بسی!»

می‌گویم: اینکه عاشق، معشوق خود را نقد کمیاب یا نایابی بداند و آن را از یاران دیگر ممتاز

کند، اولا تناقضی با بیت بالا ندارد، ثانیا هم از نظر معشوق پسندیده است، هم از نظر عرف!

باز در توضیح بیت: این همه خار می‌خورد سعدی و بار می‌بـرد/ جای دگر نمی‌رود هر که

گرفت مونسی

نوشته‌اند: «سعدی خود را به شتر مانند کرده که خار می‌خورد و بار می‌برد. این تحقیر داوطلبانه

فقط برای آن است که یار را به وفاداری خود مطمئن سازد. مقایسهٔ مصرع پایانی با مصرع آغاز غزل

نشان می‌دهد که حرف‌های عاشقانه و اغراق‌آمیز برای جلب نظر یار چقدر اعتبار دارد.»

می‌گویم: یک بار دیگر توضیح بیت اول را بخوانیم.

در پایان یادآوری می‌کنم حتی اگر در تمام موارد فوق‌الذکر حق با این ضعیف باشد، چیزی

از ارزش‌های این کتاب کم نمی‌شـود. بدا به حال کسـانی که جز عیب نمی‌بینند. مؤلف محترم

نمونه‌های ارجمندی از طنز سعدی را در این کتاب گردآورده که قابل توجه و تأمل است. همین

که طنز سعدی را تنها در بوستان و گلستان جست‌وجو نکنیم، نکتهٔ ظریفی است. ▨

منابع و مآخذ:

- سعدی. کلیات، به اهتمام محمد علی فروغی، انتشارات امیر کبیر، چاپ دهم، ۱۳۷۶.

- شفیعی کدکنی، محمد رضا. موسیقی شعر، انتشارت آگاه، چاپ سوم، ۱۳۷۰.

- صبور، داریوش. آفاق غزل در شعر فارسی، نشر گفتار، ۱۳۷۰.

- نظامی گنجوی، سبعهٔ نظامی، به اهتمام وحید دستگردی، نشر علمی، ۱۳۶۳.

THE BOOK OF SATIRE 7

By

Seyyed Abdoljavad Moosavi

2015